实用对外汉语教学丛书

对外汉语听说教学十四讲

杨惠元　著

图书在版编目(CIP)数据

对外汉语听说教学十四讲/杨惠元著. —北京:北京大学出版社,2009.11
(实用对外汉语教学丛书)
ISBN 978-7-301-15938-5

Ⅰ.汉… Ⅱ.杨… Ⅲ.汉语－听说教学－对外汉语教学－教学法 Ⅳ.H195.3

中国版本图书馆 CIP 数据核字(2009)第 177010 号

书　　　　名：对外汉语听说教学十四讲

著作责任者：杨惠元　著
责 任 编 辑：孙　娴
标 准 书 号：ISBN 978-7-301-15938-5/H・2328
出 版 发 行：北京大学出版社
地　　　　址：北京市海淀区成府路 205 号　100871
网　　　　址：http://www.pup.cn
电 子 邮 箱：zpup@pup.pku.edu.cn
电　　　　话：邮购部 62752015　发行部 62750672　编辑部 62752028
　　　　　　　出版部 62754962
印 　刷 　者：涿州市星河印刷有限公司
经 　销 　者：新华书店
　　　　　　　787 毫米×1092 毫米　16 开本　19.5 印张　450 千字
　　　　　　　2009 年 11 月第 1 版　2016 年 10 月第 3 次印刷
定　　　　价：38.00 元

未经许可,不得以任何方式复制或抄袭本书之部分或全部内容。
版权所有,侵权必究　举报电话:010 - 62752024
　　　　　　　　　　电子邮箱: fd@pup.pku.edu.cn

序

惠元教授新作《对外汉语听说教学十四讲》即将付梓，嘱我看完书稿后写几句。

我与惠元教授在北语共事已三十多年。教学之余，我们都对对外汉语教学理论和教学方法的研究感兴趣，所以经常切磋研讨，而且很多观点也非常接近。惠元教授是对外汉语教学界最早从事分技能教学研究的学者，尤以对听力课和口语课教学规律和教学方法的研究见长，且一贯主张微技能训练。自1982年发表《听力教学初探》一文以来，他已在此领域坚持研究了二十余年。现在又把自己于1988年出版的、对外汉语教学界最早的一本分技能教学专著《听力训练81法》，以及1996年出版的《汉语听力说话教学法》，加以补充、扩展、更新，融合了他近十多年研究的新成果，更系统、全面地阐述了听力和说话教学的理论与实践。

读了惠元教授新作，受到很多启发，也产生了一些想法。

本书总论中提到，在对待"研究什么跟提高教学质量直接相关"，也就是本学科科学研究的重点这一问题上，我们对外汉语教学界至今仍聚讼纷纭。作者把不同的观点分为"本体说"、"习得说"、"教学说"等，我认为这并非贴标签，确实反映了我们学术界的现实情况。有不同的观点争论是好事，表明这个领域学术思想活跃，这个学科正走向成熟；但重要的是应该通过争论让大多数人达到意见上的一致。本书作者很明确地表示了他的"教学说"的观点，我想百分之九十五以上的第一线老师们和绝大多数真正与教学第一线或教材、测试等方面联系紧密的学者们，全都会是"教学派"。吕必松先生明确指出，"只有汉语作为第二语言教学的教学理论才是汉语作为第二语言教学学科的本体理论"，"（认为）汉语是对外汉语教学的本体……这是一种理论错位"。林焘先生说："对外汉语教学的中心是'教学'，科学研究也必然要围绕这个中心展开。"仲哲明先生说:"对外汉语教学研究的主要目标是要解决'怎样教'这个核心问题。"陆俭明先生最近更指出:"汉语作为第二语言/外语教学的本体研究和汉语本体研究不是一码事。""汉语教学本体研究始终将'研究'跟'教学'绑在一起,时时得考虑如何将研究成果用诸汉语教学。"

这些专家已把问题说得再清楚不过了。我们这个学科不论叫"对外汉语教学"也好,叫"汉语作为第二语言教学"也好,最关键的词总是最后的"教学"二字。正是这两个字,显示了我们学科的性质特点和学科的根本任务,也决定了我们这个学科有无专门建立的必要和今后继续存在下去的可能。如果认为研究汉语才是我们的本体,那么我们这个学科根本就无须存在,因为以研究汉语为本体的语言学学科早就存在,全国数以百计的中文系和语言研究机构也都是以汉语为本体,有什么必要再建一个新的学科来研究汉语本体呢?这种"本体说"不仅经不起推敲,其副作用还在于:它引导年轻人都去研究汉语了,教学理论长期以来几乎很少有人问津,教学方法长期以来几乎很少有人探索,三十年基本不变,以致在成为当前汉语加快走向世界的瓶颈的"三教"问题中,教学法成了最突出的问题。我们都知道,好教学法在很大程度上能决定一部教材的质量;正确掌握了汉语教学法的理念和原则,也就有可能成为一名好的教师。与国外同行们相比,目前我们的差距并不在对汉语本体的研究上;我们也拿得出一些为世界各国所广泛使用的优秀汉语教材来。我们真正的弱点倒是对教学法的研究不足;作为汉语的母语国,我们现在还没有形成一套为各国汉语教学所普遍接受的、具有品牌效应的汉语教学模式。

惠元教授这本十四讲的专著中,有十一讲谈的是"训练方法"。作为一部以介绍课堂教学实践为主的论著,这样安排是适当的。但同时,作者对以讲理论为主的三章,又给予了特别重要的地位:"总论"是全书的总纲,其中特别强调"重视听说训练的理论研究"。其后的听力训练方法部分和说话训练方法部分,分别由"听力训练的理论依据"和"说话训练的理论依据"来统领,突出理论的指导作用。这使我想到如何处理科学研究以及教师培训中理论与实践的关系,是非常值得我们思考的问题。如果说曾经有过一段时期,我们对教师的培养存在过过于偏重理论知识、忽视教学实践能力的倾向,今天我们在加强实践能力的培养的同时,也不必走到不要理论知识的另一极端。大家都知道,实践必须靠理论来指导。我们培养的国际汉语教师不可能只是教书匠。教师有"解惑"的任务,要回答外国学生提出的各种各样难以预料的问题。没有一定的理论修养,一问三不知,就只能如人们所讽刺的那样,一概以"中国人的习惯"来搪塞了。我们派出的教师,在国外与汉语及其他语种教学的同行们会有各种交流的机会,没有一定的知识,孤陋寡闻,对当前西方流行的教学法和教学理论什么都没听说过,恐怕也很难完成加快汉语走向世界的使命。特别是在今天的"后教学法"时代,要求教师不仅是理论的消费者,而且要成为理论的探索者,最起码要能根据所面对的教学对象的实际情况,确定适合的教学内容和教学方法,并在此基础上进行教师行动研究。显然,国际汉语教师没有一定的理论修养是难以做到这点的。

本书参照了西方第二语言教学理论的许多观点,但更多地还是总结了对外汉语教学领域数十年来分技能教学的经验。这又涉及如何处理西方理论与本领域理论研究的关系问题。对外汉语教学是第二语言教学总学科的一个分支,第二语言教学的共同规律,一般说来也适用于对外汉语教学;第二语言教学的很多理论,当然值得我们借鉴。今天我们有的教师甚至研究者,仍或多或少存在着不关心其他第二语言教学的研究成果和发展趋势的倾向,这是需要加以提醒注意的。但另一方面,我们也要看到,由于汉语与几乎绝大多数汉语学习者的母语的系属不同谱,这就形成了汉语教学的很多特点和"汉语难"的客观现实。汉语教学中的特殊问题,英语教学、法语教学不可能替我们准备好解决的答案,主要还得靠我们自己以及各国汉语教学界的同行们在教学实践和理论研究中加以解决。应该说,我们教汉语的,还是比其他语言教学专家们更了解汉语教学的规律;近60年的对外汉语教学所积累的经验和研究成果是我们最可宝贵的财富,也是我们对世界第二语言教学理论宝库所做的贡献。对此不应小看,更不能妄自菲薄。今天在汉语教学途径上,世界范围里还存在着"结构派"和"功能派"的争论,孰是孰非,现在还不能下结论,而西方的教学理论和教学方法也几乎在不停的变化中。因此,全盘照搬西方教学理论、教学方法甚至课程标准、教学大纲的做法,从长远来看,不一定能完全解决汉语教学的问题。应急之下,先采取"拿来主义"当然也未尝不可,但更重要的是要组织汉语教学的力量,对借鉴过来的东西的适用性加以认真的研究。最终还是要研究出我们自己的东西来。

  以上只能算是读了惠元教授新著所产生的粗浅的联想吧。

刘　珣

2009 年 7 月

前 言

　　本书是在《听力训练81法》(现代出版社,1988)和《汉语听力说话教学法》(北京语言文化大学出版社,1996)的基础上增修而成的。

　　《听力训练81法》和《汉语听力说话教学法》自出版以来,在对外汉语教学界产生广泛的影响,受到读者的欢迎。特别是《汉语听力说话教学法》不断重印,成为培训汉语教师的教材、参考书。不少年轻教师说:"我们是读着这本书走上对外汉语教学的讲堂的。"

　　这次修订之前,本人走访了北京语言大学的几位教师,征求意见。根据大家的反映,主要做了以下几个方面的修改和加工。

　　一、吸收了近年来最新的理论研究成果,比如微技能训练的理论、教师行动研究的理论、任务教学法的理论、教学设计的理论等等。

　　二、补充了一些练习的方法,比如如何教学生听懂长句子、如何辨别汉语的几组难音难调、如何猜测词义句义、如何训练学生的思维能力等等。

　　三、去掉了一些过时的例句和替换了部分练习示例,使全书的结构更加紧凑。

　　本人从事对外汉语教学近40年,主要进行汉语听说教学法的研究。这是因为我长期从事短期速成教学,学生强烈要求利用中国的大环境迅速提高听说能力,所以我把如何尽快提高学生的听说能力作为研究课题。研究教学法是我的兴趣点,也是学生学习的需要和工作的需要。

　　对外汉语教学的对象是外国人,而且大多是成年人。他们除了汉语水平以外,思维能力、认知能力一点儿也不比教师低。他们会根据以往的学习经验去评判教师的教学,教师上课认真不认真,方法好不好,上一两次课,他们就会心知肚明,一清二楚。一旦学生认为教师不认真,方法不好,就会失去对他的尊重和信任,这是十分危险的。如果教师在知识方面出了错误,比如讲错一个词或语法点，以后还有机会弥补，学生也会谅解。但是如果一个教师的教学没有章法，学生就学不到东西，他们就会认为这个教师"不会教"。对教师来说，最可怕的就是被学生认为"不会教"，"不会教"意味着不是合格的教师。这是无论如何都不能原谅的。

对外国人的汉语教学不同于中国人自己的语文教学，有其特殊的规律，不了解、不掌握这套特殊的规律，就不能取得良好的教学效果。所以在教学中，教师一定要认真备课，讲究教学方法，以生动活泼、灵活有趣的教学方法吸引学生，强化他们的学习动力和积极性。对于从事对外汉语教学的教师来说，工作的难度"不在内容，而在方法"。无论简单还是复杂的内容，用什么方法能在有限的时间内，使外国人学得快点儿、学得多点儿、学得好点儿，这当中大有学问。

在教学研究方面提倡教学实验、取得数据、定量分析、得出理论，这是对的。但是另一方面，我们还要相信自己的眼睛、相信多数人的感觉、相信自己和多数人的经验。不是什么问题都要用定量和量化的研究方法。把自己和别人的经验上升为理论，同样是科学研究。这种研究成果对教学实践的指导更直接、更具体、更有效。

本书是在总结了自己和上百位教师的教学经验的基础上写成的。希望它能够解决教师特别是新教师在教学中遇到的实际问题，帮助他们在教学上尽快"上路和下水"；希望它对提高对外汉语教学质量有直接的帮助；希望它能够为建立对外汉语教学的学科体系添一砖加一瓦。

本书在增修的过程中，北京大学出版社的孙娴提出了不少建设性的意见；在出版的过程中，得到北京大学出版社的领导和同志们的热情帮助，在此表示诚挚的感谢。

由于作者的水平和资料的限制，本书一定有不少缺点和不足，希望读者给予批评指正。

作　者
2009 年 7 月

目 录

第一讲　总　论 / 1
　　一、关于按技能设课教学 / 2
　　二、听和说的关系 / 8
　　三、重视听说训练的理论研究 / 12
第二讲　听力训练的理论依据 / 19
　　一、聆听理解的本质 / 20
　　二、听力训练的原则 / 22
　　三、听力教学的重点 / 24
　　四、学生听力理解的难点 / 31
　　五、听力教材的编写和录音制作 / 37
第三讲　听力训练的方法（一）语音练习 / 43
　　一、听力训练的方法 / 44
　　二、语音练习的着眼点 / 46
　　三、语音练习的方法 / 47
第四讲　听力训练的方法（二）词语练习 / 63
　　一、词语练习的着眼点 / 64
　　二、词语练习的方法 / 65
第五讲　听力训练的方法（三）句子练习 / 77
　　一、句子练习的着眼点 / 78
　　二、句子练习的方法 / 79

第六讲 听力训练的方法(四)对话和短文练习 / 105
一、对话和短文练习的着眼点 / 106

二、对话和短文练习的方法 / 107

第七讲 听力课教学环节和考试 / 125
一、听力课的教学环节设计 / 126

二、听力考试 / 134

附录(一):汉语速成学院 C 班结业考试听力考试试卷 / 139

附录(二):汉语速成学院 C 班结业考试听力考试试题文本 / 141

第八讲 说话训练的理论依据 / 145
一、说话活动的本质 / 146

二、说话训练的原则 / 149

三、说话训练的重点 / 151

四、学生说话的难点 / 159

五、说话教材的编写原则 / 161

第九讲 说话训练的方法(一)思维能力的训练和语音练习 / 167
一、说话训练的方法 / 168

二、思维能力的训练 / 169

三、语音练习的方法 / 179

第十讲 说话训练的方法(二)词语练习 / 187
一、词语练习的着眼点 / 188

二、确定重点词语和次重点词语 / 189

三、词语练习的方法 / 190

第十一讲 说话训练的方法(三)句子练习 / 201
一、句子练习的着眼点 / 202

二、句子练习的方法 / 203

第十二讲 说话训练的方法(四)会话练习 / 223
一、会话练习的着眼点 / 224

二、会话练习的方法 / 239

第十三讲　说话训练的方法（五）成段表达练习和视听说教学 / 259
　　一、成段表达训练的着眼点 / 260
　　二、成段表达训练的方法 / 261
　　三、视听说教学 / 280

第十四讲　说话课教学环节和考试 / 285
　　一、说话课的教学环节设计（100分钟）/ 286
　　二、说话考试 / 289
　　附录（一）：汉语速成学院C班结业考试口语考试试题 / 293
　　附录（二）：汉语速成学院C班结业考试口语考试评分标准 / 296

参考文献 / 299

第一讲　总　论

本讲要点

- 关于按技能设课教学
  - 什么是按技能设课教学
    - 按照听说读写四种语言技能分设课型,把不同语言技能的训练分散到不同的课型中进行
  - 为什么要采用"综合课打头,按技能设课"的教学模式
    - "综合课打头,按技能设课"的理论依据
    - 在总结历史经验的基础上提出的教学模式
    - 符合人的大脑机制活动的规律
    - 符合第二语言的学习规律
    - 有利于技能训练的理论研究,提高训练的效果
    - 在目的语环境下提出的教学模式
  - 按技能设课教学宜从初级班开始
- 听和说的关系
  - 听和说同属于口语交际行为
  - 听话和说话是两个相反的运动过程
  - "听"是输入信息,"说"是输出信息
- 重视听说训练的理论研究
  - 听说训练的理论研究是学科建设的需要
  - 听说训练的理论研究是提高教学质量的需要
  - 关于聆听理解微技能训练的理论
  - 听说训练应该狠抓的几个问题
    - 大运动量的听力训练
    - 反应速度的训练
    - 理解大意的训练
    - 正确表达的训练
    - 熟练表达的训练
    - 复杂表达的训练
    - 成段表达的训练

一、关于按技能设课教学

（一）什么是按技能设课教学

按技能设课教学是吕必松先生首倡的一种教学模式。这种教学模式打破了传统的综合课教学模式，主张按照听说读写四种语言技能分设课型，把不同语言技能的训练分散到不同的课型中进行。

从 1950 年到现在，我国对外汉语教学已经走过 50 多年的历程。吕必松先生深刻地总结了 50 多年的历史经验，把这 50 多年的历程划分为 4 个阶段：

1. 20 世纪 50 年代初到 60 年代初为初创阶段；
2. 60 年代初到 70 年代初为改进阶段；
3. 70 年代初到 80 年代初为探索阶段；
4. 20 世纪 80 年代以来为改革阶段。

吕必松先生站在历史的高度提出了一系列改革设想，按技能设课教学即是其中之一。

在初创阶段，对外汉语教学从实践到理论经历了一个从无到有的过程。

这一时期，对外汉语教学内容以词汇和语法为中心，别的都是围绕这个中心来进行。这个原则体现在课程设置和课堂教学等各个方面。

课程设置跟教学原则是趋向一致的。从重讲轻练出发，设置三种课型——讲授课、复习和练习课（复练课）。讲授课是主课，承担语言理论的讲解。复练课进行复习和练习。两个教师合教一个班，一人教讲授课，一人教复练课。讲授课配备的是有经验的老教师，而承担复练课的往往是年轻的新教师。

这一时期没有专门开设听力课、口语课等等，听说读写的练习主要是在复练课上进行。关于语言技能的掌握，当时虽然提出了听说读写四个方面全面发展的要求，四者之中,能听能说是基本的要求,能读能写是进一步的要求,强调了侧重听说,但是,这种听说训练只能局限在教师让学生听"一",学生能听懂"一",会说"一",而不是真正的技能训练,不可能做到举一反三,收到满意的教学效果。

20世纪60年代初到70年代初。对外汉语教学从认识上没有根本性的突破,只是在50年代教学经验的基础上对教学方法做了一些改进。主要是:

1. 提出并贯彻实践性原则,强调对外汉语教学是实践汉语教学

这种认识产生于对50年代对外汉语教学的深刻反思。通过基本词汇的教学和系统的语法知识的讲解使学生掌握汉语,其结果必然是实践少,感性的东西少,用汉语训练口耳的机会少,教学效果不理想。到60年代,大家认识到:"通过大量接触和运用语言材料来掌握汉语,这是学好实践汉语的必由之路。想先从理论着手或主要从理论着手来掌握实践汉语,那是达不到目的的。"(钟梫,1979)

2. 课堂教学采用相对直接法

这一方面是基于对实践性原则的认识,一方面是由于客观情况的变化(学生来自多国,用翻译法已不可能)不得不采用直接法。"使用这种方法,有利于教师精讲多练,加强学生的实践活动,对提高学生的口语和听的能力有很大帮助。"(钟梫,1979)学生接触的语言材料多了,听汉语说汉语的机会多了,教学效果有了明显的提高。

认识上的深入,方法上的改进,无疑是进步了。在这一时期,虽然综合教学的原则没有改变,仍然使用一本教材同时进行听说读写的训练,但是为了弥补综合教学的不足,加强技能训练,课程设置也有了一定改进。一是把讲授课改成讲练课,突出了"练"。二是在语法阶段开设了两节听力课,在短文阶段增设了口语、阅读和写作课,每周各两节。这个时期,尽管人们对听说训练的认识还相当肤浅;尽管听力、口语、阅读、写作被当作"小四门"看待,没有固定的教材,各课之间缺乏有机的联系,但是毕竟解决了从无到有的问题,对外汉语教学朝着分技能设课迈出了可喜的一步。

20世纪70年代到80年代,不少人学习和借鉴国外语言教学的理论和方法,针对我国对外汉语教学中存在的问题,探索新的教学路子。北京语言学院围绕如何处理听说和读写以及听和说、读和写的关系,如何加强语言技能训练和培养交际能力等问题开展了多次教学实验。

1973年搞了一次直接用汉字教语音和汉字教学提前的实验。

1975年搞了一次分听说和读写两种课型进行教学,当时叫做"两条线"的实验。

以上两次实验都取得了一定成果。但是由于主客观的原因,实验都只进行了一轮,也没有认真地总结。这两次实验使人们认识到"从语言技能(即听、说、读、写)出发,然后按照技能训练的要求组织和编排内容"是可行的。"这实际上是教学指导思想上的一次

突破。"(吕必松,1990)

1978年吕必松先生、鲁健骥先生等提出新的教学总体设想,要在整个汉语预备教育阶段把听和读作为教学的重点。为了体现新的教学指导思想,探索新的教学路子,又搞了一次改革精读课,加强听力和阅读的实验。这次实验的重点是先设计课型、后编写教材。课型设计体现教学指导思想。文科基础班共设计三种课型:听说课,12学时;听力理解,6学时;汉字认读(第二学期改为阅读理解),6学时。每周总共24学时,听力和阅读的课时占二分之一。课型设计好以后,1979年2月开始编写教材,主干教材是《初级汉语课本》共三册,为听说课用。听力课用《初级汉语课本听力练习》共三册。还有《初级汉语课本汉字阅读练习》(第一学期用)和《阅读理解》(第二学期用)。这是我国最早编写的对外汉语系列教材。

这次实验改变了过去那种从语言内容出发首先编写教材,然后根据教材组织课堂教学的做法。"这一新的做法在对外汉语教学上的重要意义在于:它不但为改变单纯的语言学路子和打破单纯的语言学系统找到了突破口,而且对从宏观上理顺对外汉语教学业务中的各种关系有启发作用,为后来对外汉语教学界提出总体设计的理论创造了条件。"(吕必松,1990)

20世纪70年代末、80年代初以来,我国的对外汉语教学事业蓬勃发展。跟国家的改革、开放、搞活相一致,对外汉语教学出现了一派改革的新形势。

在这场改革中,按语言技能设课成为一种倾向。听力课和说话课也因此成为独立的课型出现在对外汉语教学这块沃土上。汉语预备教育是对外汉语教学的"重头戏"。文科汉语班、理工汉语班、中医汉语班、西医汉语班都开设了听力课和说话课,首先从教学时间上给予了保证。在四套大型系列教材中,都有专门的听力教材和说话教材,在几种课型的安排上,除了文科班把说话课作为"押尾课"以外,理工班、中医班和西医班都以听力课为"押尾课"。押尾课的教学要求最高。理工、中医、西医各班以听力课押尾,是为了进一步加强听力训练,以适应学生将来入系学习专业的需要。

80年代对外汉语教学的改革是全方位的改革,是综合性的改革。这场改革是在总结自己的经验和对各种语言教学法流派进行比较的基础上开始的。通过改革逐渐形成了一种主要的教学法倾向或新的教学路子。"这种教学法倾向或教学路子的特点可以概括为:以培养学生的交际能力为基本目的;根据学生的特点和学习目的确定教学内容;贯彻结构、情境和功能相结合的教学原则;用不同的方法训练不同的语言技能。"(吕必松,1990)

回顾50年的历史,可以清楚地看出:

1. 我们对对外汉语教学这一学科的认识逐渐深化,教学实践不断改革,教学理论不断发展,整个对外汉语教学正在向科学化、规范化、标准化的方向前进。

2. 教学安排从综合型教学向分技能教学演变,教材从单一教材向系列化发展,教师分工越来越明确,向专业化过渡。

3. 确立了"综合课打头,按技能设课"的教学模式,听力课和说话课从无到有,从"小四门"变成独立的课型,人们开始研究听、说、读、写专项语言技能训练的理论和方法。

4. "综合课打头"就是首先设一门综合课(精读课)进行语言要素的教学,给学生输入一定量的语言要素,作为经验成分储存在学生的大脑中,进行初步的听说读写技能训练。根据学生的学习目的,如果学生要求全面提高听说读写的能力,就要开设听力课、口语课、阅读课、写作课;如果学生只要求提高听说能力,就开设听力课和口语课,重点训练和提高听说能力;如果学生只要求提高阅读和写作的能力,就开设阅读课和写作课,重点训练和提高读写能力。

(二) 为什么要采用"综合课打头,按技能设课"的教学模式

1. "综合课打头,按技能设课"的理论依据

"综合课打头,按技能设课"的理论依据是:学习语言要完成两次转化和不同的语言技能要通过不同的训练方法获得。

(1) 教语言,首先要了解语言的学习过程。学习语言的过程是怎么样的呢?

学习任何语言都要首先学习这种语言的要素。语言要素包括语音、词汇、语法和文字。这是第一步,是给大脑的记忆库输入使用语言的经验成分。经验成分包括可感应性的词汇、可使用性的语法规则,还有文化背景知识等等。语言要素属于语言知识范畴,只学习和掌握这些知识还不能算是掌握了这种语言。只有能够使用这种语言进行交际,才算是已经掌握了这种语言。

学习语言,要完成的第一次转化是把语言要素转化为听说读写等语言技能。比如,学生学了"我、学习、汉语"这些词语。别人说"我学习汉语"的时候,他能听懂这个句子;别人问"你学习什么?"的时候,他能够回答"我学习汉语"。别人写出这个句子,他能够看懂;在需要的时候,他自己也能写出"我学习汉语"。这样才算是把语言要素转化为语言技能。

语言技能和语言交际技能不是同一个层次。语言教学追求的目标是学生能够针对不同的交际目的、不同的对象、不同的场合使用恰当、得体的语言,完美地表达思想,进行出色的交际。这就需要提高语言交际的能力,完成语言学习的第二次转化,把语言技能转化为语言交际技能。

(2) 吕必松指出:"用不同的方法训练不同的语言技能,是语言教学的基本规律之一。

其道理就像吃饭必须用嘴,走路必须用腿一样明显。"(吕必松,1990)

打篮球、打排球、打乒乓球、踢足球是不同的体育运动项目。培养篮球运动员、排球运动员、乒乓球运动员、足球运动员的共同之处是首先进行体能和速度的训练,这是基础训练,好比综合课。但是不同的运动员必须具有不同的运动技能,培养不同的运动员需要经过不同的训练途径,进行专项技能的训练,好比技能课。不同的语言技能通过不同的训练途径和方法获得。这是客观规律,也是训练的原则。我们在贯彻这个原则的时候,并不是人为地把听、说、读、写四种语言技能截然分开。

这又好比训练篮球运动员,前天训练的科目是传球和接球,接着让运动员打比赛,有意识地使用和练习当天学习的传球和接球的方法。昨天训练的科目是运球,接着打比赛,有意识地使用和练习前一天学习的传球和接球的方法和当天学习的运球的方法。今天训练的科目是投篮,接着打比赛,有意识地使用和练习前两天学习的传球、接球、运球的方法和当天学习的投篮的方法。

我们提出听力训练应该采用以听为主,听说结合,听写结合,听读结合,听做结合的综合训练方法;说话训练应该采用以说为主,先听后说,先读后说,说写结合的综合训练方法。就是承认:人的语言能力本身是综合发展的,各种语言技能互相影响、互相依存。因此,在训练中采用"合中有分,分中有合"的综合训练方法。

2. "综合课打头,按技能设课"是在总结历史经验的基础上提出的教学模式

从1950年到现在,对外汉语教学走过了50多年的历程。50年来,人们进行了一系列的改革和探索,包括教学模式,经过实验和比较,提出了"综合课打头,按技能设课"的思路。可以说,"综合课打头,按技能设课"的教学模式反映了现阶段人们对教学规律的认识。

3. "综合课打头,按技能设课"符合人的大脑机制活动的规律

现代神经生理学的研究成果表明,人的大脑中有听觉语言中枢、运动性语言中枢、视觉中枢和书写中枢四个部分。这四个部分各司其职。"综合课打头,按技能设课"教学既可以使各个部分得到均衡的发展,也可以侧重某个部分的训练,专门提高某个方面的技能。

4. "综合课打头,按技能设课"符合第二语言的学习规律

成年人学习第二语言和儿童学习第一语言有相同点,也有不同点。相同点是获得语言技能的过程和顺序一样,都是按照听说读写的顺序获得的。不同点是儿童学习母语时每两项语言技能的获得,中间要间隔一段时间;成年人学习第二语言,由于他们的智力已经得到充分的发展,而且有学习和使用母语的经验,因此他们可以同时获得几种语言技能。

5. "综合课打头，按技能设课"有利于技能训练的理论研究，提高训练的效果

不按技能设课教学，不教听力课、说话课、阅读课、写作课，人们就不会去研究听力训练、说话训练、阅读训练、写作训练的规律；不研究这些规律，就不可能进行科学的训练，就会存在盲目性，就不可能得到好的训练效果。按技能设课教学为技能训练的理论研究提供了实验的园地和总结经验的平台。

6. "综合课打头，按技能设课"是在目的语环境下提出的教学模式

众所周知，在目的语环境下的教学通常叫做"第二语言教学"；非目的语环境下的教学叫做"外语教学"。它们有着非常大的区别。首先，在目的语环境下的第二语言教学课时多，特别是初级阶段，只有语言课。其次，学生使用目的语进行交际的愿望强烈，学习和习得语言的大环境得天独厚，课上学习，课下就能使用，学和用紧密结合。至于非目的语环境下或者四五周的"超短期"的教学就不一定采用这种教学模式。

（三）按技能设课教学宜从初级班开始

按技能设课教学从什么时候开始是个有争议的问题，争论的焦点是初级班要不要开设听力课。

一种看法认为，在初级班综合课上有很多听力练习，就没有必要开设听力课了。初级班的学生虽然有很强的交际愿望，但没有用语言交际的能力，只有首先学会说话才能交际。

听力练习和听力课教学是两个概念。在综合课上学生确有大量听的活动，甚至在口语课、阅读课和写作课上也不可能没有听的练习。这些课对提高学生听力起了相当大的作用。我们不能说只有听力课才能提高学生的听力，也不能说学生的听力都是在听力课上提高的。但是，在听力课上专门训练学生的聆听理解微技能，这是其他课无法替代的。

汉语预备教育对听说读写四项语言技能在总体上全面要求，在不同的教学阶段各有侧重，即在第一学期侧重听和说，第二学期侧重听和读。这已经成为共识。人们既然从理论上承认听力训练自始至终都应该强调，都是侧重点，那么在实践上从开始就应该开设听力课。

从培养学生的交际能力出发，我们的教学应该贯彻急用先学的原则。正因为初级学生"没有用语言交际的能力"，才应该通过训练使他们"有用语言交际的能力"。在教学的初级阶段，让学生听大量的语言材料，给他们可懂输入，先听懂，后会说，提高听的水平，降低说的要求，集中力量解决主要矛盾，才符合交际的原则，也适应学生的需要。

听说读写四种能力，听是最基本最重要的能力。作为第二语言教学或者外语教学首先应该培养的能力是理解，尤其是聆听理解。在真实的交际中，听懂了就完成了交际的

一大半。听懂了如果不会说,可以采取回避的办法,绕过自己不会的,选择自己熟悉的,甚至可以用点头、摇头、微笑、打手势、画图画等方法来应付,而听不懂就根本不能交际。那种认为"只有学会说话才能交际"的看法是片面的。初级班学生首先的需要是提高听力,那么我们的教学就应该满足学生的需要,从开始就设听力课进行听力训练。

具有敏锐的听音辨调的能力,是聆听理解最基本最重要的微技能。在初级阶段,通过大量辨音辨调的练习,训练学生的耳朵,提高听觉器官的灵敏度。这样,就为从总体上提高听力打下了良好的基础。因此我们主张,从初级班就按技能设课教学,开设听力课,加强听力训练。

二、听和说的关系

(一) 听和说同属于口语交际行为

在语言交际中,听和说是口语方面的交际行为,是直接的交际活动,它们互为因果,互为条件,互相影响,互相促进;而读和写是书面语方面的行为,是间接的交际活动。在听、说、读、写四项语言技能中,听和说的关系最为密切。

人类自从有了语言以后,听和说便成为交际活动最主要的方式。这一点,每个人都有切身体会。一年365天,工作、学习、生活,只要和人接触,就离不开听和说。特别是进入现代社会,声音的保留和传播技术获得极大的发展,听说活动的进行比以前更为广泛了。录音技术可以把人说的话长期保留下来,并再现出去,听和说不再受时间的限制。电话可以把人说的话传送到任何地方,地面和地面可以通话,地面和天上可以通话,地面和海底可以通话,听和说的活动不再受空间的限制。实践证明,通过听和说交流信息最经济、最直接、最有效。

听和说都对语言的声音信号进行处理。听是听其声悟其义,说是用其声表其义。听和说的能力就是处理语言声音信号的能力,这两种能力互相影响,互相促进。

在正常情况下,听话能力很高的人,说话能力也比较高;说话能力很强的人,听话能力也比较强。一般说来,一个听话能力强的人必须是:(一)有敏锐的听音辨调的能力,善于通过声韵调以及重音、停顿、语气等的变化辨认区分有关信息和无关信息,理解话语的内容并体会说话人流露的感情。(二)大脑中储存有足够的经验成分,包括词语、语法规则、文化知识等。(三)有丰富的联想猜测能力,能够变消极被动的解码为积极主动的编码,跟说话人的思维保持同步。(四)有较强的分析归纳和概括总结的能力,在听话时能够抓住中心,区分主次,理解说话人的言外之意和深层含义。一个说话能力强的人必须是:(一)语音语调正确自然,善于运用声音技巧,如重音、停顿、语气的变化等等。(二)选词造句准确、明白、规范,能够自由表达思想。(三)说出话来主题明确、内容集中、条理清楚、层次分明、流利通畅、恰当得体。

(二) 听话和说话是两个相反的运动过程

听话和说话的运作机理正好是相反的。据心理学家研究,说话活动的起点是人脑的运动性语言中枢。一个人要说话时,运动性语言中枢首先活动,这种活动就是思维。它从原来储存在大脑中已有的言语信息里,找出合适的词语,按照一定的规律排列组合起来,在语音、语法、语义三个层面生成和控制话语,形成内部言语,然后发出信号,通过言语运动神经传给发音器官——喉头、声带、舌头、嘴唇等,引起运动,发出振动气流,成为有声语言,向听话人传播。这就是说话的运动过程,即编码和传递的过程。听话活动的起点是人的听觉器官。当说话人发出的声波传到听话人的耳朵里时,引起鼓膜振动,接着听觉神经把声音信号传到听觉语言中枢,引起这一区域的思维活动,理解言语信号所表示的意义。这就是听话活动的运动过程,即接收和解码的过程。

人类大脑的运动性语言中枢和听觉语言中枢有着密切的联系。因此,人们说话的运动过程和听话的运动过程也是有着密切的联系,是互相影响并保持同步的。言者常常根据听者听话的情况随时调整自己说话的内容和速度,听者也常常根据言者说话的情况调整听话的方向和重点。说话的运动过程和听话的运动过程如下图所示:

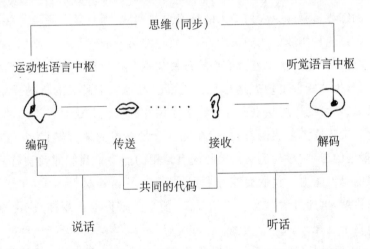

上图所示的说话的运动过程和听话的运动过程,只是最基本最一般的情况。在真实的交际中情况要复杂得多。尤其是用第二语言而不是用母语的交际中,由于人们的语言水平不同,交际活动有时能顺利进行(言者听者思维同步);有时时断时续(言者听者的思维有时同步,有时不同步);有时不得不中断进行(言者听者的思维不能同步)。从上面对说话和听话的运动过程的分析中我们可以看到,听和说都需要思维,而思维都离不开原来储存在大脑中的已有的言语信息,即经验成分。因此我们认为,帮助语言学习者在大脑中储存足够的言语信息乃是提高语言水平,促进交际顺利进行的先决条件。

大脑中储存足够的言语信息,一是靠听觉输入,二是靠视觉输入,而听觉输入是主要的。听话从本质上说是输入信息。

(三) "听"是输入信息,"说"是输出信息

听话是输入言语信息,说话属于输出言语信息。它们的关系好比挣钱和花钱。大家知道,过日子必须挣钱先于花钱,并且"挣"要多于"花",而不是相反;挣钱不是目的,"挣"为了"花",挣钱是花钱的基础和前提。同样的道理,听话应该先于说话,而且听要多于说;听话不是目的,听为了说,听话是说话的基础和前提。

先输入后输出,输入多于输出,输入为了输出是客观规律。把这个规律应用到语言教学中,要处理好以下三个问题。

1. 听力训练第一,说话训练第二;提高聆听理解能力第一,提高说话表达能力第二

在传统语言教学的天平上,说总是重于听。人们重表达甚于理解,重视输出甚于输入。这实际上是反理而行。从根本上说,学生语言水平的提高是靠输入的不断积累,语言能力的提高是靠不断地实践和练习。提到实践,不能认为只有说、只有表达、只有输出才是实践。听的练习、理解的练习、输入的练习也是实践,而且是更重要的实践。输入的不断积累指的就是这种实践。我们认为,语言教师的第一职责是指导学生不断输入可懂的言语信息,并为他们提供输入言语信息的条件和机会。只有言语信息的输入积累到融会贯通的程度,学生才能自由地表达思想。语言学习是一个漫长的量的积累过程,没有足够量的积累,就不可能完成从语言理解到语言运用的转化。这是典型的从量变到质变的过程。学生只有听读大量的语言材料,才能积累足够多的语言知识,掌握足够多的语言技能,形成很强的语感,最后达到一定的语言运用的能力。我们的教学对象是成年人,成年人有较强的思维能力。我们要充分利用这一点,从语言材料入手,在感性认识的基础上进行理论讲解,再通过语言实践举一反三,使学生掌握语言规律、应用语言规律,就可以大大缩短这个过程。

输入第一,不是排斥输出。听和说毕竟是两种不同的语言技能。跟挣钱和花钱是两码事一样,挣了钱不一定会花。有的人花钱买假冒伪劣产品或不称心的商品,说明花钱也有学问,采购员不是人人能当的。大脑中储存了大量的言语信息,不一定会说、会表达。说话要经过专门的训练,输入和输出要有机地结合。输入言语信息的过程就是言语信息的输出从必然走向自由的过程。在学习期间,只重视表达是追求短期效应,重视并

实施输入第一才是科学的系统工程。因此,必须从根本上扭转只重视说而轻视听的倾向。

2. 从总体上说,输入多于输出,学生听的活动要多于说的活动,听的练习要多于说的练习

我们主张,按技能设课教学从初级班开始,初级班不但开设听力课,而且要增加听力课的课时。这样才能增加学生听的活动和听的练习,使输入多于输出。这里所说的听的活动,不是学生听教师讲解语音、语法、词汇等语言知识,也不是听教师分析课文、介绍文化背景,而是让学生听大量的适合他们语言水平的有声语言材料,听中国人在什么情况下、对什么人说什么话,输入典型环境中的言语交际模式,培养学生的汉语语感。学生靠语言材料形成语感,可以从整体上掌握语音、语法、词汇、语用的规则系统,并且自觉地应用这些规则。另外,听的活动多,说的活动少,学生在单位时间里接触的语言材料就多,词汇、语法点的重现率就高。高重现率帮助学生吸收更多的词语、语法点,进而作为经验成分储存在大脑记忆库中。大脑中储存的经验成分越多,越有利于解码和编码,促进语言能力的提高。最终形成一种听说能力互相促进的良性循环。

3. 输入为了输出,输入是输出的基础和前提,但是这种关系不是绝对的,而是辩证的、相对的。在听力训练中,听为了输入,说也为了输入;在说话训练中,说为了输出,听也为了输出

从根本上讲,听为了说,输入为了输出。但是具体到听力训练,听为了理解,理解为了记忆,记忆就是把输入的言语信息储存在大脑中。听力训练以听为主,学生通过听语言材料输入词语、语法规则、文化知识等言语信息。一个词语、语法点,要反复输入、反复使用才能具有可感应性和可使用性,才能作为经验成分储存在大脑中。可见,言语信息不是一次输入就能完成的。反复输入、反复使用包括说的活动和练习。听力训练中的说有两个作用,一是帮助记忆,二是检查听的质量。归根到底是为了输入,而不是为了表达思想。

总体上听的活动多于说的活动,听的练习多于说的练习,但是具体到说话训练,学生要以说为主、以输出为主、以表达为主。说话训练中学生也有听的活动,但是跟听力训练不完全一样。听力训练讲究单位时间内言语信息的输入率,而说话训练强调学生说得多、说得对、说得好,讲究单位时间内学生的开口率。在说话训练中,先听后说,听为说提供话题、资料或谈话方式,直接为了说、为了输出、为了表达,是说的基础和前提。

三、重视听说训练的理论研究

（一）听说训练的理论研究是学科建设的需要

对外汉语教学作为一门新兴的学科，得到社会的广泛承认是20世纪70年代末80年代初的事情，距今只有30年。30年来，对外汉语教学事业有了长足的发展，表现在办学规模、教学体系、课程设置、教学质量、科研成果、学科理论、教师队伍等各个方面。回顾过去，展望未来，我们充满信心，备感乐观。但是，也应该清醒地认识到，我们面前的路还很长很长，我们肩上的任务还相当艰巨。

对外汉语教学作为一个年轻的新型学科，建立自己完整的学科理论体系非常重要。吕必松先生强调："要发展对外汉语教学，就必须不断提高教学质量；而要全面提高教学质量，就必须开展理论研究，提高整个学科的理论水平。""应当承认，我们对外汉语教学的质量还不能完全令人满意，教学水平参差不齐的现象还相当突出。根本原因就在于教师队伍的整体素质还不够高。而要全面提高整个教师队伍的素质，关键又在于加强理论研究，提高整个学科的理论水平。"（吕必松，1993）

对外汉语教学要建立成熟的学科理论体系，就必须加强基础理论和应用理论的研究。基础理论研究的对象是语言规律、语言学习规律和语言教学规律。如何把基础理论的研究成果应用到对外汉语教学的总体设计、教材编写、课堂教学和测试中，直接指导教学实践，属于应用理论研究。基础理论也好，应用理论也好，都来自教学实践，并且指导教学实践。理论研究要解决实际问题。在第一线从事对外汉语教学的教师们几乎每时每刻都会遇到各种各样的问题。这些问题需要一个一个地研究，一个一个地解决。一个具体的问题研究透了，解决了，就是对学科理论建设做出了贡献。解决的问题越重要、越多，对学科理论建设的贡献越大。

训练听和说是对外汉语教学中的重要问题，听说训练的理论是学科理论体系的重要组成部分，研究听说训练的理论是学科建设的需要。

语言教学的目的是培养学生运用所学语言在一定范围内进行交际的能力。交际包括口语交际和书面语交际。口语是主要的、基本的交际形式。要提高口语交际能力就必须进行听说训练。进行听说训练就要解决像提高学生口语交际能力的最佳途径是什么、如何有效地进行听说训练之类的问题。为此，就要研究听说训练的理论和方法。听说训练的理论属于应用理论范畴，但是跟基础理论有密切的关系。基础理论研究得越深越透，听说训练的理论就越成熟，对整个学科理论建设的贡献就越大。

（二）听说训练的理论研究是提高教学质量的需要

第二语言教学，包括对外汉语教学，从总体上看，教学质量不尽如人意，教学水平还不高。很多有识之士为此开出药方。有的认为要提高对外汉语教学的质量首先要研究汉语，我们称之为"本体说"。有的认为首先要研究学习过程，我们称之为"习得说"。有的认为首先要研究教学，我们称之为"教学说"。

以上是三种不同的观点，但是它们有一个共同之处，就是都认为提高教学质量必须进行科学研究。至于研究什么跟提高教学质量直接相关，是分歧的焦点。

原国家语委副主任仲哲明教授说："心理学家关于教师知识水平与教学水平关系的实验研究结果证明，教师知识水平只有低于岗位要求标准时才对教学效果和学习成绩产生影响，超过岗位标准以后就无显著相关。这就是说，并不是教师知识水平越高教学质量越好。就当前情况看，影响对外汉语教学效率的主要原因，我以为，不是教师汉语知识水平低，而是他们对这门学科的性质、特点和教学规律的认识不明确，教学思路不对头，而又很少下苦功研究、实验、总结、提高。这方面的内容应该成为（教师）培训的重点。就多数人来说，教师就是教师，不是语言学家，也不是心理学家，但他们应该能够成为语言教育专家。"（《回眸与思考》p. 39）

这段话明确地回答了上面的问题。作为教师，本职工作就是教学，必须完成教学任务。要搞好教学，就必须研究教学，研究教学规律，要研究对外汉语教学"学科的性质、特点和教学规律"，理清"教学思路"。也就是科研必须结合教学，科研必须为教学服务。

教师研究教学要从总体设计、教材编写、课堂教学和测试这四大环节入手。研究"总体设计"主要是研究针对不同等级的教学对象要开设哪些课程，并分别制定出不同的词汇大纲和语法大纲，确定教的内容。研究听说训练的理论，科学地进行总体设计，合理地开设课程，是提高教学质量的根本和保证。

对外汉语教学要提高学生实际运用汉语的能力，就要加强技能训练，已经成为人们的共识。既然是训练，就必须讲究训练的章法，以科学的理论为指导。研究听说训练的理论，正是为了指导教学实践，在训练中进行有意义、有价值的活动，避免盲目、无效、低效的活动，提高训练的质量。

（三）关于聆听理解微技能训练的理论

哲学是各个学科的基础科学。哲学中的系统论、信息论、控制论是人们认识世界的强有力的思想武器。

系统论强调，世界上的万事万物都成系统。一个大系统下面有子系统，一个子系统下面又有更小的微系统。

　　语言教学也不例外。语言教学要教授语言要素、语言技能和言语交际技能。汉语的语言要素包括语音、词汇、语法、汉字。语音包括声母、韵母、声调、重音、停顿、语气、语调等等。声母包括双唇音(b、p、m)、唇齿音(f)、舌尖前音(z、c、s)、舌尖中音(d、t、n、l)、舌尖后音(zh、ch、sh、r)、舌面音(j、q、x)、舌根音(g、k、h)等等。韵母包括单韵母(a、o、e、i、u、ü)、复韵母(ai、ei、ao、ou、ia、ie、iao、iou、ua、uo、uai、uei、üe)、鼻韵母(an、en、ang、eng、ong、ian、in、iang、ing、iong、uan、uen、uang、ueng、üan、ün)等等。声调包括第一声、第二声、第三声、第四声、轻声、变调等等。语言的四项基本技能是听(聆听理解)、说(口头表达)、读(阅读理解)、写(笔头表达)。聆听理解包括辨音辨调、理解词义、理解句义、理解段落、理解语篇等等。口头表达包括组织语言内容、选词造句、组句成段、选择恰当表达方法、善于运用声音技巧等等。如下图。

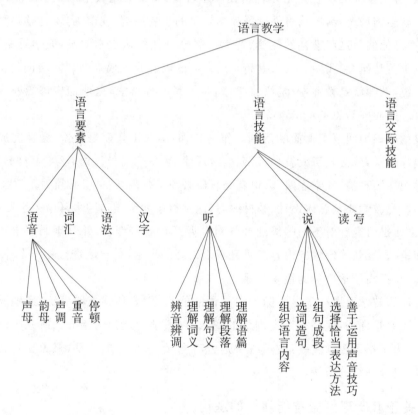

　　我们做任何事情都要从大处着眼、从小处着手。好比写文章,我们先要构思文章的主题和结构——从大处着眼。但是写的时候要一个字一个字地写,从字到词,从词到句,从句到段,从段到篇——从小处着手。学习语言,要学习语言要素、语言技能和言语交际技能——从大处着眼。具体到每一堂课,学习语言要素——语音,要从系统最下面的音素入手,发好每个声母、韵母、声调、音节;学习词汇要从每个词的音、形、义、用入手,会发音——会写——懂意思——会造句;学习语法要从一个一个具体的语法点入手,学好是字句、有字句、把字句、被字句、连动句、兼语句等等;学习汉字要从笔画、笔顺、间架结构入手,从独体字到合体字,从笔画简单的到笔画复杂的。学习语言技能,提高听说读写的能力,也要从系统最下面的微技能入手,把每一项微技能都掌握好,把微技能训练与综合训练结合起来,才能够从整体上提高听、说、读、写的能力。好比篮球运动员,把传球、接球、上篮、抢断、投篮、扣篮、抢篮板等等基本技能都掌握得非常扎实,才能成为优秀的篮球运动员。

微技能训练的理论是总结了多年来听力教学的实践经验以后提出来的。在分技能设课教学的初期,很多听力课教师都认为,学生听懂了课文就达到了教学目的、完成了教学任务。结果是,学生在教室里听得懂教师说的课文,离开教室,同样的内容听别的中国人说就听不懂了。其实,听懂课文提供的语料是每一节课的具体目的,而每一节课的具体目的应该为提高听力技能这一总的教学目的服务。我们知道,再好的听力课本、再丰富的听力材料,也不能把现实生活中的全部活生生的语言都编进去。如果学生只能听懂课本提供的材料,教师让听"一",只能听懂"一",稍加变化,"二"就听不懂,何谈举一反三。这样的教学就没有达到提高听力技能这个总的教学目的。我们把听力分解成微技能,重点训练聆听理解微技能,教师有意识地引导学生听课文时应用当课训练的微技能,在用中学用中练,可以举一反三。

我们按照微技能训练的理论编写了《速成汉语初级听力教程》。经过试验,教学效果非常明显。以作者亲自教的1999年北京语言大学汉语速成学院速成系A4班为例,全班13个零起点学生,经过20周的学习,期末HSK考试听力部分的平均成绩达到5级,按照教学计划3级为达标,有两个学生达到7级。

(四) 听说训练应该狠抓的几个问题

1. 大运动量的听力训练

任何事物的质变都是在量变基础上发生的,听力的提高也不例外。正如京剧演员从小进行艰苦训练一样,"台上一分钟,台下十年功"。没有大运动量的训练就不可能见效果出成绩。

既然听力在学习和交际中都很重要,就应当自始至终狠抓听力训练,给它足够的时间空间,也跟京剧舞台上给主角足够的时间空间,让其充分表演一样。大运动量的听力训练的意思是:给学生听的语言材料内容要多,题材要广,语言实用,练习方式多种多样。

2. 反应速度的训练

在真实自然的交际中,言语信号是快速连续呈现的,一闪即逝,所以理解速度至关重要。在交谈的时候,听话的人不可能总是要求对方中止说话,等自己搞懂了再继续进行。听者的理解要尽最大努力跟对方的信息传递保持同步,交际才能顺利进行。

反应速度的练习主要是训练学生听觉器官的灵敏度,必须坚持天天练。反应速度的训练从一开始就要抓,让学生听正常语速。学生习惯了正常语速,就不会觉得别人说话太快了。在课堂教学中,当进行快速问答时,学生的精神高度集中,努力适应教师的要求,对训练学生听觉器官的灵敏度非常有益。

3. 理解准确度的训练

理解的准确度是听力训练的基本目标,训练学生通过重音、停顿、语气、语调的变化等,准确理解言语信号的意义。这是自下而上理解能力的训练。

在语言教学的初期,自下而上理解能力的训练比自上而下的理解能力的训练更为重要。教师包括学生常常认为"大概听懂了"就行了。理解准确度的训练往往被忽视。聆听理解不像"说读写"那样容易检查。有时,学生一个句子没听懂,究竟是词的问题,还是语法点的问题,还是重音的问题,还是语调的问题,教师很难一下子把握。因此一些教师习惯问学生:"听懂了吗?"从教师心理讲,希望学生回答"听懂了"。一旦有的学生回答"听懂了",教师会以为全班学生都听懂了,产生判断失误。正确的做法是通过察言观色和做练习了解学生是否听懂了,而不是直接问"听懂了没有"。

理解准确度要用精听的办法训练,高标准严要求,不能含糊。比如数字、重要的人名地名、时间地点、指令要求等等,凡是可能发生误解的,都应该特别注意,检查学生是否真的"听懂了"。

4. 理解大意的训练

有的时候听成段表达,不可能也没必要要求学生全部完全听懂。只要求学生听懂理解主要的意思,培养学生概括总结的能力。这是自上而下理解能力的训练,这种训练也是必要的。

理解大意要用泛听的办法训练。教师要引导学生跳跃生词的障碍,抓主要信息。让学生大量地听,大量地接触语言材料,输入大量的言语信息,培养汉语语感。

5. 正确表达的训练

正确表达包括语音语调准确清楚,用词造句正确无误。语音语调是一个人语言能力的门面,学生语音语调准确自然是教师教学水平高的重要标准之一。所以对外汉语教学要自始至终狠抓语音语调的训练。语音语调训练不同的教学阶段有不同的侧重点。初期要把声韵调的准确作为教学的目标,严格训练,严格要求,打下良好的基础。到中高级阶段要把重音、停顿、语气语调的正确自然作为教学的目标,培养学生运用声音技巧准确地表达一定的思想感情。

用词造句是一个人语言能力的另一个门面,也是准确表达思想的需要。前文谈到学生听的要多,说的要少,也包含这样的意思,在基础阶段学生说话不求多而求对,要说一句对一句,提高说话的质量。用词造句正确无误一靠讲练,二靠语感。所谓讲练是通过本课的讲解操练,学生掌握词语的运用模式和句型模式,这是基本的方法。但是由于词语和句子在使用时多具有灵活性,一堂课不可能把所有的模式都操练到,所以通过听和读输入大量的言语信息形成语感,才是解决用词造句正确无误的根本方法。

6. 熟练表达的训练

正确表达要求说得对,熟练表达要求说得好。所谓说得好,从语音语调方面来讲,要在准确自然的基础上说得流利通畅、语速适中、富于变化、感情充沛;从用词造句方面来讲,要在正确无误的基础上说得恰当得体、适时适度、富于幽默、自然连贯。当然这不是一下子能够做到的,要逐步要求,逐步实现。

熟练来自大运动量的训练。言语信号只有反复输入、反复输出,才能熟练运用。要达到熟练的程度必须多听多说。

7. 复杂表达的训练

在说话训练中,教师要防止学生使用回避策略,引导他们使用复杂的表达方法。

说话跟听读不一样,主动权掌握在学生自己手里。他们常常使用回避替代的策略,即使学了复杂的表达方法,也还习惯于使用简单的表达方法。比如表达"忙的程度",到了中高级阶段,学生还习惯使用简单状语,说"很忙"、"非常忙",顶多说"忙极了"、"忙得很"这样带简单补语的句子。在真实的交际中简单表达是远远不够的,需要使用复杂的表达方法。所以教师要引导学生说出下面这些复杂的表达方法:

  我忙得抽不出身来。
  我忙得腾不出手来。
  我忙得饭都没吃。
  我忙得只睡了一个小时。
  我忙得三天没回家了。
  我忙得连上厕所都没时间去。

复杂表达除了使用复杂的定语、状语、补语以外,还要使用各种关系的复句,使用成语、俗语、惯用语等等。

8. 成段表达的训练

语言教学不能停留在单句训练上,教师不能满足于学生会说单个句子。表达复杂的思想除了使用复杂的句式以外，还需要成段表达。因此，要着力训练学生"积句成章，积章成篇"的能力。成段表达重在训练学生说话观点明确、层次清楚、句与句之间有关联、段与段之间有过渡。

　　成段表达的训练应该从简单到复杂，循序渐进。训练的关键是有好的教材，课文为学生提供模式，最好进行单元教学。比如第一单元的几篇课文都是按时间顺序叙述的，第二单元的几篇课文都是按地点转移叙述的，第三单元的几篇课文都是按事物发展情节叙述的。开始是线性结构，以后是立体交叉结构。学生以课文为模式大量地模仿、创造，就可以提高成段表达的能力。

第二讲　听力训练的理论依据

本讲要点

- 聆听理解的本质
  - 人们利用听觉器官对言语信息接收、解码的过程
- 听力教学的目的
  - 训练学生听觉器官的灵敏度，能够快速准确地辨析语言信号
  - 帮助学生吸收尽可能多的语言要素，并且作为经验成分储存在他们大脑记忆库
  - 通过大量输入和反复输入语言信号，训练聆听理解微技能，提高接收解码的熟练程度，激活听觉语言中枢，培养汉语的语感
- 听力训练的原则
  - 可懂输入的原则
  - 学生的成就感原则
- 听力教学的重点
  - 帮助学生积累知识，吸收和储存经验成分
  - 训练学生的聆听理解微技能
    - 辨别分析能力　　◆ 边听边记能力
    - 记忆储存能力　　◆ 听后模仿能力
    - 联想猜测能力　　◆ 检索监听能力
    - 快速反应能力　　◆ 概括总结能力
- 学生听力理解的难点
  - 近似的音和调　　■ 习惯表达
  - 生词　　　　　　■ 文化背景知识
  - 长句子　　　　　■ 语速
- 听力教材的编写和录音制作
  - 教学设计在先
  - 为技能训练服务
  - 内容广泛，语言自然，练习多样
  - 利用多媒体手段
  - 录音制作的语音语调要真实自然，还要掌握好语速和清晰度

对外汉语教学的目的是培养外国学生运用汉语在一定范围内进行交际的能力。这已经成为一种共识。如何提高学生运用汉语进行交际的能力呢？最主要的是加强听力训练和说话训练，提高听力训练和说话训练的质量。而要提高听力训练和说话训练的质量，就必须减少盲目性，增强自觉性；避免片面性，提倡科学性；就必须探讨听说训练的规律，在理论上搞清楚听话活动和说话活动是怎么回事、听力训练和说话训练的原则和重点是什么，学生在听话活动和说话活动中有哪些难点，以及听力教材和说话教材如何编写等问题。只有从理论上搞清楚以上问题，才能有效地进行听说训练。

一、聆听理解的本质

聆听理解的本质是人们利用听觉器官对言语信息接收、解码的过程。

言语信号指的是一个一个的音义结合体——词汇和由这些词汇排列组合成的语流。所谓接收、解码的过程就是对听觉器官收到的言语信号进行分析、辨别、归类，同时和已经储存在大脑中已有的言语信号（即经验成分）建立起联系，从而在语音、语法、语义三个层面上进行新的感知，理解言语信号所表示的意义，并且还要把新感知的言语信号存入记忆库变为经验成分，以便感知更新的言语信号，服务于聆听理解的循环过程。

语言的主要功能是交际。在真实自然的交际中，言语信号是快速连续呈现的，是转瞬即逝的。这就要求接收、解码高速进行。速度是至关重要的问题。那么，接收、解码的速度跟哪些因素有关呢？

（一）跟接收、解码的速度有关的因素

1. 跟言语信号的清晰度有关

言语信号的清晰度包括信号的音位是否正确规范，语速是否正常，音量是否达到一定的指数，有无外界杂音的干扰等等。这些都是外在因素。清晰的言语信号易于接收和解码，反之则难于接收和解码。但是同样不清晰的言语信号（这种不清晰有一定的限度），由于听者感知目的语的辨析能力不同，接收解码的深度和广度就不一样。这说明人的听觉器官是可以适应不清晰的言语信号的，关键是提高感知目的语的辨析能力。

2. 跟听觉器官的灵敏度有关

由于接收的言语信号是快速连续的,一闪即逝的,所以在听的过程中思维必须是高速的,反应必须是敏捷的。听觉器官越灵敏,对收到的言语信号就分析得越快,辨别得越准,归类越恰当。反之,灵敏度越差,就分析得越慢,辨别越不准确,归类越不恰当。学习外语的人听目的语时都有同感,语速慢容易懂,语速快不易听懂。在听不懂时往往抱怨别人说话语速快。实际上并不是言者的语速快,而是听者的反应慢。如果听者到目的语的国家生活一段时间或者经过一段时间的科学训练,言者用同样速度甚至更快的语速,听者也不会觉得快了。听觉器官的灵敏度是内在因素,跟先天有关,但是就一般人来说,这种灵敏度取决于后天的训练。

3. 跟已经储存在大脑中的经验成分的数量有关

经验成分主要包括三种:(1)具有可感应性的词汇;(2)具有可使用性的语法规则;(3)跟目的语有关的社会文化知识。

储存在大脑中的经验成分的数量越多,越便于加快解码的速度。储存一定数量的经验成分不仅是解码(理解)的先决条件,而且也是编码(表达)的先决条件。经验成分储存的数量是内在因素,取决于后天的习得。

4. 跟解码操作的熟练程度有关

在大脑中储存一定数量的经验成分只是有了先决条件,具备灵敏的听觉器官只是有了物质基础,要正确理解言语信号所表示的意义,关键在于解码操作的熟练程度。先决条件和物质基础的获得以及熟练地进行解码操作全靠科学的训练。

从以上对聆听理解本质的分析我们可以看出,聆听理解的过程是一种相当艰巨的高级神经活动。听力训练的效果是优是劣在很大程度上取决于训练方法是否科学,是否顺应了高级神经活动的规律,是否有意义地针对影响聆听理解的要素来设计和安排听力练习。

成年人学习第二语言之前,都已经牢固地建立了一套包括语音、语法、语义的母语的言语系统。在学习第二语言的初期,学习者往往要借助于母语的言语系统感知目的语的语音、语法和语义,而不是直接把接收的言语信号跟目的语建立联系。这种借助母语的联系速度是相当慢的,而且容易造成理解的失误。在教学中我们时常遇到这样的情况,有时学生听到一些音节而不能迅速反应出词义,有时听懂了一些词而不能理解整个句子,有时听懂了一个一个的句子而不能理解整段或全篇的主要意思。出现这种情况,根本原因是学生还没有建立起目的语的言语系统,不能直接用目的语思维。教师应该引导学生尽快摆脱对母语言语系统的依赖性,尽快建立目的语的言语系统,培养目的语的语感。这样聆听理解的能力才能得到真正提高。

（二）听力教学的根本目的

经由以上的分析，我们提出听力教学的根本目的是：

1. 训练学生听觉器官的灵敏度，能够快速准确地辨析语言信号。
2. 帮助学生吸收尽可能多的语言要素，并且作为经验成分储存在他们大脑记忆库。
3. 通过大量输入和反复输入语言信号，训练聆听理解微技能，提高接收解码的熟练程度，激活听觉语言中枢，培养汉语的语感。

二、听力训练的原则

听力训练应该贯彻的原则跟第二语言教学的原则有着高度的一致性。比如说科学性原则、实践性原则、交际性原则、针对性原则、趣味性原则等等，在听力训练中都应该贯彻。这里我们强调两点，一个是可懂输入的原则，另一个是学生的成就感原则。

根据我们的调查了解，分技能设课教学以来，听力课学生的出勤率最低。究其原因，一是学生听课文听不懂，解决这个问题要靠教师贯彻可懂输入的原则；二是学生感觉不到听力水平的提高，解决这个问题教师要让学生觉得上听力课有成就感。

（一）可懂输入的原则

美国心理语言学家斯蒂芬·克拉申（Stephen Krashen）认为教授第二语言最好的办法是给学习者可懂输入。他提出可懂输入的模式是 interlanguage + 1（i + 1）。interlanguage 是学习者现有的语言水平。i + 1 是在学习者现有的语言水平的基础上再提高一步的输入。这种输入必须使学习者能够听懂，可以理解。

我们同意斯蒂芬·克拉申的观点。这里他强调了语言输入先于语言输出和从学生的实际语言水平出发让他们听懂理解的观点。学生听懂了，理解了，才会有所得，输入才能不断积累，才能增强学习的信心和动力，这是学习的根本规律。如果教师提供的语言材料学生听不懂，理解不了，无异于对牛弹琴，不用说社会交际，连课堂交际也无法进行。他还强调了循序渐进的观点。教学就好像带领学生上楼梯一样，要一个台阶一个台阶地上，既不能总停留在一个水平上，也不能一下子跃过几个台阶。语言教师的作用之一就是在学生和语言材料之间架起一座桥梁，帮助学生克服听不懂的困难，使学生理解并掌握语言材料，进而作为经验成分储存在大脑记忆库中。

可懂输入作为听力训练的一条原则，说起来容易做起来难。这首先是我们从事的是班级教学。一个教学班至少有 10 个学生。如何确定学生现有的语言水平

(interlanguage)?"循序渐进"如何确定那个"序"？尽管很难，这个原则必须贯彻。我们的建议是：

1. 处理课文重点考虑水平低的学生

教师在备课的时候要考虑水平低的学生哪儿听不懂、原因是什么，把水平低的学生的问题作为讲解和练习的底线，如果水平低的学生的问题解决了，全班学生也就没有问题了。比如说，听一篇课文，班上水平高的学生有三个生词和两个语法点影响听懂，水平低的学生有五个生词和三个语法点影响听懂，在听课文之前要讲练五个生词和三个语法点。如果教师把水平低的学生听课文的障碍在听前练习的教学环节中全部解决，学生听懂课文就没有问题了。

2. 设计练习要考虑各种水平、各个层次的学生

在教学中教师不能只考虑水平低的学生，心里要装着所有的学生。设计练习的时候，要设计适合各种学生的练习，让各种水平、各个层次的学生都能有所获有所得，要调动所有学生的学习积极性。

3. 提出两种要求：精听和泛听

精听要求从整体到细节全部听懂，泛听只要求听懂主题，细节听不懂没关系。对同一篇课文，有的学生做精听的要求，有的学生做泛听的要求。也可以是对不同的语言材料有的学生做精听的要求，有的学生做泛听的要求。这就是因材施教的观点。

（二）学生的成就感原则

要让学生觉得上听力课有成就感，一要解决认识问题，二要解决方法问题。

教师和学生都应该认识到，听力的提高不如说、读、写那样明显，是缓慢的过程。举例来说，一个学生原来语音声调不好，经过课堂练习语音声调正确了，这种提高是有形的；一个词语，课前学生不懂意思、不会念、不会写、不会用，经过课堂练习意思懂了、会念了、会写了、会用了，这样的提高也是有形的。听力的提高不是这样，是缓慢的、无形的、不易觉察的。这是客观规律，教师和学生只能认识它、适应它，提高自己的心理承受能力。

由于受教学计划和课时的限制，多数听力课教师每段课文让学生听两遍，然后做一些应试性练习。学生觉得这样上课不如自己在宿舍听录音。自己听可以随心所欲，听几遍都行，直到听懂为止。为了吸引学生来上课，教师要不断改进教学方法，使学生感到上课跟自己听录音不一样，使他们有成就感。

1. 组织学生活动

经过多年的教学实践，我们总结了以听为主，听说结合，听读结合，听写结合，听做结

合的综合训练方法(见第三讲 p.44)。让学生在课堂上既动耳,又动口,还动手,对提高学生的听力技能,活跃课堂气氛,激发学生兴趣有一定的效果。

2. 教师不但要让学生听懂课文,更要教听的方法

例如:教学生听长句子、听结构复杂的句子的方法(见第五讲 p.77);教学生听对话注意什么、听记叙文注意什么、听议论文注意什么(见第六讲 p.105)等等。教师教的这些方法是他们自己听录音学不到的。

3. 补充内容,扩大输入量

我们主张,每一位对外汉语教学的教师都应该能够针对本班学生的情况编写课文和练习。特别是听力教师和口语教师,绝不能按照教材的内容照本宣科地上课,要给学生补充内容,扩大输入量(见第七讲 p.125)。学生能够学到课本上没有的内容,来上课才会有成就感。

三、听力教学的重点

(一) 帮助学生积累知识,吸收和储存经验成分

根据聆听理解的本质,听话的人要能够辨别分析言语信号表示的意义,大脑中必须有一定数量的经验成分。听力教学的目的之一是帮助学生输入尽可能多的语言要素,并且作为经验成分储存在他们大脑记忆库中。对于绝大多数汉语学习者来说,学习汉语的目的是获取信息资源。随着电子化、数字化、通信卫星等现代信息科学技术的迅猛发展和广泛应用,汉语语音资源有了巨大的增长,利用汉语语音资源获取文化、政治、经济、军事、教育、新闻等各方面的信息既方便又快捷。因此,帮助学生积累知识,吸收和储存经验成分,不仅是提高听力的需要,而且也是获取信息的需要。

(二) 训练聆听理解微技能

训练聆听理解微技能,包括:辨别分析能力、记忆储存能力、联想猜测能力、快速反应能力、边听边记能力、听后模仿能力、检索监听能力、概括总结能力等等。

1. 训练辨别分析能力

人们利用听觉器官对言语信号接收解码,首先是对收到的言语信号进行分析、辨别、归类。根据马克思主义对立统一的理论,分析事物要注意矛盾的普遍性,即共性。但是更重要的是辨别矛盾的特殊性,即特性。因为特性决定一事物区别于他事物的本质,是我们认识不同事物的基础。因此,提高听力首先是提高处理声音信号的能力,即辨别分析能力。

第二讲 听力训练的理论依据

通过听觉器官收到的言语信号,是语音形式的排列组合,包括声韵调、重音、停顿、语气、语调等。汉语的声韵调、重音、停顿、语气、语调有区别意思的作用。一般来说,相同语音的排列组合表示相同的意思,不同语音的排列组合和语音不同的排列组合表示不同的意思。只有在连串的语流中准确地分析辨别语音形式排列组合的异同,才能正确理解言语信号的意义。分析辨别语音形式的排列组合,首先是单词,其次是句子,最后是整段话语。这是因为听者理解言语信号的逻辑顺序是从感知单词开始,然后感知句子,最后感知语段。举例来说:

王力的马真棒。
王林的妈真胖。

这是两个不同语音的排列组合,听者首先应该分辨出"王力"和"王林"的"力"和"林"韵母不同,这是两个人的名字;"马"和"妈"声调不同,前者是动物,后者是人;"棒"和"胖"声母不同,前者意思是"好",指马又高又大,跑得很快;后者指人长得富态,跟瘦相对。这是对单词的感知。当然,这种感知是通过神经系统的高速活动,在极短暂的时间里完成的。这个过程完成了,才能进而感知句子的意思。第一句是说王力有一匹马,这匹马又高又大,跑得非常快。第二句是说王林的妈妈非常富态,是个胖妇人。这种感知也是在极短暂的时间里完成的。每个句子的意思都理解了,才能感知整段话语。

在实际语境中,人们通过听觉器官接收的声音信号包括言语信号和非言语信号。诸如嘈杂噪音、机器轰鸣、汽车喇叭声、风声雨声、乐声歌声等等。这些非言语信号常常伴随言语信号被听觉器官接收,使言语信号的清晰度受到影响。为此,听觉器官必须能够分析辨别,具有把非言语信号滤去的能力,并通过高速的思维活动迅速抓住言语信号呈示的信息点。这种能力只有通过大量反复的训练才能逐渐形成。

对收到的言语信号辨别分析,还应当包括辨别分析言语信号的真实性和可靠性,听到正反两方面的意见、办法,必须识别优劣,去伪存真,做出自己的判断,得出正确的认识。

下面这段话是一个在北京留学的外国学生的口头作文,有不少漏洞和错误。要训练其他学生根据自己的生活经验,指出其中的错误。

"除夕的晚上,我和小王来到中山公园。看见一对对青年男女在月光下散步,他们一边唱歌一边跳舞。不少年轻的姑娘穿着花裙子在鲜花前边照相。"

上文至少有以下错误:

(1) 除夕的晚上没有月光。
(2) 北京的冬天很冷,公园里(室外)没有鲜花。

(3) 北京的冬天很冷，不可能很多年轻的姑娘穿着花裙子。

(4) 在月光下散步和一边唱歌一边跳舞不能同时。

当然，这种练习要在听力训练的高级阶段进行。初级阶段听的内容还是应该以正面为主。

2. 训练记忆储存能力

在以往的听力教学中，有的教师过分强调了理解能力的训练而忽视了记忆能力的训练，甚至有人反对练习中出现检查记忆的内容。这是对聆听理解能力的误解。理解和记忆是对立统一的辩证关系，在理解的基础上记忆可以提高记忆的效果，记忆储存在大脑中的信息越多，越能加快理解的速度，增强理解的深度和广度。可想而知，如果人的大脑中目的语的经验成分等于零，那么他怎么可能解码？理解也就无从谈起。

英国教学法专家亚历山大教授在北京语言大学讲学中谈到："不要在教会话或课文之前把生词挑出来，写在黑板上集中学习，要在会话和课文中学习生词，因为，当一个人在街上跟另外一个人谈话时，不可能说你说的话有几个生词，我先把它们挑出来。"(路易·G. 亚历山大：《语言教学法十讲》)我们不同意亚历山大教授这个观点。这里他混淆了语言教学和语言交际两个概念。课堂教学和日常交际是两回事。在日常交际中，人们当然无法先挑出生词，用规定的词语谈话，但是大家都有这样的常识，谈话双方如果有一方语言水平十分低，你说什么他都不懂，你怎么解释他都不明白，那是无法交际的，除非借助翻译。在课堂教学中应该给学生可懂输入，绝对不能出现老师和学生互相听不懂的情况。在语言教学中我们的传统做法是，学生课前必须预习生词，做到会念、会写、懂意思，甚至会造句。学生预习得越好，课堂教学越顺利。尤其是听力教学，课前预习生词，听课文前讲练生词是十分必要的教学环节。这是因为，词语教学是帮助学生把一个一个的音义结合体输入大脑，成为经验成分，并且通过大量反复的练习，使这些词语具有可感应性，达到呼之即出的程度。如果缺少这一环节，就会出现学生什么也听不懂的情况，教学就无法进行。

除了词语以外，一定数量的语法规则和有关目的语的社会文化知识也是解码必备的经验成分。这些经验成分的储存和积累，光靠听力课远远不够。各种课型必须配合起来，共同参与这项活动。尤其是综合课，词语教学和语法教学占的比重更大。因此我们主张，听力教学的内容和进度要在综合课之后。对于词语、语法规则和有关目的语的社会文化知识，综合课的训练基本属于感觉记忆和短时记忆阶段，而听力课的训练，则是通过再现和重复，把感觉记忆和短时记忆的信息转入长时记忆，储存在大脑中，以便在需要时迅速准确的提取有用的信息，参与解码和重新编码的活动。

3. 训练联想猜测能力

水平高的听者理解语言的过程是一种猜测、估计、预想、想象的积极的相互作用过程。

联想和猜测是人类共有的心理活动。联想是指接收到一个信号以后,马上跟其他相关的信号建立联系的心理活动。猜测是指根据现实的感知和以往的经验凭想象对将产生的新形象做出推测、估计和预想的心理过程。我们的听力教学就是通过一定质与量的训练、启迪、诱导,使学生的联想猜测能力充分发挥,以提高理解言语信号的速度。联想猜测可分为两种:一是内容方面,包括主题、观点、情节等等;二是词语方面,包括人名、地名、方言、术语和其他非关键性生词。

在交际中常有这种情况,由于对话双方处于同一交际环境中,使用共同的代码,他们只使用极简单的句子,甚至个别单词表达思想。这时候言语的语法结构和逻辑关系可能不完善不严谨,但是不妨碍互相理解,也不妨碍交际的正常进行。有时言者话未说完,也就是编码表达的过程尚未结束,听者已经理解了他的意思,并能把句子的下半段补出来。这些都说明交际双方共同参与了编码解码的活动,听者不是完全消极被动的,可以一边听一边积极主动地思维,是自下而上和自上而下相结合的理解过程。水平高的听者能够预测出言者下边要讲的内容,然后把注意力集中在主要信息点上,再根据实际收到的信息,或巩固强化或抛弃修正原来的预测,使自己的思维与言者保持同步。

第二语言学习者在听目的语时,都会遇到听不懂的词语,没有经验的听者遇到生词往往很急躁,一着急就听不进下文,而有经验的听者能够从容处理,他们根据上下文猜测生词的大概意思,猜不出来也不着急,继续往下听,有时听到后边对前边的词语自然而然就理解了。本族人在听母语时也会遇到生词或不熟悉的内容,有时受到环境噪音的影响个别词或句子也可能没听清,但一般不妨碍理解。这说明他具有跳跃障碍的能力。听力教学也要训练学生会跳跃障碍。学生学会了根据上下文跳跃障碍,听力水平就可以来个飞跃。教师要不断总结规律,并且要教给学生掌握这些规律,使学生跳跃障碍跳得准跳得巧。

4. 训练快速反应能力

前文谈到,在真实的交际中,言语信号是快速连续呈现的,转瞬即逝。这就要求接收解码高速进行。为此,必须训练听觉器官的灵敏度,提高解码操作的熟练程度,也就是提高学生快速反应的能力。

语言教师的一个职业习惯是语速太慢。为了课堂交际顺利进行,教师适当放慢语速是允许的,有时也是必须的。但是我们主张教师的语速(包括录音材料的语速)该慢则慢,该快则快,尽量使用自然、正常的语速。教师不能一味迁就学生,不敢加快语速。否则,"学生只能听懂本班教师说话,听不懂其他人说话"的情况永远解决不了,对提高学生的听力无益。

要提高学生快速反应能力,除了教师要控制好自己的语速以外,主要是设计练习,让学生多听正常语速的听力材料,然后进行快速问答、快速判别正误、快速选择正确答案、听指令做动作等等,通过大量、有效的练习来提高学生的快速反应能力。让学生"多听"有两个意思:一是听的机会多,每一节听力课都要设计、安排"快速练习",而且这种练习要贯彻教学的始终;二是让学生听的语言材料要多,学过的词语、语法规则和文化背景知识在这些听力材料中大量重现,反复出现,就会对大脑大量刺激,反复刺激。刺激的过程是反复提取,反复使用,反复储存的过程,也是提高解码操作熟练程度的过程。这种练习做得越多,学生快速反应能力提高得越快。

5. 训练边听边记能力

聆听理解不仅要求学生听懂,而且要求记忆。记忆包括三个阶段:感觉记忆、短时记忆、长时记忆。听懂只是达到感觉记忆的阶段。如果不能把感觉记忆的信息及时转入短时记忆,进而转入长时记忆,这些信息就会被遗忘,不能作为经验成分储存在大脑中。为了克服遗忘,对听到的言语信息要用笔记下来,把声音信号变为文字信号,以便复习和查阅。俗话说:"好记性不如烂笔头。"边听边记是学习的需要,也是实际工作的需要。

在听力课上教师要训练学生养成边听边记的习惯,而且要教学生记什么和怎样记,也就是记的方法。在听对话的时候一般要记时间、地点、人物、话题;在听故事的时候要记时间、地点、人物、情节;在听报告的时候要记主要观点和说明观点的资料;在听介绍的时候要记关系、特点、性能、价格等主要信息,特别是听到数字,马上用笔记下来,否则过后就忘了。记的时候可以用汉字,也可以用拼音或外文,原则是使用自己最熟悉的文字,减少书写的困难。即便如此,一个句子也只能记主要的部分,不可能把每个词都记下来。所以我们主张每个句子记一行,这样便于整理笔记。那么,一个句子主要部分是什么呢?一是根据语法结构确定,即句子的主要成分——主语、谓语、宾语;二是根据句重音、停顿、语气、语调确定,即说话人强调的部分。

训练学生边听边记能力,最重要的是设计练习,突出重点,从单项到多项。比如:第一课练习记人名和数字;第二课练习记地名和数字;第三课练习记时间和数字;第四课练习记话题和数字;第五课记观点和数字;……最后训练学生记人名、地名、时间、话题、情节、观点、数字等等。每次记下来以后要让学生整理笔记,教师认真检查指导。这样从简单到复杂,日积月累,持之以恒,学生一定会提高边听边记的能力。

6. 训练听后模仿能力

听后模仿是一种把感觉记忆转入短时记忆的能力。不断地听后模仿就可以完成从感觉记忆到短时记忆到长时记忆的转化。在实际交际中,学生会遇到一些生词、听不懂的词组或句子。有听后模仿能力的人可以询问对方,增加无数个学习的机会,没有听后模仿能力的人不会询问对方,就失去了无数个学习的机会。比如,甲说:"这本书是在琉璃厂买的。"其中"琉璃厂"是生词。乙可以问:"琉璃厂是什么?是工厂吗?"甲解释以后,乙就学会了一个生词。这就是有听后模仿能力的人,也是会学习的人。这样的人语言能力、交际能力就能快速提高。

提高听的能力需要听后模仿,提高说的能力也需要听后模仿,大量的听后模仿是提高听说能力的必由之路。听后模仿首先是听准,其次是说对。听后模仿的练习宜从音节开始,包括声母、韵母和声调,既要辨别音调,又要发好音调,这是基础的基础。然后听后模仿词语。在语流中只有辨别出词语,才能理解句子的意思,否则就不能理解整个句子。再后是听后模仿句子,如果听后能够模仿整个句子,就可以增加这个句子在大脑中停留的时间,也就是延长解码操作的时间,从而提高理解的深度和广度。最后是听后模仿重音、停顿、语气、语调。听和模仿都是处理语言的声音信号,声音信号包括重音、停顿、语气、语调,它们具有区别意思的作用,不管是准确地理解,还是准确地表达,重音、停顿、语气、语调都起着重要作用。

7. 训练检索监听能力

什么是检索监听呢?检索监听是在听的时候具有明确的目的性,在听大段话语的时候带着问题听,集中注意力选听跟自己有关的内容,听懂并且记住。例如,明天去上海,今天晚上听全国气象预报时,最关心明天上海的天气情况,播音员说其他城市时可以不注意,播音员说到"上海",就要集中注意力听,并且要记住明天上海的天气情况。再如,坐火车去旅行,听广播员播送火车发车时间,要特别注意自己所坐的列车的发车时间、火车停靠的站台、检票的时间和地点等等,对无关的信息可以漫不经心。

检索监听是一种重要的能力,必须经过专门的训练才能提高。实际上很多听力教师已经自觉或不自觉地进行了这种训练。比如,在听课文之前老师提出问题,让学生一边听一边寻求问题的答案,只不过多数人没有意识到检索监听是一种聆听理解微技能,没有把它作为训练的重点。

我们认为训练检索监听能力,关键是在聆听时有注意的方向,养成良好的听话习惯。学会该注意的时候一定集中注意力,有张有弛,劳逸结合。教师要引导学生克服影响注意力的消极因素。影响注意力的因素一个是联想失去控制,一个是视觉干扰,第三是兴趣点转移。联想本来是一种正常现象,但是如果联想离开了所听话语的中心,越想越远,就会分散注意力,使该听的没听到。在听话的环境中除了声音信号以外,还有视觉形象。有的视觉形象能够起到助听的作用,但大部分不能。大家知道,盲人没有视觉干扰,听力普遍比正常人好。如果把注意力集中在视觉形象上,就会分散听的注意力,产生突发情况会使兴趣点转移。例如,在火车站听广播时突然发现一个久别重逢的老朋友打招呼,注意力当然就转移了。在训练检索监听能力时,教师要有意识地帮助学生克服消极因素,控制联想,防止视觉形象干扰和兴趣点转移。这样才能集中注意力,养成良好的听话习惯。

8. 训练概括总结能力

聆听理解和阅读理解有一个共同的教学目的,就是培养学生的概括总结能力,训练学生感知语言材料的主旨,捕捉言者谈话的主题。

我们在教学中都有这样的体会,有时候听完一篇课文,让学生说说其中最主要的内容,结果大都说的是一些细枝末节,只言片语。有的学生几乎能把文章的字句复述下来,可就是说不到点子上。因此我们主张,概括总结能力的培养,即抓要点的训练应该从一开始就强调,并且要贯彻听力教学的始终。所谓要点,一是语言材料的主要内容,二是主要内容所蕴含的深层含义。抓要点的练习可以从单句训练开始,再过渡到成段话语,最后训练学生概括总结全篇的主要内容和中心意思。

就一个句子而言,言者往往通过重音、停顿、语气、语调等的变化,强调其中的某个部分,这就是一句话的要点所在。如果别的词都听懂了,而恰恰是这个要点的部分没听懂,那么整个句子就无法理解。相反如果听懂了句子的关键部分,其他个别词语听不懂,有时候不影响理解整个句子的意思。因此从开始就必须教学生抓句子关键部分的方法,进行理解句义的训练。

在成段话语里,言者为了说清楚自己的观点、意见,往往从不同角度论述,要说很多话,而其中呈现主题的关键句子不过一两个,这就是一段话的要点所在。在对话中,即使是很短的对话,必定有谈话双方共同感兴趣的话题。有时候谈话者还要从一个话题转入另一个话题,这些话题就是要点。我们要训练学生集中注意力听懂并记住这些关键的句子和话题来理解整段话语。

在听长篇文章的时候,我们不能要求学生听懂并记住每一个句子,只能要求学生听懂并理解主要内容和主要意思。在听力教学的高级阶段,概括总结能力的训练更为重要。这种能力不是一下子可以提高的,要靠长期不懈的训练,使学生养成良好的听话习惯。每听到一个句子、一个语段或一篇文章都要自问自答它的主要意思是什么。我们主张抓全篇要点的练习可以按照文章的类型进行单元训练。进行单元训练的前提是编写各种不同类型的课文,每种类型都要有数篇作为一个单元。每篇课文的内容要紧紧围绕一个中心展开,还要贯彻从易到难的原则。有了这样的教材,就为训练聆听理解微技能准备了物质基础。

以上谈了聆听理解微技能的训练,这八个方面是举例性的,并非穷尽。不是说聆听理解微技能只有这八个方面。另外,这八个方面也不是截然分开的,它们互相交叉,互相依赖,又互相促进。从总的方面说,聆听理解微技能是听力教学的重点,但是具体到每一课,不能把八个方面都作为重点。教师要根据教学内容选择一到两个微技能作为训练的重点。

试想,通过训练,每个微技能都提高了,再把这些微技能应用到听整篇文章中,有分有合,综合训练,是不是就能从整体上提高听的能力呢?

四、学生听力理解的难点

要提高学生的听力,除了了解听力教学的重点以外,还要了解学生聆听理解的难点,要研究他们听力方面的困难,帮助学生克服了听力的困难,他们的听力就提高了。

那么,学生在聆听理解方面有哪些困难呢?根据调查了解,一是近似的音和调;二是生词;三是长句子;四是习惯表达;五是文化背景知识;六是语速。

(一)近似的音和调

近似的音和调,特别是声调相同、发音近似的词语常常不容易分辨。比如"珠子、租子";"舞蹈、辅导";"终止、宗旨";"肚子饱了、兔子跑了"等等说得快了,不仅外国人难以分辨,就是中国人也常常分不清楚,发生误解或跟别人打岔。语言首先是有声的,学习语言,对这种语言的语音一定要有比较强的辨析能力。为了提高学生辨音辨调的能力,我们主张把学生的难音难调分成组,进行天天练。

比如:

第一天辨析 b、p:

伯伯——婆婆	他真棒——他真胖
鼻子——皮子	拔出来——爬出来
步子——铺子	别扒着——别趴着
一笔——一匹	包起来——抛起来
发报——发炮	肚子饱了——兔子跑了

第二天辨析 d、t：

读书——图书　　　　　　胆子很小——毯子很小
对了——退了　　　　　　不能兑换——不能退换
不懂——不捅　　　　　　船底坏了——船体坏了
叼着——挑着　　　　　　搭了一间房——蹋了一间房
鼎立——挺立　　　　　　衣服多不多——衣服脱不脱

第三天辨析 z、zh：

阻力——主力　　　　　　唱赞歌——唱战歌
姿势——知识　　　　　　我栽花——我摘花
宗旨——终止　　　　　　看杂技——看札记
暂时——战时　　　　　　增兵 50 万——征兵 50 万
总账——肿胀　　　　　　正在造像——正在照相

第四天辨析 c、ch：

粗布——初步　　　　　　别擦手——别插手
村庄——春装　　　　　　猜这个字——拆这个字
不曾——不成　　　　　　不要推辞——不要推迟
短促——短处　　　　　　他是从犯——他是重犯
遵从——尊崇　　　　　　一堆木材——一堆木柴

（二）生词

关于生词，凡是学过外语的人可能都有同感，如果一个句子里有两三个生词，整个教学就很难听懂了。这说明储存在大脑中的经验成分数量不足。教师要有意识地帮助学生扩大词汇量，把尽可能多的词语存入记忆库变成经验成分。可以采取顺便告诉的办法。比如教"老大爷"时顺便把"老大娘"告诉学生；在教"电脑"时顺便把"电子计算机"告诉学生；在教"出租汽车"时顺便把"的士"、"计程车"告诉学生；在教名词时，顺便把对应的量词和经常搭配的动词告诉学生；在教形容词时，连同它的反义词一起告诉学生。这样日积月累，学生掌握的词汇就越来越多。当然这种顺便告诉应该有计划、有控制，不能遇到一个顺便告诉一个。

（三）长句子

短句子听起来容易，长句子、结构复杂的句子听起来就比较难。对付长句子主要是增强学生使用语法规则的熟练程度。一方面训练学生抓主要词语和主要成分，另一方面要抓关联词语，比如听到"虽然"这个词，就应该想到后边一定出现"可是"、"但是"表示转折的词语；听到"因为"，应该想到后边一定有"所以"表示结果。课文中的难句长句，可以提出来，在听课文之前集中练习，为理解整段话语扫除障碍。比如课文中有这样的长句子："一个十二三岁戴着红领巾长得很清秀的女孩正从马路对面匆匆忙忙地向我这儿走过来。"

进行长句子听前练习，方法如下：

- 学生听：
  "一个漂亮的姑娘向我这儿走过来。"
  然后问："谁向我这儿走过来？""这个姑娘长得怎么样？"

- 学生听：
  "一个长得很漂亮的姑娘向我这儿走过来。"
  问："一个什么样的姑娘向我这儿走过来？"

- 学生听：
  "一个戴着红头巾长得很漂亮的姑娘向我这儿走过来。"
  问："这个姑娘的头上戴着什么？"

- 学生听：
  "一个二十岁左右戴着红头巾长得很漂亮的姑娘向我这儿走过来。"
  问："这个姑娘多大年纪？""一个什么样的姑娘向我这儿走过来？"

- 学生听：
  "一个二十岁左右戴着红头巾长得很漂亮的姑娘匆匆忙忙地向我这儿走过来。"
  问："这个姑娘怎么样向我这儿走过来？"

· 学生听:
　　"一个二十岁左右戴着红头巾长得很漂亮的姑娘正从马路对面匆匆忙忙地向我这儿走过来。"
问:"这个姑娘从哪儿向我这儿走过来?"

· 学生听:
　　"一个二三十岁戴着黄围巾长得很健壮的小伙子正从马路对面匆匆忙忙地向我这儿走过来。"
问:"谁向我这儿走过来?"

· 学生听:
　　"一个六七十岁戴着蓝帽子长得很高的老大爷正从马路对面匆匆忙忙地向我这儿走过来。"
问:"谁向我这儿走过来?"

· 学生听:
　　"一个十二三岁戴着白帽子长得很精神的男孩正从马路对面匆匆忙忙地向我这儿走过来。"
问:"谁向我这儿走过来?"

· 学生听:
　　"一个十二三岁戴着红领巾长得很清秀的姑娘正从马路对面匆匆忙忙地向我这儿走过来。"
问:"谁向我这儿走过来?"

学生熟悉了这个长句子的结构,再听课文中的句子就不会感到难了。

(四) 习惯表达

汉语里有些习惯表达或特殊表达方式,字数少,结构简单,可是表达的意思却很丰富。诸如:

1. 易位句

"找着了吗？你的本子？"
"站住！那个穿红衣服的！"

2. 省略

（在公共汽车上）"哪儿上的？""哪儿下？"
（在集贸市场）"便宜了，苹果三斤了。"

这里的"三斤"是10块钱三斤的意思。整句是说：苹果比刚才便宜了，现在卖10块钱三斤。

3. 习惯表达

A：王老师，您是北京人吧？
B：是啊，我从小就生活在北京。
A：那您对北京一定很熟悉了。
B：谈不上熟悉，我对北京的了解可能比你多一点儿。

学生听了这个对话往往认为王老师对北京不熟悉，尤其是欧美学生。这里要把中国人听了别人赞誉表示客气谦虚的说法给学生介绍一下。比如："你英语说得真不错。"中国人常常回答："哪里哪里，请你多指教。""你这学期进步真快。"中国人说："不行不行，我还差得远呢。"等等。

4. 语境差异

有些句子在不同场合表示不同的意思。"咱们交个朋友吧！"这个句子本身是表示友好的。但是在大晚上，一个男的把一个姑娘堵在小胡同里说："咱们交个朋友吧！"姑娘绝对体会不到"友好"的意思，相反会吓得要死。

（五）文化背景知识

有的词语和句子不能只从字面理解，要给学生讲清它的含义。如：

"我们去南方旅行。"
"北方的冬天真冷。"

"昨天晚上我看了一场东方歌舞团的演出。"

"我们要学习西方的科学技术和先进的管理方法。"

"南方"指中国长江以南的地方,"北方"指中国长江以北的地方,尤其指黄河以北地区;"东方"指亚洲,有时候指亚非拉发展中国家,"西方"泛指资本主义发达国家。

"我去商店买东西。"

"小张真不是东西。"

前一句"东西"泛指商品;后一句"东西"意思"不是好人",是骂人的话。

"我们要解决牛郎织女的问题。"

"牛郎"和"织女"是古代爱情传说中的人物,"解决牛郎织女的问题"是解决夫妻两地分居的问题。

"我也当了一回红娘。"

"红娘"是戏曲《西厢记》中的人物,崔莺莺的侍女,促成了莺莺和张生的结合。"当红娘"是给别人介绍了对象或者为别人牵线搭桥。

"你什么时候请我吃糖啊?"

按照中国现代的民俗在婚礼上常常要请客人吃糖,所以这句话的意思是问:"你什么时候结婚?"

学生不了解这些文化背景知识,即使没有生词,整个句子也理解不了。

(六)语速

关于语速前文说过,语速慢容易听懂,语速快不易听懂。为了应付日常交际和入系听专业课,在语速训练方面必须从难从严。要听懂正常语速的谈话,不能只停留在正常语速的训练上,而必须进行有计划地快速练习。"求之乎上,仅得其中;求之乎中,仅得其下。"教学大纲规定,学生要能听懂语速为每分钟160—180字的文章或讲话,我们在课堂上做的快速练习达到每分钟210—220字。教学实践证明,当我们进行快速练习的时候,学生的精神高度集中,努力适应教师的要求,对训练听觉器官的灵敏度和反应的敏捷非常有益。

《学记》指出:"学者有四失,教者必知之。人之学也,或失则多,或失则寡,或失则易,或失则止。此四者心之莫同也,知其心然后能救其失也。"这就是说,学生的学习积极性受到损害,往往是由四个方面的原因引起的。一是内容太多,记不住,消化不了而失去信心;二是内容太少,吃不饱,营养不足;三是太简单,索然寡味,引不起兴趣;四是太难,达到可望而不可即的程度,也就畏难而终止了。我们讨论学生的难点,是为了在课堂教学中,教师能够从学生的实际水平出发,科学地处理教材,掌握并控制教学内容量的多少和质的难易,使学生感到量大但能吸收,稍难但能够接受。内容太多,务必突出重点,切忌面面俱到;内容太少,应该增加补充新的内容;内容太易,必须加大难度,提高要求;内容太难,则应该化难为易,突破难点。这也就是贯彻"可懂输入"的原则。

五、听力教材的编写和录音制作

听力教材的编写跟其他教材的编写有共性,比如注重趣味性、实用性、科学性、针对性等等。听力教材的编写也有自己的特性。我们认为以下几个方面值得认真研究。

(一) 教学设计在先

听力教材的编写应该以教学设计规定的教学原则、教学计划、课程设置和先进的教学法为理论依据,还应该吸收最新的关于听力训练的理论研究成果。把这些指导思想贯彻到教材编写的每一个环节中。

以往的教材编写随意性较大,常常是先编写教材后设计教学大纲。这实际上是本末倒置。正确的做法是先设计教学大纲,把教学原则、教学计划、课程设置、适用的对象和教学法等等规定清楚,有了这些前提条件,再动手编写教材,才顺理成章。

编写教材要以先进的教学法理论作为指导。经验证明,成功的精品教材之所以成功,根本原因是作者对教材编写的理论进行过专门深入的研究,他们把研究的成果融入到教材编写中。从编写思路、编写原则到编写体例,从语料的选择到练习的形式采用,都需要精心的设计。编写教材还必须研究前人教材编写的成败得失,借鉴成功的经验,吸取失败的教训,避免重复同样的错误,少走弯路。如果每一本教材的编者都能在悉心研究的基础上动手编写,教材的质量就会大大提高。

从系统论、信息论、控制论的角度看,对外汉语听力教学是一种有控制的语言信息传输和反馈的系统。它由语言信息源、信息传输通道、信息传输者和信息接收者构成。语言信息源主要指教材,也包括教师;信息传输通道指教学环境,即教学的时间、空间及教学组织,主要是课堂教学和与之相关的教学安排;信息传输者是教师;信息接收者是学生。它们之间既互相联系,又各有其特点。教材只有成为优质的信息源,才能为学生提供更加实用有效,更有针对性的信息。

我们以前文论述的聆听理解的本质、听力训练的原则、听力教学的重点、学生聆听理解的难点等等作为指导教材编写的理论依据,编写了《速成汉语初级听力教程》(北京语言文化大学出版社,1996)。经过10多年的教学实践,证明使用这套教材教学效果很好,是一部深受学生和教师欢迎的教材。北京语言大学汉语速成学院1997和1999年入学的零起点的学生经过20周的学习,我们对其中两个班期末HSK考试成绩进行了统计,说明了这一点。

1997年A2班的20个日本和韩国学生参加HSK考试,通过7级的1人、6级的5人、5级的4人、4级的6人、3级的1人、2级的3人。通过3级算达标,结果17人达标,达标率85%。1999年A4班的13个学生经过20周的学习,期末HSK考试全班听力部分的平均成绩达到5级,有两个学生达到了7级。教学计划规定A班学生3级为达标。其他班级的成绩也大体相当。这样的成绩除了学生和教师的因素以外,主要得益于教材给学生输入大量有用的信息。在进行总结的时候,教师们一致认为,学生学习这套教材接触的词汇量大,语法点多,并且重复率高,是取得良好成绩的主要原因。大家充分肯定,这是一部训练和提高学生听力技能的成功教材。

2004年吴晓颖为了撰写硕士论文,对北京语言大学汉语速成学院使用该教材的学生和教师进行了一次大规模的问卷调查。主要从使用者的角度了解对该教材的评价。学生发出问卷50份,收回50份;教师发出13份,收回13份。结果显示,学生和教师对该教材的正面评价大大高于负面评价,满意度很高。本书修订后改名为《速成汉语基础教程·听说课本》(北京大学出版社,2010)。

(二) 为技能训练服务

听力教材的编写要从听力训练的原则出发,为技能训练的教学目标服务。听力训练的原则是给学生可懂输入。为此,必须充分重视教材的科学性和可接受性。努力做到从易到难,由浅入深,循序渐进,把"i+1"的模式体现在教材中,使教材成为教师引导学生用已知探索未知的物质基础。

听力课的重点在于训练学生聆听理解微技能,这也要依靠教材才能得以实现。也就是说,教材提供的语言材料,诸如语音、词语、句子、对话、短文等都是为了训练聆听理解微技能。

要训练辨别分析能力,教材中出现的词语就应该具有可辨性。比如做下面的练习:指出听到的词语(使用投影仪或小黑板)。

第二讲 听力训练的理论依据

鼻子	笔画	笔顺	初次
胆子	耳朵	发言	发音
斧子	胡子	监察	检查
渴	累	眉毛	能力
拍子	牌子	实践	实现
毯子	头发	完全	需要
眼睛	眼镜	药方	药房
主意	注意	准备	嘴

说明：上边生词表是按音序排列的。要让学生辨别以上听到的词语，这些词语——胆子、毯子；发言、发音；斧子、胡子；监察、检查；拍子、牌子；实践、实现；药方、药房；眼镜、眼睛；主意、注意等在教材中都应该出现过。如果教材中没出过，学生没学过这些词语，这个练习是完不成的。

要训练联想猜测能力，教材中就应该提供未完成式的课文。比如《速成汉语初级听力教程》有这样的练习，听课文之前让学生填空，然后再听课文：

（情景：金汉成在邮局寄信。）

金汉成：我想往上海寄一封信，哪种保险？

营业员：＿＿＿＿＿＿＿＿＿＿＿＿＿。

金汉成：挂号信是不是很快？

营业员：不快。得一个星期。

金汉成：太＿＿＿＿＿＿＿了，有没有＿＿＿＿＿＿＿＿＿＿＿的？

营业员：你寄快件吧，它跟挂号信一样保险，＿＿＿＿＿＿＿就能到。

金汉成：好，我寄快件。多少钱？

营业员：你的＿＿＿＿＿＿＿不成，寄快件得用这种专门的信封，信封两毛。

金汉成：我写好了。给你。

营业员：我称一下。

金汉成：＿＿＿＿＿＿＿＿＿＿？

营业员：没有，两块。这张单子是收据，请收好。

听前填空目的是训练学生联想猜测和逻辑思维的能力。第一个空儿，学生根据下文的"挂号信是不是很快？"能够猜出来营业员说"挂号信"。第二和第三个空儿，根据上文的"不快。得一个星期。"学生能够猜出来金汉成说"太慢了，有没有快一点儿的？"第四个空儿不是唯一的答案——两天、三天、四天都合乎逻辑。快件一天寄到上海不太可能，五天、六天跟一个星期差不多，绝对不可能是七天以上。所以学生回答"两天、三天、四天"都对。这样的教材就为训练学生的联想猜测能力提供了物质基础。

训练概括总结能力，课文的内容都应该紧紧围绕一个核心，这个核心就是表述的主题。在初级阶段核心的表述是直线性的，比较容易理解，可以顺理成章地概括总结出来。到中高级阶段，核心的表述要从表层到深层，形成立体交叉关系，听者必须经过深思才能概括总结出来。从初级阶段到高级阶段应该逐渐过渡，教材为听力技能的训练就能充分得以体现。

（三）内容广泛，语言自然，练习多样

听力教材的内容应该广泛，语言应该自然真实，练习方式应该多种多样。听力训练要求学生的注意力高度集中。教材要能够引起学生的兴趣，保持注意的稳定性。

李泉在谈"针对性、科学性、实用性、趣味性"四项原则跟学生的亲疏关系时说："学生的'优先考虑序列'是：趣味性＞实用性＞科学性＞针对性。"可见，"趣味性"是学生评价教材的首选标准，当然，他们也看重"实用性"。学生评价教材的角度和标准是编写教材最应该重视的信息。因为教材是为学生编的，教材的趣味性和实用性，不仅应该源于学生，为了学生，而且最终得以实现还有赖于学生的认可，有赖于他们的参与和创造。教材能够吸引学生，调动他们的学习积极性，激发他们的学习劲头，是学生学习取得成功的内在驱动力。

从趣味性原则出发，听力教材课文的内容题材应该广泛，包括学习生活、衣食住行、购物换钱、日常交往、文体娱乐、参观旅行、风土人情、文化对比、名人轶事、历史故事、社会现象、科学常识等各个方面。从正式场合的谈话到人们私下的闲聊，从面对面的争论讨论到转述别人的意见看法，从新闻广播到电影电视节目，真正做到种类繁多，使学生接触各种形式的口头语言，通过听吸收新的文化知识，了解各种新的情况和信息。心理学的研究成果表明，见所未见、闻所未闻的信息能够引起人的不随意注意，进而转化为随意注意和随意后注意，保持注意的稳定性，给人深刻印象。

教材的趣味性一是体现在内容上，包括内容真实、知识性强、有思想深度、语言通俗幽默等等；二是体现在练习方法上，练习方式多种多样、生动活泼、实用有效，学生愿意做、喜欢做，在轻松愉快的气氛中提高语言能力。

听力教材的语言应该自然真实，这是相对于综合课的教材。综合课教材往往先教规范的完整的语言，比如："你今年多大年纪了？""我今年 19 岁了。"然而在真实的交际中很少有人这样说，人们常说："你多大了？""19 了。"前者是规范的课堂语言，后者是自然真实的交际语言。听力教材应该教给学生的是普通人用普通方式说普通语言。从这个角度

说,孟国教授主编的《原声汉语——汉语实况听力教程》(北京大学出版社,2008)是值得提倡的。只有让学生多听自然真实的日常会话,才能解决"课堂上听得懂,社会上听不懂;老师的话听得懂,其他人说话听不懂"的老大难问题。

(四) 利用多媒体手段

随着科学技术的发展,特别是 21 世纪以来,视听教育技术、电子通信技术和信息技术的飞跃发展,使传统的教育方法发生了一场新的变革。尤其是语言教学方面,电化教育技术已成为不可缺少的常规教学手段。这就需要大量的适合电化教学的教材和资料。

我们在编写听力教材的时候应该考虑电化教学手段的应用,调动学生的多种感官,既要耳听、口说,又要眼看、手写。有条件的,可以把教材当做脚本直接拍摄电视片,充分发挥声光电的作用,使声音与形象和谐统一,使语言信息与具体情景紧密结合。应用汉语信息处理技术编写制作多媒体教材,不仅集声光图文于一体,而且可以由学生自己控制,人机对话,进行听说读写全面训练。为此,编写在语言实验室用的多媒体教材已经提到日程上来了。当然,听力教材还是要以听为主,以训练听力技能为目的,要正确处理视、听、说的关系。

(五) 录音制作语调自然,语速标准,语音清晰

听力教材跟其他教材不一样,不是以文字形象呈现给学生,而是以声音信号输入学生的听觉器官。教材最终要落实在录音上。因此,录音制作十分重要,是继教材编写之后的第二道工序,是对教材的再创作。

课文录音的语音语调真实自然非常重要,切忌照本宣科,声音平板。录音员像演员一样,感情要充沛,感觉要准确,音调的节奏感要强烈,抑扬顿挫要分明。还要让学生听到男女老幼、不同年龄、不同身份的人的声音,有闻其声如见其人的感觉。如果在不同的时间、地点,由不同的人说同样的词语和句子,就会学得快、记得牢。因此,课文的录音最好是多人,不要只由两个录音员从头念到尾。英国专家玛丽·安德伍德在北京语言大学讲学时强调,真实的录音有如下特点:1.节奏自然;2.语调自然;3.发音自然;4.说话者之间常有重叠现象;5.说话有变化;6.话是说出来的;7.有背景噪音;8.有一些不完整的句子;9.自然的停顿或开头。

录音要根据训练目的掌握好语速。一般来说,初级阶段的语速可稍慢,以后逐渐加快。但是具体到每一课,语速应该有快有慢。因为初级阶段也有快速反应的练习,高级阶段遇到结构复杂的难句长句或者理解深层含义的句子也要放慢语速,留出解码的时间。放慢语速不是拉长音节之间的时间,而是拉长句与句之间的时间。

课文录音要控制好言语信号的清晰度。初级阶段的课文录音要语音语调标准、规范、清晰，以后逐渐加进一些干扰，如口头语、不必要的重复等冗余成分，再配上音响效果，录制一些风声、雨声、车辆声、广播声、别人的谈话声等等，既是干扰，又能把学生带到真实的交际环境中去，对理解言语信号起帮助作用。不过还是要有所控制，不能喧宾夺主。

录音制作可分为两种情况，一种是为出版发行的，为了节省成本，每课从头至尾录制一遍。另一种是为课堂教学的，这要从课堂教学的实际出发，按照训练的要求，该分段录就分段录，该录制几遍就录制几遍，还要留够做练习的时间，以免教师不断停机寻找，浪费宝贵的课堂时间。

第三讲 听力训练的方法(一) 语音练习

本讲要点

- 语音练习的着眼点
  - 训练学生具有敏锐的听音辨调的能力,能够快速准确地辨析声韵调、重音、停顿、语气语调
- 语音训练的方法
  - 听和说
    - 利用四段练习法听后模仿
    - 拼音
    - 辨音
    - 音节连读
    - 辨别声母或韵母
    - 变调连读
  - 听和写
    - 选择韵母
    - 选择声母
    - 选择声调
    - 填声母
    - 填韵母
    - 填调号
    - 填表
    - 辨声调
    - 辨声母
    - 辨韵母
    - 辨音节
    - 选择音节或句子
    - 填音节或听写句子
  - 听和做
    - 辨音
    - 辨调
    - 辨音节

一、听力训练的方法

听力训练应该采用以听为主、听说结合、听读结合、听写结合、听做结合的综合训练方法。

听、说、读、写是四项既有联系又有差别的技能,在学习和使用过程中常常是你中有我、我中有你、互相依存、互相促进的。某一单项技能的获得绝不能孤立的单纯地训练。

听力训练当然是以听为主,学生的主要活动是听,练习的是学生的耳朵,刺激的是学生的听觉语言中枢。是否以听为主是听力课跟其他课的根本区别。但是,听基本上是被动的行为,听力训练如果只限于听和做一些应试性的练习,既不能活跃课堂气氛,难以调动学生的积极性,也不能全面提高学生的交际能力。我们认为必须以听为主,把听和说、听和读、听和写、听和做(让学生按指令做事情)结合起来,才能提高听力训练的效果。同时说、读、写、做也是检查听的质量,巩固通过听吸收的言语信息,促使其储存在大脑中变为经验成分,达到培养交际能力的目的。

在听、说、读、写四项基本的语言技能中,听和说的关系最为密切,都是处理语言的声音信号。听以后让学生做口头练习,诸如回答问题、解释、复述等等能够直接了解学生听的情况。学生听懂以后打开书念课文,一是练习语音语调,使学生适应必要的读速,二是帮助学生把重要的言语信息储存在大脑中。听写结合的写是宽泛的写,不是专指写汉字,画个勾、打个叉、连线、填表、画图都是写。听和说累了可以写一写,也是一种调剂。听力课学生不容易活跃,如果设计一些练习让学生做事情,用近似游戏的方法,使他们多活动,可以避免枯燥乏味。

听力课是一门技能课。技能的形成和提高无需过多的讲解,主要在于练习和实践。练习得法则事半功倍,反之则事倍功半。试想,几十分钟的练习,如果方法简单枯燥,怎么能引起学生的兴趣?无趣的活动对学生对教师都是艰难的苦差,不但达不到技能训练

第三讲　听力训练的方法(一)语音练习

的目的,而且会使学生讨厌听力课,丧失学习的信心和动力,这是十分危险的。采用灵活多样、实用有效的方法调动学生的多种感官,耳、口、眼、脑、手、脚并用,就可以变苦差为乐事。经过多年的教学实践,根据对听力训练理论的认识,我总结了"听力训练81法"。这些方法都是我在教学中使用过的。实践证明,这些方法对提高学生的聆听理解微技能、对活跃课堂气氛,激发学生的学习兴趣有一定的效果。

我在总结"81法"时思路是这样的,先有一条纵线,即语音的练习方法、词语的练习方法、句子的练习方法、对话和短文的练习方法。再有一条横线,每一种练习方法都按照听和说、听和写、听和做进行设计。听和读比较简单,我没把它专门作为一个部分。

《听力训练81法》1988年9月由现代出版社出版以后,我听取了各方面的意见,进行修改、补充、完善。下面介绍的听力训练的方法,就是在"81法"的基础上修改加工而成的。读者在选用这些方法时,请注意三个问题:(一)每种方法的含义是什么?(二)每个方法在什么情况下使用?(三)如何创造性地使用这些方法?

关于第一点,我在介绍每种方法之前,都规定了一个明确的训练目的,也就是为了达到一定的训练目的采用与之相应的训练方法。书上写得比较清楚,不多说了。

关于第二点、第三点再说明一下。大家知道,任何好的方法都不能不分时机、不论场合、不加选择地使用。教师采用哪一种方法,必须适应本班学生的特点,为本班学生所接受,并得到他们的配合。我们常常遇到这种情况,别人用的方法明明效果很好,可是到自己这儿却行不通。甚至自己用的同一种方法在甲时甲地得心应手,效果很好,而在乙时乙地却很不顺手,效果不理想。这是因为,教学是师生互相配合,共同完成的活动,也是一种十分复杂的过程。我们的教学对象千差万别,教学内容多种多样,课堂上出现的情况千变万化。这些要求教师采用的方法必须灵活多样,随机应变,必须从课堂实际出发,适应教学对象和教学内容。我们在备课时费心思、动脑筋的问题主要是琢磨针对本班学生的特点采用什么最有效的方法完成教学任务。即使在别人那里已经证明的好办法,自己也要进行改造,有所变化,有所创新,绝对不能生搬硬套。因为再好的方法,不切合本班实际,也只是镜中花、水中月,毫无作用。由此看来,这第二点和第三点在使用时尤其值得注意。

最后再说明一点,听力教学跟其他教学一样,一定要贯彻精讲多练、讲练结合的原则。所谓精讲就是教给学生一些带规律性的东西,突出练习的目的性。比如要教学生怎样听数字,怎样判别人名地名,怎样归纳概括中心意思,怎样根据重音、停顿、语气、语调来辨别语义等等。在精讲的基础上多练,听力课就能上出特色来,学生的听力就会有比较明显的提高。

二、语音练习的着眼点

　　语音练习的着眼点是训练学生具有敏锐的听音辨调的能力,能够快速准确地辨析声韵调、重音、停顿、语气语调。前文说到,汉语的声韵调有区别意思的作用。不同声韵的排列组合构成不同的词语,不同的词语表示不同的意思。重音包括词重音和句重音。重音的位置不同词义和句义就有区别。停顿和语气语调也是这样,不同的停顿、不同的语气语调都表示不同的意思。下面分别叙述其中各项的辨析重点。

　　其一,训练学生辨析声母重点是几组成对的难音:

1. 吐气音和不吐气音,如 b、p;d、t;g、k;j、q;zh、ch;z、c 等。
2. 舌尖前音、舌尖后音和舌面音,如 z、c、s;zh、ch、sh、r;j、q、x 等。

　　其二,训练学生辨析韵母重点是前鼻韵母和后鼻韵母,如 an、ang;en、eng;in、ing;ian、iang 等。

　　其三,训练学生辨析声调主要是能够听出在语流中每个章节是第几声,不同的声调表示不同的意思。重点是语流中的变调。

　　其四,训练学生辨析重音首先要能听出重音在哪儿——在前边、后边还是中间,其次要能够理解重音在这儿表示什么意思,重音在那儿表示什么意思。比如:

　　　　我等你半天了。

　　学生首先要能够听出重音在"天"上,"半天"意思是感觉很长时间。再比如:

　　　　1. 我们明天去长城。
　　　　2. 我们明天去长城。

　　第一个句子,学生首先要能够听出重音在"长城"上,其次理解这句话回答"明天去哪儿"的问题。第二个句子,学生首先要能够听出重音在"明天"上,其次理解这句话是回答"什么时候去长城"的问题。

　　其五,训练学生辨析停顿也是两点:停顿在哪儿;不同地方停顿意思是什么。

　　其六,训练学生辨析语气语调重点是不同的语气语调表示不同的意思。比如听到疑问语气的句子要回答对方,听到否定语气的句子不用回答。要通过不同的语气语调理解说话人不同的感情色彩。

　　在以上六个项目中,语音训练的重点是辨析声韵调和重音。学生有了敏锐的听音辨调的能力,就为理解词义、句义打下了良好的基础。

三、 语音练习的方法

（一）听和说

1. 听后模仿

1.1 目的：训练辨别分析能力、听后模仿能力和记忆储存能力。

1.2 方法：可听录音，也可听老师说。若听录音以两遍为好；若听老师说，可根据课堂实际情况灵活掌握，一遍、两遍、多遍都可。模仿最好用"四段练习法"，即第一遍教师示范，第二遍学生模仿（全班或部分学生），第三遍教师再示范（针对第二遍学生模仿的问题重点强调），第四遍学生再模仿（让有问题的学生单个模仿）。模仿的内容可以是韵母、声母，也可以是音节——单音节、双音节、多音节，还可以是词组或句子。

根据我们的学习和研究，"四段练习法"是一种有效的模仿练习的方法。所谓的"四段练习法"是说，练习包括四个部分：一是教师的活动，教师进行示范或者提出问题或者发出指令。二是学生的活动，学生模仿或者回答问题或者按照指令做练习。三是教师的活动，再做一次示范或者给出正确的答案。四是学生的活动，模仿教师的示范或者正确的答案。第二段和第四段都是学生的活动，但是有区别。如果第二段是学生集体活动，第四段应该让单个学生活动；如果第二段是单个学生活动，第四段应该是学生的集体活动。

四段练习法的好处是：（1）它可以加快课堂教学的节奏。如果第二段学生有错误，教师不说"你错了，为什么错"，而是让学生养成习惯，注意听老师第三段的示范。老师的示范跟自己的一样，说明自己对了；老师的示范跟自己不一样，说明自己错了，要按照老师的示范改正。这实际上就是一种快节奏的课堂交际活动。（2）这种练习既有单个学生的活动，也有学生的集体活动。在单位时间里使更多的学生有练习的机会，可以集中全班学生的注意力，调动全班学生的学习积极性。（3）四段练习法不仅仅用在模仿练习中，它可以用在各种练习之中，既可以练习语音，又可以练习词语，还可以练习词组和句子，是应用非常广泛的一种练习方法。

1.3 练习示例：

（1）模仿韵母

老师：	学生：	老师：	学生：
a	—	a	—
o	—	o	—
e	—	e	—
i	—	i	—

u	—	u	—
ü	—	ü	—
ai	—	ai	—
ei	—	ei	—
ao	—	ao	—
ou	—	ou	—
an	—	an	—
ang	—	ang	—
en	—	en	—
eng	—	eng	—
in	—	in	—
ing	—	ing	—

(2) 模仿声母

老师：	b	学生：	—	老师： b 学生： —
	p		—	p —
	d		—	d —
	t		—	t —
	z		—	z —
	zh		—	zh —
	c		—	c —
	ch		—	ch —
	s		—	s —
	sh		—	sh —

(3) 模仿音节

老师：	tā gāo	学生：	—	老师： tā gāo 学生： —
	nín gāo		—	nín gāo —
	hěn gāo		—	hěn gāo —
	tài gāo		—	tài gāo —
	tā máng		—	tā máng —
	nín		—	nín —
	máng			máng

第三讲 听力训练的方法（一）语音练习

hěn	—	hěn	
máng	—	máng	
tài máng	—	tài máng	—
tā hǎo	—	tā hǎo	—
nín hǎo	—	nín hǎo	—
hěn hào	—	hěn hào	—
tài hǎo	—	tài hǎo	—
tā dà	—	tā dà	—
nín dà	—	nín dà	—
hěn dà	—	hěn dà	—
tài dà	—	tài dà	—
gāode	—	gāode	—
mángde	—	mángde	—
hǎode	—	hǎode	—
dàde	—	dàde	—

2. 拼音

2.1 目的：训练辨别分析能力、听后模仿能力、联想猜测能力和记忆储存能力。

2.2 方法：老师先给一个韵母，让学生用指定的声母跟它相拼。用四段练习法：(1)老师说韵母和声母；(2)学生拼音；(3)老师示范；(4)学生模仿。

2.3 练习示例：

(1) 第一声

老师:ā,b	学生:bā	老师:bā	学生:—
ā,b,p	bā,pā	bā,pā	
āi,g,k,h	gāi,kāi,hāi	gāi,kāi,hāi	

(2) 第二声

老师:án,n	学生:nán	老师:nán	学生:—
án,n,l	nán,lán	nán,lán	
án,p,m,f	pán,mán,fán	pán,mán,fán	

(3) 第三声

老师:ǔ,zh	学生:zhǔ	老师:zhǔ	学生:—
ǔ,zh,ch	zhǔ,chǔ	zhǔ,chǔ	
ǔ,zh,ch,sh	zhǔ,chǔ,shǔ	zhǔ,chǔ,shǔ	

ǔ,zh,ch,sh,r	zhǔ,chǔ,shǔ,rǔ	zhǔ,chǔ,shǔ,rǔ	—

(4) 第四声

老师:è,zh	学生:zhè	老师:zhè	学生:—
è,zh,ch	zhè,chè	zhè,chè	—
è,zh,ch,sh	zhè,chè,shè	zhè,chè,shè	—
è,zh,ch,sh,r	zhè,chè,shè,rè	zhè,chè,shè,rè	—

3. 辨音

3.1 目的:训练辨别分析能力、听后模仿能力、联想猜测能力和记忆储存能力。

3.2 方法:用四段练习法:(1)老师说一个音节;(2)学生改变其中的声母或韵母;(3)老师示范;(4)学生模仿。

3.3 练习示例:

(1) 改变声母

老师：bá,p	学生：pá	老师：pá	学生：—
zhài,z	zài	zài	—
jǐng,x	xǐng	xǐng	—
cuān,s	suān	suān	—
shǎng,r	rǎng	rǎng	—
kǒng,h	hǒng	hǒng	—
zhuàng,ch	chuàng	chuàng	—
xué,j	jué	jué	—

(2) 改变韵母

老师：bān,ēn	学生：bēn	老师：bēn	学生：—
bān,ang	bāng	bāng	—
lú,ú	lú	lú	—
nǚ,ǔ	nǔ	nǔ	—
cháng,éng	chéng	chéng	—
xìng,ìn	xìn	xìn	—
xìng,īn	xīn	xīn	—
lián,iáng	liáng	liáng	—
lián,iàng	liàng	liàng	—

4. 音节连读

4.1 目的:训练辨别分析能力、听后模仿能力、联想猜测能力和记忆储存能力。

4.2　方法:用四段练习法:(1)老师说一个音节和指定的声调;(2)学生说连读的音节;(3)老师示范;(4)学生模仿。

4.3　练习示例:

老师:	bā,一声,二声	学生:	bā bá	老师:	bā bá	学生:	—
	bā,一声,四声		bā bà		bā bà		—
	bā,二声,三声,一声		bá bǎ bā		bá bǎ bā		—
	bā,四声,一声,三声		bà bā bǎ		bà bā bǎ		—

5. 辨别声母或韵母

5.1　目的:训练辨别分析能力、听后模仿能力、联想猜测能力和记忆储存能力。

5.2　方法:用四段练习法:(1)老师说一个音节;(2)让学生说出其中的声母或韵母;(3)老师示范;(4)学生模仿。

5.3　练习示例:

(1) 说声母

老师:	zhāng	学生:	zh	老师:	zh	学生:	—
	zāng		z		z		—
	chán		ch		ch		—
	cán		c		c		—
	sǎn		s		s		—
	jiā		j		j		—
	qiǎo		q		q		—
	xùn		x		x		—

(2) 说韵母

老师:	jiān	学生:	iān	老师:	iān	学生:	—
	jiāng		iāng		iāng		—
	huán		uán		uán		—
	huáng		uáng		uáng		—
	qīn		īn		īn		—
	qǐng		ǐng		ǐng		—
	pán		án		án		—
	pén		én		én		—
	pǎng		ǎng		ǎng		—
	pēng		ēng		ēng		—

6. 变调连读

6.1 目的:训练辨别分析能力、听后模仿能力、联想猜测能力和记忆储存能力。

6.2 方法:用四段练习法:(1)老师说两个或两个以上音节;(2)学生连读;(3)老师示范;(4)学生模仿。

6.3 练习示例:

(1) 三声三声

老师:	nǐ,hǎo	学生:	nǐ hǎo	老师:	nǐ hǎo	学生:	—
	hěn,hǎo		hěn hǎo		hěn hǎo		
	shuǐ,guǒ		shuǐguǒ		shuǐguǒ		
	lǎo,hǔ		lǎohǔ		lǎohǔ		
	bǎo,tǎ		bǎotǎ		bǎotǎ		
	bǐ,tǒng		bǐtǒng		bǐtǒng		
	wǔ,dǎo		wǔdǎo		wǔdǎo		
	gǔ,lǎo		gǔlǎo		gǔlǎo		
	mǔ,nǔ		mǔnǔ		mǔnǔ		

(2) 三声一声

老师:	hěn,gāo	学生:	hěn gāo	老师:	hěn gāo	学生:	—
	xiǎo,shuō		xiǎoshuō		xiǎoshuō		
	tǔ,shān		tǔshān		tǔshān		
	měi,tiān		měitiān		měitiān		
	lǎo,shī		lǎoshī		lǎoshī		
	biǎo,gē		biǎogē		biǎogē		
	yǐ,jīng		yǐjīng		yǐjīng		
	mǎ,chē		mǎchē		mǎchē		
	yǔ,yīn		yǔyīn		yǔyīn		

(3) 三声二声

老师:	hěn,nán	学生:	hěn nán	老师:	hěn nán	学生:	—
	yǐ,qián		yǐqián		yǐqián		
	měi,nián		měinián		měinián		
	yǔ,yán		yǔyán		yǔyán		
	xiǎo,shí		xiǎoshí		xiǎoshí		

yǎn, yuán	yǎnyuán	yǎnyuán	—
kě, néng	kěnéng	kěnéng	—
lǐ, táng	lǐtáng	lǐtáng	—
biǎo, yáng	biǎoyáng	biǎoyáng	—

(4) 三声四声

老师：	nǔ, lì	学生： nǔlì	老师：	nǔlì	学生：—
	wǎn, huì	wǎnhuì		wǎnhuì	—
	bǎo, zhèng	bǎozhèng		bǎozhèng	—
	yǐ, hòu	yǐhòu		yǐhòu	—
	yǒu, yì	yǒuyì		yǒuyì	—
	fǎng, wèn	fǎngwèn		fǎngwèn	—
	bǐ, jiào	bǐjiào		bǐjiào	—
	bǎo, hù	bǎohù		bǎohù	—
	biǎo, miàn	biǎomiàn		biǎomiàn	—

(5) 三声轻声

老师：	zěn, me	学生： zěnme	老师：	zěnme	学生：—
	yǎn, jing	yǎnjing		yǎnjing	—
	xǐ, huan	xǐhuan		xǐhuan	—
	wǎn, shang	wǎnshang		wǎnshang	—
	děng, zhe	děngzhe		děngzhe	—
	wǒ, men	wǒmen		wǒmen	—
	yǒu, de	yǒude		yǒude	—
	zuǒ, bian	zuǒbian		zuǒbian	—
	hǎo, ba	hǎoba		hǎoba	—

(6) 三声三声三声

老师：	zhǎn, lǎn, pǐn	学生： zhǎnlǎnpǐn	老师：	zhǎnlǎnpǐn	学生：—
	yǔ, fǎ, diǎn	yǔfǎdiǎn		yǔfǎdiǎn	—
	hǎo, jǐ, bǎi	hǎojǐbǎi		hǎojǐbǎi	—
	mǔ, nǔ, liǎ	mǔnǔliǎ		mǔnǔliǎ	—
	xiǎo, lǎo, hǔ	xiǎolǎohǔ		xiǎolǎohǔ	—
	hěn, yǒu, hǎo	hěn yǒuhǎo		hěn yǒuhǎo	—

mǎi,shuǐ,guǒ	mǎi shuǐguǒ	mǎi shuǐguǒ	—
yǒu,lǐ,xiǎng	yǒu lǐxiǎng	yǒu lǐxiǎng	—

（7）三声轻声三声

老师：	hǎo,bu,hǎo	学生：	hǎobuhǎo	老师：	hǎobuhǎo	学生：	—
	zǎo,bu,zǎo		zǎobuzǎo		zǎobuzǎo		
	lǎo,bu,lǎo		lǎobulǎo		lǎobulǎo		
	qǐ,de,zǎo		qǐdezǎo		qǐdezǎo		
	dǎ,de,dǎo		dǎdedǎo		dǎdedǎo		
	mǎi,de,liǎo		mǎideliǎo		mǎideliǎo		
	bǐ,le,bǐ		bǐlebǐ		bǐlebǐ		
	gǎo,le,gǎo		gǎolegǎo		gǎolegǎo		

（二）听和写

1. 选择韵母

1.1　目的：训练辨别分析能力和快速反应能力。

1.2　方法：学生可以听录音，也可以听老师说。练习本上有一组一组的韵母，学生在听到的韵母下面画横线。

1.3　练习示例：

老师：	o	学生画：	a	<u>o</u>	e
	ai		<u>ai</u>	ei	
	en		an	<u>en</u>	eng
	ang		an	en	<u>ang</u>
	in		<u>in</u>	ing	
	uang		uan	uen	<u>uang</u>
	ing		iang	<u>ing</u>	iong
	ün		üan	<u>ün</u>	

2. 选择声母

2.1　目的：训练辨别分析能力和快速反应能力。

2.2　方法：学生在练习本上画听到的声母。

第三讲 听力训练的方法（一）语音练习

2.3 练习示例：

老师：	p	学生画：	b	p		
	d		d	t		
	x		j	q	x	
	c		z	c	s	
	zh		zh	ch	sh	r
	h		g	k	h	
	n		n	m	l	
	r		zh	ch	sh	r

3. 选择声调

3.1 目的：训练辨别分析能力和快速反应能力。

3.2 方法：学生在练习本上画听到的音节。

3.3 练习示例：

老师：	lǐ	学生画：	lī	lí	lǐ	lì
	ní		nī	ní	nǐ	nì
	shì		shī	shí	shǐ	shì
	rī		rī	rí	rǐ	rì
	zì		zī	zí	zǐ	zì
	jǐ		jī	jí	jǐ	jì
	hān		hān	hán	hǎn	hàn
	xuán		xuān	xuán	xuǎn	xuàn

4. 填声母

4.1 目的：训练辨别分析能力、快速反应能力和边听边记能力。

4.2 方法：学生在空白处填上听到的音节的声母。

4.3 练习示例：

老师：bā	学生填空：___ā
tǐ	___ǐ
nín	___ín
làn	___àn
gùkè	___ù ___è
tiāndì	___iān ___ì
zhìzào	___ì ___ào

5. 填韵母

5.1 目的：训练辨别分析能力、快速反应能力和边听边记能力。

5.2 方法：学生在空白处填上听到的音节的韵母，包括声调。

5.3 练习示例：

老师：bèi　　　　　　　　　学生填空：b _____
　　　gāng　　　　　　　　　　　　　g _____
　　　zhèn　　　　　　　　　　　　　zh _____
　　　zūn　　　　　　　　　　　　　 z _____
　　　tiāntán　　　　　　　　　　　 t _____ t _____
　　　chángchéng　　　　　　　　　　ch _____ ch _____
　　　xīnxīng　　　　　　　　　　　 x _____ x _____

6. 填调号

6.1 目的：训练辨别分析能力和快速反应能力。

6.2 方法：老师说音节，学生给练习本上的音节填调号。

6.3 练习示例：

老师：chūnjié　　　　　　　　学生填调号：chunjie
　　　chúnjié　　　　　　　　　　　　chunjie
　　　shíshì　　　　　　　　　　　　 shishi
　　　shìshí　　　　　　　　　　　　 shishi
　　　shǐshī　　　　　　　　　　　　 shishi
　　　tōngzhī　　　　　　　　　　　　tongzhi
　　　tóngzhì　　　　　　　　　　　　tongzhi
　　　tǒngzhì　　　　　　　　　　　　tongzhi

7. 填表

7.1 目的：训练辨别分析能力和快速反应能力。

7.2 方法：学生在表中的适当位置填上老师念的音节的序号。

7.3 练习示例：

练习(1)

老师：1) bǎ　　2) pó　　3) mí　　4) fā　　5) pí
　　　6) bù　　7) mò　　8) fú　　9) mǎ　　10) pū

第三讲 听力训练的方法(一)语音练习

学生填表：

	a	o	e	i	u	ü
b	1				6	
p		2		5	10	
m	9	7		3		
f	4				8	

练习(2)

老师：1) cái　　2) zǎo　　3) zhài　　4) shéi　　5) ròu
　　　6) chǎo　 7) sōu　　8) zhōu　　9) cáo　　10) chéng
　　　11) cāng　12) zhēn　13) shàn　14) rēng　15) chǎng
　　　16) sōng　17) zǒng　18) zàn　　19) shén　20) zhèng

学生填表：

	ai	ei	ao	ou	an	en	ang	eng	ong
z				2		18			17
c	1			9			11		
s				7					16
zh	3			8		12		20	
ch				6			15	10	
sh		4			13	19			
r				5				14	

练习(3)

老师：1) hái　　2) gěi　　3) kāi　　4) kào　　5) hào
　　　6) gòu　　7) hēi　　8) gǎn　　9) kǒu　　10) hèn
　　　11) kēng　12) gāng　13) gòng　14) héng　15) kàng

学生填表：

	ai	ei	ao	ou	an	en	ang	eng	ong
g		2		6	8		12		13
k		3		4	9		15	11	
h	1		7	5		10		14	

练习(4)

老师: 1) xiǎo   2) qià   3) jié   4) qiǎo   5) xiū
      6) jiàn   7) xīn   8) qián   9) jiāng   10) jīng
      11) xiǎng 12) qìng 13) xióng 14) jiǒng 15) qiāng

学生填表:

	ia	iao	ie	iou	ian	in	iang	ing	iong
j			3		6		9	10	14
q	2	4			8		15	12	
x		1		5		7	11		13

8. 辨声调

8.1 目的:训练辨别分析能力和快速反应能力。

8.2 方法:老师说音节,学生听到的音节跟练习本上看到的一致画"√",不一致画"×"。

8.3 练习示例:

老师: màn   学生画: mǎn   (×)
        fēi   fēi   (√)
        zhòng   zhōng   (×)
        xián   xiǎn   (×)
        zhǐbāo   zhǐbāo   (√)
        èrjiě   èrjiě   (√)
        lǐfà   lìfǎ   (×)
        xīfú   xífu   (×)
        jīngjù   jīngjù   (√)
        jiēshi   jiěshì   (×)

9. 辨声母

9.1 目的:训练辨别分析能力和快速反应能力。

9.2 方法:方法同上。

9.3 练习示例：

老师：	nán	学生画：	lán	(×)
	gāng		kāng	(×)
	běn		běn	(√)
	tōng		dōng	(×)
	xīwàng		shīwàng	(×)
	cǎisè		cǎisè	(√)
	érqiě		èrjiě	(×)
	bízi		pízi	(×)
	zhǐbāo		jǐbāo	(×)

10. 辨韵母

10.1 目的：训练辨别分析能力和快速反应能力。

10.2 方法：方法同上。

10.3 练习示例：

老师：	zhàng	学生画：	zhàn	(×)
	chén		chén	(√)
	hǎo		hǒu	(×)
	liàn		liàng	(×)
	kāishǐ		kāishuǐ	(×)
	zǒngshì		zǒngshì	(√)
	xīfāng		xīfēng	(×)
	jīzi		júzi	(×)

11. 辨音节

11.1 目的：训练辨别分析能力和快速反应能力。

11.2 方法：方法同上。

11.3 练习示例：

老师：	zhùjiào	学生画：	zhùxiào	(×)
	bùjiǔ		bùxiǔ	(×)
	xīnqíng		xīnqíng	(√)
	liángxí		liánxí	(×)
	shànxīn		sànxīn	(×)
	jiāyóu		jiāoyóu	(×)
	xiāoxi		xiūxi	(×)
	tóngnián		tóngnián	(√)

12. 选择音节或句子

12.1　目的：训练辨别分析能力和快速反应能力。

12.2　方法：学生在练习本上听到的音节或句子下边画横线。

12.3　练习示例：

老师：	dān	学生画：	<u>dān</u>	tān
	méng		mén	<u>méng</u>
	dàjiā		dàxiā	<u>dàjiā</u>
	jíshí		<u>jíshí</u>	qíshí
	Mǎlì mǎi yán.		Mǎlì mǎi yān.	
			<u>Mǎlì mǎi yán.</u>	
	Tā zài Shānxī.		Tā zài Shānxī.	
			<u>Tā zài Shānxī.</u>	
	Lǎo Lǐ zhēn bàng.		<u>Lǎo Lǐ zhēn bàng.</u>	
			Lǎo Lǐ zhēn pàng.	
	Xiǎo Yú qù jiàoshì.		Xiǎo Yú qù jiàoshī.	
			<u>Xiǎo Yú qù jiàoshì.</u>	

13. 填音节或听写句子

13.1　目的：训练辨别分析能力和快速反应能力。

13.2　方法：老师说句子，学生在练习本的空白处填写音节或听写句子。

第三讲 听力训练的方法(一)语音练习

13.3 练习示例:

老师:	Nǐ zhù nǎr?	学生填:	Nǐ _____ nǎr?
	Nǐ qù nǎr?		Nǐ _____ nǎr?
	Tā yào tāng.		Tā yào _____.
	Tā yào táng.		Tā yào _____.
	Wǒ mǎi fáng.		Wǒ _____ fáng.
	Wǒ mài fáng.		Wǒ _____ fáng.
	Shéi yào bǐ?		Shéi _____ bǐ?
	Shéi yǒu bǐ?		Shéi _____ bǐ?

(三) 听和做

1. 辨音

1.1 目的:训练辨别分析能力和快速反应能力。

1.2 方法:老师在黑板上写出两个声母或韵母,比如:左边写 z、右边写 zh;左边写 an、右边写 ang。当学生听到 z 和 an 时用手指左边或举左手;当学生听到 zh 和 ang 时用手指右边或举右手。还可以让学生听到 z 时把手掌伸平表示平舌,听到 zh 时把四指上曲表示卷舌;听到 an 时用手向前指表示前鼻音,听到 ang 时用手向后指表示后鼻音。用这种方法练习辨别成组的难音。

1.3 练习示例:

z	zh	an	ang
zōng	zhōng	shān	shāng
zàn	zhàn	zhàn	zhàng
zōu	zhōu	rán	ráng
zàng	zhàng	zàn	zàng
zōngzhǐ	zhōngzhǐ	dānxīn	dāngxīn
zāngle	zhāngle	bǎnzi	bǎngzi
zàoxiàng	zhàoxiàng	lánzi	lángzi
zúyuè	zhúyuè	shāngǔ	shānggǔ

2. 辨调

2.1 目的:训练辨别分析能力和快速反应能力。

2.2 方法:老师说音节,学生用手指头表示听到的音节的声调。

2.3 练习示例：

zhēn	（学生伸一个手指头）	shén	（学生伸两个手指头）
zhuǎn	（学生伸三个手指头）	chuàn	（学生伸四个手指头）
tiāntiān	（学生伸一个手指头）	rénrén	（学生伸两个手指头）
děngděng	（学生伸三个手指头）	yuèyuè	（学生伸四个手指头）
fāyīn	（学生伸一个手指头）	xuéxí	（学生伸两个手指头）
fǔdǎo	（学生伸三个手指头）	shàngkè	（学生伸四个手指头）

3. 辨音节

3.1 目的：训练辨别分析能力和快速反应能力。

3.2 方法：老师在课前把成对的音节写在小黑板上或用投影，上课时老师念，学生到前边用教鞭指听到的音节。

3.3 练习示例：

zīzhù	zhīzhù	sāncéng	shānchéng
zīshi	zhīshi	súyǔ	shúyǔ
zhìzào	zhízhào	sīrén	shīrén
zòuyuè	zhòuyè		

第四讲　听力训练的方法（二）
词语练习

本讲要点

- 词语练习的着眼点
  - 训练学生听到"音"能够快速准确地辨析词义、理解词义，通过反复输入、反复输出帮助学生把词语作为经验成分储存在大脑记忆库
- 词语练习的方法
  - 听和说
    - 听后模仿
    - 听解释说词语
    - 听后组词
    - 听后组词组
    - 词语联想
    - 词头连词尾组词
    - 说出前后相连的数字
    - 说出位数
    - 直接读数
    - 猜字
    - 说出非同类词语
    - 说反义词
  - 听和写
    - 听解释选择词语
    - 选择同义词（近义词）
    - 选择反义词
    - 听后画图
    - 填图或填表
    - 听写数字
  - 听和做
    - 指出听到的词语
    - 按指令做动作

一、词语练习的着眼点

词语练习的着眼点是训练学生听到"音"能够快速准确地辨析词义、理解词义,通过反复输入、反复输出帮助学生把词语作为经验成分储存在大脑记忆库。汉语词汇的四个要素——"音"、"形"、"义"、"用",在听力训练中重点是听音知义,即听到音马上反映出词语的意思。至于词形和用法的练习,不是听力训练的重点。

词语练习一是单纯的词义辨析和理解,二是结合词组和句子,在词组和句子中辨析、理解词义。

(一)单纯的词义辨析和理解

教师要多准备一些实物和图片作为教具,尽量减少翻译的过程。比如学习水果,教师准备各种水果的图片,教师说,学生指认。老师说苹果,学生指认苹果;教师说葡萄,学生指认葡萄。在教"听、读、写、站、坐、走、跑、跳、哭、笑"等动词的时候,也让学生指认图片。

(二)在词组和句子中辨析、理解词义

在真实的交际中,词义总是在词组和句子中辨析、理解的,很少只说孤零零的一个词。所以在词组和句子中辨析、理解词义应该是训练的重点。

1. 利用实物和图片,让学生指认

比如在教"在+动词"的时候,教师准备一组图片:

  他们在游泳。
  他们在打乒乓球。
  他们在踢足球。

他们在打网球。

他们在打排球。

他们在打篮球。

教师说句子,学生指认。

2. 利用动作

教师说句子,学生做动作。比如在教"把字句"的时候,教师说:

请你把本子拿出来。

请你把词典放进去。

请你把右手举起来。

请你把杯子放在讲台上。

请你把这张画儿贴在黑板上。

请你把这本杂志交给玛丽。

让学生按照教师的指令做动作。

(三) 听力训练中教师要特别关注的两个问题

1. 加快课堂教学的节奏,提高单位时间给学生输入词语的数量和次数

教师尽量采取能够加快课堂教学节奏的练习方法,提高词语输入的数量和次数。在单位时间里,学生输入的词语数量和次数越多,训练效果越好。

2. 让学生活动起来,避免只是听和做应试的习题

如何激发学生的学习兴趣,使学生积极主动地学习,是听力训练必须解决的问题。听力训练要活跃课堂气氛,就必须让学生活动起来,既动耳、动口,又动手、动身,特别是离开座位动身做事。如果教师照本宣科,只是按照录音按部就班地上课,让学生听和做应试的习题,就不可能引起学习的兴趣,无趣的活动不可能产生积极的效果。这是应该努力避免的。

二、词语练习的方法

(一) 听和说

1. 听后模仿

1.1 目的:训练辨别分析能力、听后模仿能力和记忆储存能力。

1.2 方法:可听录音,也可以听老师说。若听录音以两遍为好;若听老师说,可根据

课堂实际情况灵活掌握,一遍、两遍、多遍都可。模仿最好用"四段练习法",即第一遍教师示范,第二遍学生模仿(全班或部分学生),第三遍教师再示范(针对第二遍学生模仿的问题重点强调),第四遍学生再模仿(让有问题的学生单个模仿)。模仿的内容是词语,包括词组。重点是词语的发音、声调和词重音等。在练习词重音时,首先应该讲清楚词的重音有区别意思的作用,然后介绍一些词重音的一般规律。

1.3 练习示例:

(1) 重音有区别词义的作用

| 地·道 | 东·西 | 瞎·子 | 生·气 | 大·意 | 大·姑娘 |
| 地道· | 东西· | 瞎子· | 生气· | 大意· | 大姑娘· |

我要钢笔。(不是铅笔) | 我要钢笔。(不是钢尺)
我要茶壶。(不是酒壶) | 我要茶壶。(不是茶碗)

(2) 重音在前

老师:办·法	学生:—	老师:—	学生:—
翻·译	—	—	—
告·诉	—	—	—
知·道	—	—	—
明·白	—	—	—
朋·友们	—	—	—
先·生们	—	—	—
盘·子里	—	—	—
盆·子里	—	—	—

(3) 重音在后

老师:车·站	学生:—	老师:—	学生:—
医·院	—	—	—
商·店	—	—	—
工·作	—	—	—
复·习	—	—	—
锻·炼	—	—	—
电·视	—	—	—
电视·机	—	—	—
电·影	—	—	—

第四讲 听力训练的方法(二)词语练习

电影院	—	—	—
图书	—	—	—
图书馆	—	—	—
温度	—	—	—
温度计	—	—	—

2. 听解释说词语

2.1 目的：训练联想猜测能力、快速反应能力和记忆储存能力。

2.2 方法：学生听到解释后说出这个词语。可以按照座位顺序让学生说，也可以不按座位顺序让学生说，还可以在按座位顺序说的时候，突然不按顺序，让一个精神不集中的学生说，以保持全班学生精神高度集中，防止个别学生走神。

2.3 练习示例：

  老师：没有课，自己学习   学生：自习

    不去学校，自己学习   自学

    自己保护自己   自卫

    自己愿意   自愿

    自己国家的语言   母语

    自己相信自己   自信

    自己称呼自己   自称

    自己跟自己说话   自言自语

    自己批评自己   自我批评

    自己总认为自己正确   自以为是

    从开始到结束   自始至终

    爸爸的妈妈   奶奶(祖母)

    妈妈的妈妈   姥姥(外祖母)

    爸爸的哥哥   大爷(伯父)

    爸爸的弟弟   叔叔(叔父)

    爸爸的妹妹   姑姑(姑妈)

    爸爸的妹妹的丈夫   姑父

    妈妈的哥哥   舅舅

    妈妈的哥哥的爱人   舅妈

    妈妈的姐姐   姨妈

    妈妈的姐姐的丈夫   姨父

妻子的父亲 岳父

妻子的母亲 岳母

3. 听后组词

3.1 目的:训练联想猜测能力和记忆储存能力。

3.2 方法:老师说一个词素,学生用这个词素组词。可让一个学生组多个,越多越好;也可让每人说一个,不许重复。

3.3 练习示例:

老师:学

学生:学习	学生	学院	学校	学年	学期	学说	学问
学费	大学	中学	小学	开学	上学	同学	文学
数学	哲学	医学	留学	留学生	教学楼	教学法

老师:馆

| 学生:宾馆 | 茶馆 | 饭馆 | 公馆 | 酒馆 | 旅馆 | 使馆 | 博物馆 |
| 图书馆 |

4. 听后组词组

4.1 目的:训练联想猜测能力和记忆储存能力。

4.2 方法:老师说一个词,一个学生组成词组,老师重复一遍,纠正其中的错误,全班学生重复一遍。用这种方法避免只有少数学生活动,其他学生无事可干。

4.3 练习示例:

老师:去	学生:去公园	老师:—	全班:—
去	去商店	—	—
去	去医院	—	—
去	去上海	—	—
老师:参观	学生:参观工厂	老师:—	全班:—
参观	参观学校		
参观	参观故宫		
参观	参观大街	参观街道	
老师:热爱	学生:热爱人民	老师:—	全班:—
热爱	热爱老师	—	
热爱	热爱父母		
热爱	热爱国家	热爱祖国	—

第四讲 听力训练的方法(二)词语练习

老师:本子	学生:新本子	—	—
本子	大本子	—	—
本子	买本子	—	—
本子	三本本子	三个本子	—

5. 词语联想

5.1 目的:训练联想猜测能力和记忆储存能力。

5.2 方法:老师说一个词,让学生说跟这个词有关系的词。可以一个学生说多个,越多越好;也可以每人说一个,不许重复。

5.3 练习示例:

老师:水果

学生:苹果　梨　桔子　葡萄　香蕉　桃　杏　西瓜　香瓜　猕猴桃　广柑　果园　果树　水果店

老师:冬天

学生:冷　下雪　刮风　滑冰　感冒　棉衣　暖气　炉子　手套　春天　夏天　秋天

老师:时间

学生:钟　手表　小时　钟头　点　分　秒　一刻　两点　四点半　两年　五天　昨天　明天　上月　去年　一个星期

6. 词头连词尾组词

6.1 目的:训练联想猜测能力、快速反应能力和记忆储存能力。

6.2 方法:老师说一个词,学生用老师说的词的末尾一个字当作开头一个字,再说一个词(像修辞格的"顶真")。可以是老师和学生一对一地说,也可以按座位顺序让学生一个接一个地说。

6.3 练习示例:

老师:人民

学生:民主　主人　人工　工作　作业　业务　务必　必须　须要　要紧　紧张　张望　望见

7. 说出前后相连的数字

7.1 目的:训练辨别分析能力、联想猜测能力、快速反应能力和记忆储存能力。

7.2 方法:老师说一个数字,学生说出这一数字前边和后边的数字,老师重复一遍,纠正其错误,全班学生重复一遍。

7.3 练习示例:

老师:15	学生:14、16	老师:—	学生:—
36	35、37	—	—
79	78、80	—	—
123	122、124	—	—
543	542、544	—	—
912	911、913	—	—
2374	2373、2375	—	—
3865	3864、3866	—	—
8640	8639、8641	—	—

8. 说出位数

8.1 目的:训练辨别分析能力、记忆储存能力、快速反应能力和联想猜测能力。

8.2 方法:老师直接读数,学生听到这个数字以后用带位数的读数法说出这个数,老师重复一遍,全班重复一遍。

8.3 练习示例:

老师:三三幺	学生:三百三十一	老师:—	全班:—
八六二	八百六十二	—	—
九零四	九百零四	—	—
幺零五幺	一千零五十一	—	—
四零零五	四千零五	—	—
七二二三	七千二百二十三	—	—
三七八六五	三万七千八百六十五	—	—
五九四零三	五万九千四百零三	—	—
六零零八二	六万零八十二	—	—
八七六三零	八万七千六百三十	—	—

9. 直接读数

9.1 目的:训练辨别分析能力、记忆储存能力、快速反应能力和联想猜测能力。

9.2 方法:老师说多位数,学生用直接读数法说出这个数,老师重复一遍,全班重复一遍。

第四讲 听力训练的方法(二)词语练习

9.3 练习示例:

老师:1345	学生:幺三四五	老师:—	全班:—
2004	二零零四	—	—
5900	五九零零	—	—
8065	八零六五	—	—
37280	三七二八零	—	—
40503	四零五零三	—	—
67500	六七五零零	—	—
80024	八零零二四	—	—
129308	幺二九三零八	—	—
356400	三五六四零零	—	—

10. 猜字

10.1 目的:训练联想猜测能力、快速反应能力和记忆储存能力。

10.2 方法:猜谜语的一种,老师说谜面,学生猜谜底。这个练习要根据学生水平,选择通过思考很快能猜出的,可以活跃课堂气氛。

10.3 练习示例:

老师:一加一不是二	学生:王
一减一不是零	三
十八子	李
门外有一人	们
人有我大,天没有我大	一
又在左边,又在右边	双
二十四小时	旧
一星期零两天	旭、旮
十个哥哥	克
一点一点大,人人都有它	头

11. 说出非同类词语

11.1 目的:训练辨别分析能力、快速反应能力、联想猜测能力和记忆储存能力。

11.2 方法:老师说出一组词语,学生说出其中非同类的一个,有的要能说出为什么。

11.3 练习示例：

老师：教学楼、办公楼、宿舍楼、大操场、大使馆、图书馆
学生：大使馆

老师：头发、眉毛、眼睛、鼻子、手、嘴、耳朵
学生：手

老师：苹果、梨、葡萄、西红柿、橘子、香蕉
学生：西红柿

老师：头疼、发烧、咳嗽、肚子疼、嗓子疼
学生：肚子疼

老师：唱歌、跳舞、听音乐、看电影、看电视、赛足球
学生：赛足球

老师：打篮球、打排球、打网球、打乒乓球、打电话、踢足球
学生：打电话

老师：两小时、两点半、三点一刻、四点二十、六点二十五、八点三十四、差一刻十点
学生：两小时

老师：两小时、两天半、三十五分钟、一点三十五分、一个星期、四个月、三年
学生：一点三十五分

老师：北京、东京、伦敦、纽约、巴黎、莫斯科
学生：纽约

老师：北京、南京、东京、上海、广州、天津
学生：东京

第四讲 听力训练的方法(二)词语练习

12. 说反义词

12.1 目的:训练辨别分析能力、联想猜测能力、快速反应能力和记忆储存能力。

12.2 方法:老师说一个词,学生说出这个词的反义词。

12.3 练习示例:

老师:大   学生:小
     长   短
     冷淡   热情
     复杂   简单
     上课   下课
     批评   表扬
     开始   结束
     增加   减少
     白天   黑夜
     自己   别人
     优点   缺点
     客人   主人

(二) 听和写

1. 听解释选择词语

1.1 目的:训练辨别分析能力、快速反应能力和联想猜测能力。

1.2 方法:练习本上有若干词语。老师先按本子上的次序领读,要求学生一边读一边想词语的意思,并记住其大概位置。然后老师按与本子上不同的序列说出序号及对该号词语的解释,学生听懂后立即找出这个词语并在其后写上老师解释时的序号。为了节省课堂时间,不让学生写老师说的解释,只写序号。

1.3 练习示例:

老师说解释:①第一次   学生写序号:久④
            ②来晚了   语速⑤
            ③开始演出   初次①
            ④时间很长   校车⑥
            ⑤说话的速度   迟到②
            ⑥学校的汽车   后天⑦

⑦明天的明天　　　　　　前天⑧

⑧昨天的昨天　　　　　　开演③

⑨方向和位置　　　　　　电文⑩

⑩电报的内容　　　　　　方位⑨

2. 选择同义词（近义词）

2.1 目的：训练辨别分析能力、快速反应能力和联想猜测能力。

2.2 方法：先领读练习本上的词语，让学生边读边想各词语的同义词应是什么词。然后老师按序号念另外一组练习本没有的词语。让学生在这些词语中给练习本上的各个词选到相配的同义词，并把这同义词的序号写在练习本上相应的词后边。

2.3 练习示例：

老师：①方法　　　　　学生写序号：场所②

　　　②地方　　　　　　　　　　大夫④

　　　③公历　　　　　　　　　　方式①

　　　④医生　　　　　　　　　　普通⑤

　　　⑤平常　　　　　　　　　　阳历③

　　　⑥好看　　　　　　　　　　愉快⑧

　　　⑦明白　　　　　　　　　　成立⑨

　　　⑧快乐　　　　　　　　　　漂亮⑥

　　　⑨建立　　　　　　　　　　读　⑩

　　　⑩念　　　　　　　　　　　明确⑦

3. 选择反义词

3.1 目的：训练辨别分析能力、快速反应能力和联想猜测能力。

3.2 方法：先领读练习本上的词语，让学生边读边想各词的反义词应是什么词。然后老师按序号念另外一组练习本上没有的词语，让学生在这组词语中，给练习本上各个词语选到相配的反义词，并把这反义词的序号写在练习本上相应的词后边。

3.3 练习示例：

老师：①远　　　　　　学生写序号：旧②

　　　②新　　　　　　　　　　　近①

　　　③好　　　　　　　　　　　假④

　　　④真　　　　　　　　　　　坏③

　　　⑤上　　　　　　　　　　　右⑥

第四讲 听力训练的方法(二)词语练习

⑥左　　　　　　　　　　　　下⑤
⑦天上　　　　　　　　　　　出去⑨
⑧里边　　　　　　　　　　　地下⑦
⑨进来　　　　　　　　　　　轻视⑩
⑩重视　　　　　　　　　　　外边⑧

4. 听后画图

4.1 目的:训练辨别分析能力、快速反应能力和记忆储存能力。

4.2 方法:老师说词语,学生画图。

4.3 练习示例:

(1) 老师先在黑板上画一个近似的圆(○),叫一个学生到黑板前边,老师说:头发、眼睛、鼻子、耳朵、眉毛、嘴、眼镜、胡子等。学生一边听一边在黑板上画。

(2) 老师说:树、房子、汽车、山、长方形、正方形、直角三角形、等边三角形、圆、直径、半径等。学生边听边画。

5. 填图或填表

5.1 目的:训练辨别分析能力、快速反应能力和记忆储存能力。

5.2 方法:学生按照要求把听到的词语填在图或表的适当位置上。不会写的汉字可以写汉语拼音。

5.3 练习示例:

(1) 在学校平面图的适当位置上填出教学楼、图书馆、宿舍楼、礼堂、食堂、操场等。

(2) 在公园平面图的适当位置上填写山、湖、亭子、宫殿、塔等。

(3) 填入学登记表:姓名、性别、国别、年龄、专业、住址等。

(4) 填旅行登记表:姓名、性别、国别、年龄、到达地点、经过地点、时间等。

6. 听写数字

6.1 目的:训练辨别分析能力和边听边记的能力。

6.2 方法:按照老师的要求听写数字。为了节省时间,要求学生写阿拉伯数字。例如:

(1) 写出听到的数字;

(2) 写出听到的某数前后相连的数字;

(3) 听写电话号码、邮政编码等。

（三） 听和做

1. 指出听到的词语

1.1　目的：训练辨别分析能力、快速反应能力和记忆储存能力。

1.2　方法：课前把生词按音序排列写在小黑板上或使用投影。上课时，先领读，要求学生一边读一边记词语的位置。然后老师念，学生到前边用教鞭指。

1.3　练习示例：

鼻子	斧子	拍子	药方
笔画	胡子	牌子	药房
笔顺	监察	实践	眼镜
初次	检查	实现	眼睛
胆子	渴	毯子	主意
耳朵	累	头发	注意
发言	眉毛	完全	准备
发音	能力	需要	嘴

说明：上边的生词表是按音序排列的。让学生指的时候，老师不要按顺序念，应该挑着念。一共四行，可以把左边两行跟右边两行分开，让第一个学生指左边两行，让第二个学生指右边两行。

2. 按指令做动作

2.1　目的：训练辨别分析能力和快速反应能力。

2.2　方法：老师说词语，学生做动作。

2.3　练习示例：

老师说：拿、抓、捏、握、摸、擦、拍、掰、推、拉、扛、挑、背、抱、抬、搬、指、走、跑、跳、站、踢、呼、吸、起立、坐下、点头、摇头、抬头、低头、回头、举左手、举右手、张开嘴、解扣子、脱上衣、穿上衣等等。

第五讲　听力训练的方法（三）
句子练习

本讲要点

- 句子练习的着眼点
  - 训练学生辨析、理解句子的结构和语义，帮助学生输入可使用性的语法规则作为经验成分储存在大脑记忆库
- 句子练习的方法
  - 听和说
    - ◆ 替换句子成分
    - ◆ 回答问题
    - ◆ 根据句重音提问
    - ◆ 模仿句重音
    - ◆ 模仿停顿
    - ◆ 模仿语调
    - ◆ 模仿语气
    - ◆ 按照要求回答问题
    - ◆ 按要求改句子
    - ◆ 完成句子
    - ◆ 变换表达方法
    - ◆ 字头连字尾造句
    - ◆ 听句子，快速回答问题
  - 听和写
    - ◆ 填空
    - ◆ 标序号
    - ◆ 连线
    - ◆ 判断正误
    - ◆ 选择正确解释
    - ◆ 选择正确答案
    - ◆ 边听边记
    - ◆ 判别人名地名
  - 听和做
    - ◆ 按指令做动作
    - ◆ 转告

一、句子练习的着眼点

句子练习的着眼点是训练学生辨析、理解句子的结构和语义,帮助学生输入可使用性的语法规则作为经验成分储存在大脑记忆库。

学生辨析音调、辨析词语的目的是为了听懂句子,只有听懂了句子才能理解说话人的意思、交流思想、完成交际任务。

句子练习的重点是长句子、结构复杂的句子,因为这是学生聆听理解的难点。要通过反复输入、反复输出,帮助学生熟悉长句子的结构。学生熟悉了句子的结构,才能抓住关联词语,听出句子的主要成分和句重音。

一般来说,句子的主要信息在主要成分上,学生听懂了句子的主要成分就理解了句义。汉语的句子,主语常常是一个话题,训练学生听出主语就抓住了说话人要说的话题,谓语和宾语是回答做什么和怎么样的问题。这些对听话人来说是未知信息,也是说话人表达的主要信息。

汉语里有些特殊的句子,如"把字句",主话题是介词后面的宾语,次话题是句子的主语。学生了解了这种特殊句子的结构,就会注意听懂"把"字后面的宾语。

有的时候,句子的主要信息并不在主要成分上,这时候要训练学生听出句重音,因为句重音是呈现主要信息的部分。比如:

多跟中国人谈话对提高听力和会话能力很有帮助。

"多跟中国人谈话"是一个话题,这个主语部分的中心语是"谈话",重音不在"谈话"上,而在"多"上,表示强调,是主要信息。"对提高听力和会话能力"是状语,重音不在"有帮助"上,而在状语,表示强调,也是主要信息。这个句子回答"怎么样跟中国人谈话"和"对什么很有帮助"两个问题。这两个重音的部分学生听懂了,才能理解整个句子的意思。

第五讲 听力训练的方法(三)句子练习

二、句子练习的方法

(一) 听和说

1. 替换句子成分

1.1 目的:训练辨别分析能力、听后模仿能力和记忆储存能力。

1.2 方法:老师先领读例句,使学生熟悉例句的语法结构,以减少口头表达的困难,然后告诉学生替换的部分。让一个学生用老师给的词语替换句子成分,老师重复一遍,纠正该学生的错误,全班学生再重复一遍。

1.3 练习示例:

(1) 老师领读:我跟阿里去<u>商店</u> <u>买东西</u>。

要求:替换"商店"、"买东西"。

- 老　　师:医院、看病
  学生 A:我跟阿里去医院看病。
  老　　师:——
  全　　班:——

- 老　　师:邮局、寄信
  学生 C:我跟阿里去邮局寄信。
  老　　师:——
  全　　班:——

- 老　　师:首都剧场、看京剧。
  学生 E:我跟阿里去首都剧场看京剧。
  老　　师:——
  全　　班:——

- 老　　师:书店、买书
  学生 B:我跟阿里去书店买书。
  老　　师:——
  全　　班:——

- 老　　师:颐和园、划船
  学生 D:我跟阿里去颐和园划船。
  老　　师:——
  全　　班:——

- 老　　师:工人体育馆、看乒乓球比赛
  学生 F:我跟阿里去工人体育馆看乒乓球比赛。
  老　　师:——
  全　　班:——

(2) 老师领读:<u>这个故事</u>你<u>听懂</u>了吗?

要求:替换"这个故事"、"听懂"。用以替换的词语是:"昨天的电影、看懂";"今天的练习、做完";"小王家的地址、记住";"听力课的生词、预习完";"老张的收音机、修好";"那个售票员的话、听懂"等等,方法同前。

(3) 老师领读：他想把<u>这篇文章</u> <u>翻译成</u> <u>英文</u>。

要求：替换"这篇文章"、"翻译成"、"英文"。用以替换的词语是："那个故事、写成、小说"；"那张山水画、挂在、墙上"；"这些礼物、送给、小张的妹妹"；"这些照片、寄给、他的爸爸和妈妈"；"那些留学生、送到、首都机场"；"这块新买的布、做成、中式小棉袄"等等，方法同前。

(4) 老师领读：除了<u>工厂</u>以外,我还<u>参观</u>过<u>农村</u>。

要求：替换"工厂"、"参观"、"农村"。用以替换的词语是"英文、学、日文"；"竹子、画、梅花"；"《西游记》、看、《红楼梦》"；"长城、游览、颐和园"；"鲁迅、研究、郭沫若"；"收音机、修理、录音机"等等，方法同前。

2. 回答问题

2.1 目的：训练辨别分析能力、记忆储存能力、听后模仿能力和快速反应能力。

2.2 方法：老师说一个句子,学生听。然后老师问,学生回答。老师重复一遍,纠正错误,强调句重音。全班再重复一遍。句重音部分是一个句子的重点,是呈现主要信息的部分,学生应该熟练掌握。

2.3 练习示例：

(1) 老师说句子：玛丽跟马林去南方旅行。

- 老师问：谁跟马林去南方旅行？
  学生答：玛丽跟马林去南方旅行。
  老　师：玛丽跟马林去南方旅行。
  全　班：——

- 老师问：玛丽跟谁去南方旅行？
  学生答：玛丽跟马林去南方旅行。
  老　师：玛丽跟马林去南方旅行。
  全　班：——

- 老师问：玛丽跟马林去哪儿旅行？
  学生答：玛丽跟马林去南方旅行。
  老　师：玛丽跟马林去南方旅行。
  全　班：——

- 老师问：玛丽跟马林去南方做什么？
  学生答：玛丽跟马林去南方旅行。
  老　师：玛丽跟马林去南方旅行。
  全　班：——

(2) 老师说句子：安娜给恩娜寄来一张贺年片儿。

- 老师问：谁给恩娜寄来一张贺年片儿？
  学生答：安娜给恩娜寄来一张贺年片儿。
  老　师：安娜给恩娜寄来一张贺年片儿。
  全　班：——

第五讲 听力训练的方法(三)句子练习

- 老师问:安娜给谁寄来一张贺年片儿?
  学生答:安娜给恩娜寄来一张贺年片儿。
  老　师:安娜给恩娜寄来一张贺年片儿。
  全　班:——

- 老师问:安娜给恩娜寄来什么?
  学生答:安娜给恩娜寄来一张贺年片儿。
  老　师:安娜给恩娜寄来一张贺年片儿。
  全　班:——

(3) 老师说句子:桌子上放着三本英文杂志。

- 老师问:哪儿放着三本英文杂志?
  学生答:桌子上放着三本英文杂志。
  老　师:桌子上放着三本英文杂志。
  全　班:——

- 老师问:桌子上放着几本英文杂志?
  学生答:桌子上放着三本英文杂志。
  老　师:桌子上放着三本英文杂志。
  全　班:——

- 老师问:桌子上放着三本什么杂志?
  学生答:桌子上放着三本英文杂志。
  老　师:桌子上放着三本英文杂志。
  全　班:——

- 老师问:桌子上放着什么?
  学生答:桌子上放着三本英文杂志。
  老　师:桌子上放着三本英文杂志。
  全　班:——

(4) 老师说句子:王兰请玛丽和安娜参加她的生日晚会。

- 老师问:谁请玛丽和安娜参加她的生日晚会?
  学生答:王兰请玛丽和安娜参加她的生日晚会。
  老　师:王兰请玛丽和安娜参加她的生日晚会。
  全　班:——

• 老师问：王兰请谁参加她的生日晚会？
　学生答：王兰请玛丽和安娜参加她的生日晚会。
　老　师：王兰请玛丽和安娜参加她的生日晚会。
　全　班：——

• 老师问：王兰请玛丽和安娜参加什么？
　学生答：王兰请玛丽和安娜参加她的生日晚会。
　老　师：王兰请玛丽和安娜参加她的生日晚会。
　全　班：——

3. 根据句重音提问
3.1　目的：训练辨别分析能力、记忆储存能力、听后模仿能力和概括总结能力。
3.2　方法：老师先举例说明句重音有区别句义的作用，重音的位置不同，句子的意思不一样，以引起学生的重视和注意。然后老师说一个句子，问学生这个句子的意思是什么，学生要是回答对了，老师给以肯定，要是回答得不对，老师给以纠正。再让学生根据句重音提出问题；老师纠正错误后重复一遍；全班重复一遍。
3.3　练习示例：

（1）句子：昨天小王没去上课。

• 老　师：昨天小王没去上课。这个句子的意思是什么？
　学　生：昨天小王没去上课。不是别人没去上课。
　老　师：这个句子回答什么问题？
　学　生：昨天谁没去上课？
　老　师：昨天谁没去上课？昨天小王没去上课。
　全　班：——

• 老　师：昨天小王没去上课。这个句子的意思是什么？
　学　生：小王昨天没去上课。不是以前的哪一天没去上课。
　老　师：这个句子回答什么问题？
　学　生：哪天小王没去上课？
　老　师：哪天小王没去上课？昨天小王没去上课。
　全　班：——

第五讲 听力训练的方法(三)句子练习

- 老　　师：昨天小王没去上课。这个句子的意思是什么？
　　学　　生：谁说小王昨天去上课了？他确实没去上课。
　　老　　师：这个句子回答什么问题？
　　学　　生：昨天小王去没去上课？
　　老　　师：昨天小王去没去上课？昨天小王没去上课。
　　全　　班：——

- 老　　师：昨天小王没去上课。这个句子的意思是什么？
　　学　　生：小王昨天没去上课。他干别的事去了。
　　老　　师：这个句子回答什么问题？
　　学　　生：昨天小王没去做什么？
　　老　　师：昨天小王没去做什么？昨天小王没去上课。
　　全　　班：——

　　　　　　　　　　　＊　＊　＊　＊　＊

(2) 句子：我是第三医院的大夫。

- 老　　师：我是第三医院的大夫。这个句子的意思是什么？
　　学　　生：我是第三医院的大夫，别人不是。
　　老　　师：这个句子回答什么问题？
　　学　　生：谁是第三医院的大夫？
　　老　　师：谁是第三医院的大夫？我是第三医院的大夫。
　　全　　班：——

- 老　　师：我是第三医院的大夫。这个句子是什么意思？
　　学　　生：谁说我不是？我确实是第三医院的大夫。
　　老　　师：这个句子回答什么问题？
　　学　　生：你是不是第三医院的大夫？
　　老　　师：你是不是第三医院的大夫？我是第三医院的大夫。
　　全　　班：——

- 老　　师：我是第三医院的大夫。这个句子是什么意思？
　　学　　生：我是第三医院的大夫，不是别的医院的大夫。
　　老　　师：这个句子回答什么问题？
　　学　　生：你是哪个医院的大夫？
　　老　　师：你是哪个医院的大夫？我是第三医院的大夫。
　　全　　班：——

- 老　师：我是第三医院的大夫。这个句子的意思是什么？
  学　生：我是第三医院的大夫，而不是领导，也不是病人。
  老　师：这个句子回答什么问题？
  学　生：你是第三医院的大夫还是领导？
  老　师：你是第三医院的大夫还是领导？我是第三医院的大夫。
  全　班：——

　　　　　　　　＊　＊　＊　＊

（3）句子：格林这次语法考试不及格。

- 老　师：格林这次语法考试不及格。这个句子的意思是什么？
  学　生：这次语法考试格林不及格，不是别人不及格。
  老　师：这个句子回答什么问题？
  学　生：谁这次语法考试不及格？
  老　师：谁这次语法考试不及格？格林这次语法考试不及格。
  全　班：——

- 老　师：格林这次语法考试不及格。这个句子的意思是什么？
  学　生：格林这次语法考试不及格，不是以前的哪一次不及格。
  老　师：这个句子回答什么问题？
  学　生：格林哪次语法考试不及格？
  老　师：格林哪次语法考试不及格？格林这次语法考试不及格。
  全　班：——

- 老　师：格林这次语法考试不及格。这个句子的意思是什么？
  学　生：格林语法考试不及格，不是别的课程考试不及格。
  老　师：这个句子回答什么问题？
  学　生：格林什么考试不及格？
  老　师：格林什么考试不及格？格林语法考试不及格。
  全　班：——

- 老　师：格林这次语法考试不及格。这个句子的意思是什么？
  学　生：格林这次语法考试考得很差，是不及格，而不是及格。
  老　师：这个句子回答什么问题？
  学　生：格林这次语法及格了吗？
  老　师：格林这次语法及格了吗？格林这次语法考试不及格。
  全　班：——

第五讲 听力训练的方法(三)句子练习

老　师:格林这次语法考试不及格。这个句子的意思是什么?
学　生:格林这次语法考试考得很差,连60分都不够。
老　师:这个句子回答什么问题?
学　生:格林这次语法考试考得怎么样?
老　师:格林这次语法考试考得怎么样? 格林这次语法考试不及格。
全　班:——

　　　　　　　　＊　＊　＊　＊

(4) 句子:史密斯的汉语水平比怀特高。

老　师:史密斯的汉语水平比怀特高。这个句子的意思是什么?
学　生:史密斯的汉语水平比怀特高,不是别人的汉语水平比怀特高。
老　师:这个句子回答什么问题?
学　生:谁的汉语水平比怀特高?
老　师:谁的汉语水平比怀特高? 史密斯的汉语水平比怀特高。
全　班:——

老　师:史密斯的汉语水平比怀特高。这个句子的意思是什么?
学　生:史密斯的汉语水平比怀特高,不是日语水平或其他语言的水平比怀特高。
老　师:这个句子回答什么问题?
学　生:史密斯的什么水平比怀特高?
老　师:史密斯的什么水平比怀特高? 史密斯的汉语水平比怀特高。
全　班:——

老　师:史密斯的汉语水平比怀特高。这个句子的意思是什么?
学　生:史密斯的汉语水平比怀特高,不是比别人高。
老　师:这个句子回答什么问题?
学　生:史密斯的汉语水平比谁高?
老　师:史密斯的汉语水平比谁高? 史密斯的汉语水平比怀特高。
全　班:——

老　师:史密斯的汉语水平比怀特高。这个句子的意思是什么?
学　生:史密斯的汉语水平比怀特高,而不是低或跟他一样。
老　师:这个句子回答什么问题?
学　生:史密斯的汉语水平是不是比怀特高?
老　师:史密斯的汉语水平是不是比怀特高? 史密斯的汉语水平比怀特高。
全　班:——

4. 模仿句重音

4.1 目的:训练辨别分析能力、听后模仿能力、记忆储存能力和概括总结能力。

4.2 方法:老师先讲解一般的规律,语法重音、逻辑重音等等,然后分小点讲练。如句中的数字往往重读,强调的部分要重读等,根据讲解的内容一组一组地进行听后模仿练习。

4.3 练习示例:

- 老　师:现在两点。
  学　生:——

- 老　师:今天五月十号。
  学　生:——

- 老　师:他有三支钢笔。
  学　生:——

- 老　师:这件衬衫十八块。
  学　生:——

- 老　师:彼得是昨天到的北京。
  学　生:——

- 老　师:他是从美国来的。
  学　生:——

- 老　师:亨利不会说汉语。
  学　生:——

- 老　师:他以前没来过中国。
  学　生:——

- 老　师:我天天六点起床。
  学　生:——

- 老　师:哈尔滨的冬天冷极了。
  学　生:——

- 老　师:你怎么才回来?
  学　生:——

- 老　师:连小孩子都知道。
  学　生:——

- 老　师:我想起来了。
  学　生:——

- 老　师:我想起来了。
  学　生:——

- 老　师:他买了几斤苹果。
  学　生:——

- 老　师:他买了几斤苹果?
  学　生:——

5. 模仿停顿

5.1 目的:训练辨别分析能力、听后模仿能力和记忆储存能力。

5.2 方法:老师先举例说明停顿也有区别句义的作用,讲解停顿的一般规律,然后一组一组地进行模仿练习。

第五讲 听力训练的方法(三)句子练习

5.3 练习示例:

- 老　师:身体不好的同学｜应该休息。
  学　生:——
- 老　师:那个工厂的厂长｜是老王的朋友。
  学　生:——
- 老　师:两个月以前｜他病了。
  学　生:——
- 老　师:昨天晚上｜我没看电影。
  学　生:——

- 老　师:他｜写不好。
  学　生:——
- 老　师:我们｜四个人坐一条船。
  学　生:——
- 老　师:我们四个人｜坐一条船。
  学　生:——
- 老　师:孩子找不到,｜妈妈哭了。
  学　生:——
- 老　师:孩子找不到妈妈,｜哭了。
  学　生:——

6. 模仿语调

6.1 目的:训练辨别分析能力、听后模仿能力和记忆储存能力。

6.2 方法:老师先举例说明语调也有区别句义的作用,讲解升调、降调的一般规律,然后一组一组地进行听后模仿练习。

6.3 练习示例:

- 老　师:这是汤(↑)?
  学　生:——
- 老　师:这是汤(↓)。
  学　生:——
- 老　师:你买毛巾(↑)?
  学　生:——
- 老　师:我买毛巾(↓)。
  学　生:——

- 老　师:他去伦敦(↑)?
  学　生:——
- 老　师:他去伦敦(↓)。
  学　生:——
- 老　师:那是你的收音机(↑)?
  学　生:——
- 老　师:那是我的收音机(↓)。
  学　生:——

- 老　师:我不但会唱歌(↑),而且会跳舞(↓)。
  学　生:——
- 老　师:他不但是我的老师(↑),而且是我的朋友(↓)。
  学　生:——
- 老　师:不但他不会(↓),而且老师也不会(↓)。
  学　生:——

- 老　师：不但小孩子喜欢熊猫(↓)，而且大人也喜欢(↓)。
  学　生：——

7. 模仿语气

7.1　目的：训练辨别分析能力、听后模仿能力和记忆储存能力。

7.2　方法：老师先举例说明语气也有区别句义的作用，讲解不同语气表示不同的意义，然后一组一组地进行听后模仿练习。

7.3　练习示例：

- 老　师：你是日本人吧？
  学　生：——

- 老　师：这次考试很难吧？
  学　生：——

- 老　师：人多力量大嘛。
  学　生：——

- 老　师：有志者事竟成嘛。
  学　生：——

- 老　师：多高啊！
  学　生：——

- 老　师：多可笑啊！
  学　生：——

- 老　师：多难哪！
  学　生：——

- 老　师：多好看哪！
  学　生：——

- 老　师：多忙啊！
  学　生：——

- 老　师：多聪明啊！
  学　生：——

- 老　师：多累呀！
  学　生：——

- 老　师：多积极呀！
  学　生：——

- 老　师：多苦哇！
  学　生：——

- 老　师：多幸福哇！
  学　生：——

8. 按照要求回答问题

8.1　目的：训练记忆储存能力、听后模仿能力和快速反应能力。

8.2　方法：老师提出要求，然后问问题，学生按要求回答问题，老师重复一遍，全班学生再重复一遍。

8.3　练习示例：

（1）先否定，然后用所给的词语做肯定回答。

- 老　师：你是老师吗？（学生）
  学　生：我不是老师，我是学生。
  老　师：——
  学　生：——

- 老　师：你会日文吗？（英文）
  学　生：我不会日文，我会英文。
  老　师：——
  学　生：——

第五讲 听力训练的方法(三)句子练习

- 老　师:他去教室吗?(医院)
  学　生:他不去教室,他去医院。
  老　师:──
  学　生:──

- 老　师:他教英语吗?(汉语)。
  学　生:他不教英语,他教汉语。
  老　师:──
  学　生:──

- 老　师:你去过英国吗?(美国)。
  学　生:我没去过英国,我去过美国。
  老　师:──
  学　生:──

- 老　师:你有英文画报吗?(杂志)
  学　生:我没有英文画报,我有英文杂志。
  老　师:──
  学　生:──

- 老　师:你有英文小说吗?(中文)
  学　生:我没有英文小说,我有中文小说。
  老　师:──
  学　生:──

- 老　师:你有英文词典吗?(小王)
  学　生:我没有英文词典,小王有英文词典。
  老　师:──
  学　生:──

- 老　师:昨天你去公园了吗?(电影院)
  学　生:昨天我没去公园,我去电影院了。
  老　师:──
  学　生:──

- 老　师:你看过电影《红楼梦》吗?(电视剧)
  学　生:我没看过电影《红楼梦》,我看过电视剧《红楼梦》。
  老　师:──
  学　生:──

(2) 用指定的词语回答。

- 老　师:你去哪儿?(书店)
  学　生:我去书店。
  老　师:──
  学　生:──

- 老　师:你买什么?(地图)
  学　生:我买地图。
  老　师:──
  学　生:──

- 老　师:谁去上海?(阿里)
  学　生:阿里去上海。
  老　师:──
  学　生:──

- 老　师:他什么时候去上海?(明天)
  学　生:他明天去上海。
  老　师:──
  学　生:──

- 老　师:你买什么地图?(中国)
  学　生:我买中国地图。
  老　师:──
  学　生:──

- 老　师:他买什么地图?(世界)
  学　生:他买世界地图。
  老　师:──
  学　生:──

- 老　　师：你买几张中国地图？（两张）
  学　　生：我买两张中国地图。
  老　　师：——
  学　　生：——

- 老　　师：他买几张世界地图？（一张）
  学　　生：他买一张世界地图。
  老　　师：——
  学　　生：——

- 老　　师：他怎么去上海？（坐火车）
  学　　生：他坐火车去上海。
  老　　师：——
  学　　生：——

- 老　　师：他坐几点的火车？（晚上7点）
  学　　生：他坐7点的火车。
  老　　师：——
  学　　生：——

- 老　　师：他去上海做什么？（看朋友）
  学　　生：他去上海看朋友。
  老　　师：——
  学　　生：——

- 老　　师：他的朋友叫什么名字？（玛丽）
  学　　生：他的朋友叫玛丽。
  老　　师：——
  学　　生：——

9. 按要求改句子

9.1　目的：训练记忆储存能力、听后模仿能力和快速反应能力。

9.2　方法：老师先提出要求，然后说一个句子，学生把这个句子改成老师要求的句子，老师重复一遍（或加以修正再重复），全班学生再重复一遍。

9.3　练习示例：

(1) 改成一般疑问句。

- 老　　师：我有书。
  学　　生：你有书吗？
  老　　师：——
  学　　生：——

- 老　　师：明天我进城。
  学　　生：明天你进城吗？
  老　　师：——
  学　　生：——

- 老　　师：这种布鞋很便宜。
  学　　生：这种布鞋很便宜吗？
  老　　师：这种布鞋便宜吗？
  学　　生：——

- 老　　师：这件衬衣真不贵。
  学　　生：这件衬衣真不贵吗？
  老　　师：这件衬衣贵吗？
  学　　生：——

(2) 改成正反疑问句。

- 老　　师：我回宿舍。
  学　　生：你回不回宿舍？
  老　　师：——
  全　　班：——

- 老　　师：他写完了。
  学　　生：他写完没写完？
  老　　师：——
  全　　班：——

第五讲 听力训练的方法(三)句子练习

- 老　师:彼得是三年级的学生。
  学　生:彼得是不是三年级的学生?
  老　师:——
  全　班:——

- 老　师:丹尼斯有一辆汽车。
  学　生:丹尼斯有没有一辆汽车?
  老　师:丹尼斯有没有汽车?
  全　班:——

- 老　师:这件连衣裙很漂亮。
  学　生:这件连衣裙很漂亮不很漂亮?
  老　师:这件连衣裙漂亮不漂亮?
  全　班:——

- 老　师:他说的话我听不懂。
  学　生:他说的话你听得懂听不懂?
  老　师:——
  全　班:——

- 老　师:昨天的练习张方没做完。
  学　生:昨天的练习张方做完没做完?
  老　师:——
  全　班:——

- 老　师:木村汉语说得不错。
  学　生:木村汉语说得错不错?
  老　师:木村汉语说得好不好?
  全　班:——

(3) 改成把字句。

- 老　师:我做完练习了。
  学　生:我把练习做完了。
  老　师:——
  全　班:——

- 老　师:他借来了那本词典。
  学　生:他把那本词典借来了。
  老　师:——
  全　班:——

- 老　师:请你给他这本书。
  学　生:请你把这本书给他。
  老　师:——
  全　班:——

- 老　师:小孙没带来照相机。
  学　生:小孙把照相机没带来。
  老　师:小孙没把照相机带来。
  全　班:——

- 老　师:晚上我们应该关好窗户。
  学　生:晚上我们把窗户应该关好。
  老　师:晚上我们应该把窗户关好。
  全　班:——

- 老　师:他被大夫救活了。
  学　生:大夫把他救活了。
  老　师:——
  全　班:——

- 老　师:小刘让我给你这张票。
  学　生:小刘让我把这张票给你。
  老　师:——
  全　班:——

- 老　师:那件衣服你给玲玲带去了吗?
  学　生:你把那件衣服给玲玲带去了吗?
  老　师:——
  全　班:——

(4) 把时间状语放在主语前边。

- 老　师：我明天下午进城。
  学　生：明天下午我进城。
  老　师：——
  全　班：——

- 老　师：他上月去广州了。
  学　生：上月他去广州了。
  老　师：——
  全　班：——

- 老　师：你昨天晚上去哪儿了？
  学　生：昨天晚上你去哪儿了？
  老　师：——
  全　班：——

- 老　师：赵力星期一参加比赛了吗？
  学　生：星期一赵力参加比赛了吗？
  老　师：——
  全　班：——

(5) 把句子的主语改成"他们"，加上"也"和"都"。

- 老　师：我们去看电影。
  学　生：他们也都去看电影。
  老　师：——
  全　班：——

- 老　师：我们去长城。
  学　生：他们也都去长城。
  老　师：——
  全　班：——

- 老　师：我们是语言大学的学生。
  学　生：他们也都是语言大学的学生。
  老　师：——
  全　班：——

- 老　师：我们不喜欢这本小说。
  学　生：他们也都不喜欢这本小说。
  老　师：——
  全　班：——

- 老　师：我们没有法文画报。
  学　生：他们也都没有法文画报。
  老　师：——
  全　班：——

- 老　师：我们没有时间写作业。
  学　生：他们也都没有时间写作业。
  老　师：——
  全　班：——

(6) 改成比字句。

- 老　师：小张二十七岁，小王二十五岁。
  学　生：小张比小王大两岁。
  老　师：——
  全　班：——

- 老　师：小王二十五岁，小张二十七岁。
  学　生：小王比小张小两岁。
  老　师：——
  全　班：——

第五讲 听力训练的方法(三)句子练习

- 老　师：这件毛衣四十八块，那件毛衣五十六块。
  学　生：这件毛衣比那件毛衣便宜八块。
  老　师：──
  全　班：──

- 老　师：那件毛衣五十六块，这件毛衣四十八块。
  学　生：那件毛衣比这件毛衣贵八块。
  老　师：──
  全　班：──

- 老　师：他花了一百七十块，我花了八十块。
  学　生：他花了比我多九十块。
  老　师：他比我多花了九十块。
  全　班：──

- 老　师：我花了八十块，他花了一百七十块。
  学　生：我比他少花了九十块。
  老　师：──
  全　班：──

10. 完成句子

10.1　目的：训练辨别分析能力、听后模仿能力和联想猜测能力。

10.2　方法：老师说句子的前一半，学生说一个完整的句子；老师重复一遍，全班再重复一遍。

10.3　练习示例：

- 老　师：今天是星期一，昨天是……
  学　生：今天是星期一，昨天是星期日。
  老　师：──
  全　班：──

- 老　师：今天是星期三，明天是……
  学　生：今天是星期三，明天是星期四。
  老　师：──
  全　班：──

- 老　　师:今天是五月五号,明天是……
  学　　生:今天是五月五号,明天是五月六号。
  老　　师:——
  全　　班:——
- 老　　师:今天是九月二十八号,昨天是……
  学　　生:今天是九月二十八号,昨天是九月二十七号。
  老　　师:——
  全　　班:——
- 老　　师:小王今天病了,所以……
  学　　生:小王今天病了,所以没来上课。
  老　　师:——
  全　　班:——
- 老　　师:小王今天病了,所以……
  学　　生:小王今天病了,所以没起床。
  老　　师:——
  全　　班:——
- 老　　师:小王今天病了,所以……
  学　　生:小王今天病了,所以没去参观工厂。
  老　　师:——
  全　　班:——
- 老　　师:小王今天病了,所以……
  学　　生:小王今天病了,所以他去医院了。
  老　　师:——
  全　　班:——
- 老　　师:要是明天不下雨,我们就……
  学　　生:要是明天不下雨,我们就去长城。
  老　　师:——
  全　　班:——
- 老　　师:要是明天不下雨,我们就……
  学　　生:要是明天不下雨,我们就去老师家。
  老　　师:——
  全　　班:——

第五讲 听力训练的方法(三)句子练习

- 老　师:要是明天不下雨,我们就……

  学　生:要是明天不下雨,我们就去打网球吧。

  老　师:——

  全　班:——

- 老　师:要是明天不下雨,我们就……

  学　生:要是明天不下雨,我们就进城买东西吧。

  老　师:——

  全　班:——

- 老　师:不是我不想买,而是……

  学　生:不是我不想买,而是没钱了。

  老　师:——

  全　班:——

- 老　师:不是我不想买,而是……

  学　生:不是我不想买,而是觉得颜色不太好。

  老　师:——

  全　班:——

- 老　师:不是我不想买,而是……

  学　生:不是我不想买,而是带的钱不够。

  老　师:——

  全　班:——

- 老　师:不是我不想买,而是……

  学　生:不是我不想买,而是没办法带回去。

  老　师:——

  全　班:——

11. 变换表达方法

11.1　目的:训练联想猜测能力、快速反应能力和记忆储存能力。

11.2　方法:老师分析讲解同义词、近义词或反义词,然让学生替换其中相应的词语。

11.3 练习示例:

(1) 好、棒、地道、标准

　　老　师:大卫说汉语说得真好。
　　学　生:大卫说汉语说得真棒。
　　　　　 大卫说汉语说得真地道。
　　　　　 大卫说汉语说得真标准。

(2) 可能、也许、大概、恐怕

　　老　师:李文可能不来了。
　　学　生:李文也许不来了。
　　　　　 李文大概不来了。
　　　　　 李文恐怕不来了。

(3) 坐出租车、坐出租、打的、打车

　　老　师:他是坐出租车来的。
　　学　生:他是坐出租来的。
　　　　　 他是打的来的。
　　　　　 他是打车来的。

(4) 难、容易

　　老　师:这个练习不难。
　　学　生:这个练习很容易。

(5) 贵、便宜

　　老　师:这双鞋真贵。
　　学　生:这双鞋不便宜。

12. 字头连字尾造句

12.1　目的:训练联想猜测能力、快速反应能力和记忆储存能力。

12.2　方法:老师说一个句子,学生以老师句尾的字为字头说句子。可以是老师跟学生一对一地说,高年级的学生也可以是"老师——学生 A——学生 B——学生 C……学生 N——老师"这样循环交替地说。

第五讲　听力训练的方法(三)句子练习

12.3　练习示例：

- 老　师：李刚是中国人。
  学　生：人民大会堂在天安门广场西边。

- 老　师：我们都学习汉语。
  学　生：语言大学很干净。

- 老　师：今天天气很好。
  学　生：好朋友要互相帮助。

- 老　师：小刘很聪明。
  学　生：明天我进城。

- 老　师：我是学生。
  学　生A：生活很愉快。
  学　生B：快去上课。
  学　生C：课文里有很多生词。
  学　生D：词典在桌子上。
  学　生E：上月我没生病。
  老　师：病人住在医院。
  学　生A：院长是中国人。
  学　生B：人……

13. 听句子，快速回答问题

13.1　目的：训练辨别分析能力和快速反应能力。

13.2　方法：老师快速说一个句子，然后就这个句子快速提问，要求学生快速简单回答。

13.3　练习示例：

老　师：昨天我去北海了。昨天我去哪儿了？
学　生：北海。

老　师：在汽车上遇见了王老师。在汽车上遇见了谁？
学　生：王老师。

老　师：王老师是北京人。王老师是北京人吗？

学　生：是。

老　师：他对北京很熟悉。王老师对北京熟悉不熟悉？

学　生：熟悉。

老　师：他给我介绍了不少北京的名胜古迹。他给我介绍了什么？

学　生：北京的名胜古迹。

（二）听和写

1. 填空

1.1　目的：训练辨别分析能力、记忆储存能力和边听能力。

1.2　方法：老师念句子，以一遍为好。学生可以边听边填，也可以听后填。要求学生填的汉字应该是笔画少、容易写的简单汉字，以免干扰听觉活动。有的还可以允许学生写汉语拼音。

1.3　练习示例：

他买＿＿＿＿＿一件毛衣。（了）　　　王玲的奶奶＿＿＿＿＿岁。（71）

小孙去＿＿＿＿＿美国。（过）　　　　汪林的爸爸＿＿＿＿＿岁。（41）

汪林的爷爷＿＿＿＿＿岁。（71）　　　王玲的爸爸＿＿＿＿＿岁。（47）

王玲的爷爷＿＿＿＿＿岁。（77）　　　汪林的妈妈＿＿＿＿＿岁。（37）

汪林的奶奶＿＿＿＿＿岁。（67）　　　王玲的妈妈＿＿＿＿＿岁。（41）

2. 标序号

2.1　目的：训练辨别分析能力、记忆储存能力和联想猜测能力。

2.2　方法：老师念一段话，最好不超过十个句子。练习本上有这些句子，但其顺序跟老师念的不一致。学生先不看本子上的句子，听老师念两遍，然后根据听到的句子的顺序，把序号写在本子上各个句子的前边。

2.3　练习示例：

老师念：

　　　昨天是星期日。我们全家去颐和园了。我们先去爬山。中午在石舫餐厅吃的饭。下午两点我们去划船。我们回到家已经五点多了。（两遍）。

学生写序号：

　　　3 我们先去爬山。

　　　5 下午两点我们去划船。

第五讲 听力训练的方法(三)句子练习

1 昨天是星期日。
6 我们回到家已经五点多了。
4 中午在石舫餐厅吃的饭。
2 我们全家去颐和园了。

3. 连线

3.1 目的:训练辨别分析能力、快速反应能力和联想猜测能力。

3.2 方法:老师念一段话。练习本上印有这段话中各个句子的主要词语,但相关词语不是对应排列的。要求学生听老师念完后把相关的词语用直线连起来,可以边听边连线,每个句子念一遍;也可以听后连线,根据课堂实际情况念两遍或两遍以上。

3.3 练习示例:

老师念:

小梁买了三斤苹果花了十五块六。小杨买了五斤梨花了十三块五。小王买了四斤桔子花了十二块八。小黄买了二斤香蕉花了十一块二。(一遍)

学生边听边连线:

老师念:

国美电器正在举行家电促销活动。电视机最低每台两千零五十元。洗衣机每台八百元。电冰箱每台一千八百五十元。微波炉每台七百五十元。摄像机每台三千一百九十元。欢迎大家前往选购。(两遍)

学生听后连线:

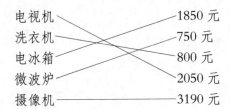

4. 判断正误

4.1 目的:训练辨别分析能力、快速反应能力、联想猜测能力和概括总结能力。

4.2 方法:老师按次序说句子,说完一个句子后进行解释,学生判断解释得对不对。对的画"√",错的画"×"。画在本上该练习的各个序号后。

4.3 练习示例:

老师说句子并解释:

(1) 安娜说:"这件衣服太大了。"安娜的意思是她对这件衣服不满意。

(2) 安娜说:"这儿的风景太美了。"安娜的意思是她对这儿是风景不满意。

(3) 玛丽说:"坐 332 路虽然比 331 路挤一点儿,可是 332 路车多,省时间,而且直接到动物园,不用倒车。"玛丽的意思是坐 332 路车方便。

(4) 玛丽说:"今天是晴天,虽然有点儿风,可是一点儿也不冷。"玛丽的意思是今天天气比较好。

(5) "小王会英语、法语、西班牙语,还会一点儿日语。"这句话的意思是小王日语说得很好。

学生判断正误:

(1)√   (2)×   (3)√   (4)√   (5)×

5. 选择正确解释

5.1 目的:训练辨别分析能力、快速反应能力、联想猜测能力和概括总结能力。

5.2 方法:老师先说一个句子,然后说出几种解释。学生选择其中正确的解释在练习本上该练习题相应的序号后画"√"。

5.3 练习示例:

老师说句子并解释:

(1) 你怎么才来,我等了你一个小时了。这句话的意思是:

a) 你来得太晚了。

b) 你来得太早了。

(2) 你怎么知道我不会! 这句话的意思是:

a) 我会。你不知道我会。

b) 我不会。你是用什么办法知道我不会的?

(3) 小张说:"司机先生,我自己来吧。"小张的意思是:

a) 他自己到这儿来。

b) 他自己做,不要司机帮助。

(4) 小赵说:"大妈,您把箱子给我,您替我拿着书包。"这句话的意思是:

a) 小赵请大妈帮助他。

第五讲 听力训练的方法(三)句子练习

b) 小赵要帮助大妈。
c) 小赵用书包换大妈的箱子。

(5) 马林和玛丽坐在电视机前看体操表演。马林说:"太漂亮了!"马林的意思是:
a) 玛丽长得非常漂亮。
b) 运动员非常漂亮。
c) 运动员的动作非常漂亮。

学生选择正确解释:
(1) a)√　(2) a)√　(3) a)　(4) a)　(5) a)
　　b)　　　b)　　　b)√　b)√　b)
　　　　　　　　　　c)　　c)　　c)√

6. 选择正确答案

6.1 目的:训练辨别分析能力、快速反应能力、联想猜测能力和概括总结能力。

6.2 方法:老师先说一个句子,然后根据这个句子提问题,再做出几种回答。学生选择其中正确的一个在练习本上相应的序号后画"√"。

6.3 练习示例:

老师说句子,提问题并回答(学生选择正确答案):

(1) 他怎么可能不去呢？问:他去不去？
　　a) 去。(√)　b) 不去。

(2) 我排了半天队才买到这张球票。问:球票好不好买？
　　a) 好买。　b) 不好买。(√)

(3) 这个小吃店六点就开门了。问:这个小吃店开门早不早？
　　a) 早。(√)　b) 不早。

(4) 李方是河南人,他爱人是荷兰人。问:李方的爱人是河南人还是荷兰人？
　　a) 河南人。　b) 荷兰人。(√)

(5) 同学们,今天的课讲完了。下面请你们听一组女歌唱家演唱的歌曲。问:说话人是做什么的?
　　a) 学生。　b) 老师。(√)　c) 歌唱家。

(6) 我喜欢喝茶,红茶、绿茶、花茶都喜欢,特别是绿茶,又有营养喝起来又香。问:他最喜欢喝什么茶?
　　a) 红茶。　b) 绿茶。(√)　c) 花茶。

(7) 中国人喜欢赏花,春兰、秋菊、夏莲、冬梅,四季都有名花。问:中国人冬天欣赏什么花？

　　a) 兰花。　　　b) 菊花。　　　c) 莲花。　　　d) 梅花。(√)

(8) 今天白天,晴;风向,北转南;风力,二三级。问:今天上午出发下午回来,去哪个方向可以来回顺风？

　　a) 东。　　　b) 南。(√)　　　c) 西。　　　d) 北。

7. 边听边记

7.1　目的:训练记忆储存能力和边听边记能力。

7.2　方法:老师用正常语速念一组句子,每个句子只念一遍。学生一边听一边记,要求学生只记主要词语,每个句子记一行。一组句子念完后,老师检查学生记的情况,告诉学生哪些是主要词语应该记下来,并让学生根据记录复述老师念的句子。

7.3　练习示例:

以本书 p.98 2.3 练习示例的一段话为例让学生记：

昨	是	日
全	去	园
先	山	
中	石	吃
两	划	
回	五	

以本书 p.99 3.3 练习示例的第二段话为例让学生记：

视	2050
衣	800
冰	1850
炉	750
像	3190

8. 判别人名地名

8.1　目的:训练联想猜测能力和跳跃障碍的能力。

8.2　方法:老师先讲解判别人名地名的方法,然后让学生听句子,把句子中的人名地名用拼音写下来。

8.3　练习示例:

老师念句子:

(1) 村子里有个叫齐玛的姑娘。

第五讲 听力训练的方法(三)句子练习

(2) 老师让英雯回答这个问题。

(3) 在火车站,宋仁教授握着我的手说:"再见!"

(4) 石美媛在银行工作。

(5) 那位就是甄有名大夫。

(6) 申秋和她的儿子武小石明天去香山。

(7) 常成和他的女朋友高珊正在河边散步。

(8) "喂,你是关心吗?我是安敬。"

学生写人名:

(1) Qí Mǎ
(2) Yīng Wén
(3) Sòng Rén
(4) Shí Měiyuán
(5) Zhēn Yǒumíng
(6) Shēn Qiū, Wǔ Xiǎoshí
(7) Cháng Chéng, Gāo Shān
(8) Guān Xīn, Ān Jìng

老师念句子:

(1) 这个故事发生在一个叫安定的小村子。

(2) 你顺着张自忠路一直往前走。

(3) 小张住幸福大街十五号。

(4) 我的老家在河北省三河县。

(5) 那个医院离和平里不远。

(6) 你知道头发胡同在哪儿吗?

(7) 他们来到四季青乡为农民演出。

(8) 这路汽车的终点是友谊桥。

学生写地名:

(1) Āndìng Cūn
(2) Zhāngzìzhōng Lù
(3) Xìngfú Dàjiē
(4) Héběi Shěng Sānhé Xiàn
(5) Hépínglǐ
(6) Tóufa Hútong
(7) Sìjìqīng Xiāng
(8) Yǒuyì Qiáo

(三) 听和做

1. 按指令做动作

1.1 目的:训练辨别分析能力和快速反应能力。

1.2 方法:老师发出指令,学生做动作。

1.3 练习示例：

老师说：

  （1）阿里,请你把这个本子交给玛丽。

  （2）玛丽,请你把录音机打开。

  （3）安娜,请你唱一个中文歌,好吗？

  （4）约翰,请你把黑板擦一擦。

  （5）彼得,请你在黑板上画一个长 60 厘米,宽 40 厘米的长方形。

  （6）汤姆,请你在黑板上画一个边长是 30 厘米的等边三形。

学生按照老师的指令做动作。

2. 转告

2.1 目的：训练辨别分析能力、记忆储存能力和概括总结能力。

2.2 方法：老师告诉一个学生一件事,让他用自己的话转告别人。

2.3 练习示例：

- 老　师：玛丽,请你告诉阿里明天上午的参观改在下午两点,集合地点不变。

 玛　丽：阿里,老师让我告诉你,明天上午的参观改在下午两点,集合地点不变。

- 老　师：阿里,请你告诉玛丽收发室有她一封电报,让她马上取,别忘了带学生证。

 阿　里：玛丽,老师说收发室有你一封电报,让你马上去取,别忘了带学生证。

- 老　师：安娜,昨天我去新华书店买书,可是钱不够了,正好碰上了约翰,我跟他借了一块二,请你把这一块二还给他,并替我谢谢他。

 安　娜：约翰,昨天在新华书店老师借了你一块二,他让我把钱还给你,这是他还你的一块二,你数一数,他说谢谢你。

- 老　师：约翰,请你告诉安娜,刚才北大的恩娜来电话找她,恩娜说明天要去医院看一个朋友,不能陪安娜去颐和园了,并请安娜原谅。

 约　翰：安娜,刚才北大的恩娜来电话找你,说她明天要去医院看一个朋友,不能陪你去颐和园了,她请你原谅。

学生按指令做相应的动作。

第六讲　听力训练的方法（四）
对话和短文练习

本讲要点

- 对话练习的着眼点
  - 训练学生听懂话题、谁和谁谈话、什么时候、在哪儿谈话、谈的主要内容是什么
- 短文练习的着眼点
  - 叙事的记叙文：听时间、地点、人物、事件、情节（起因、发展、结果）等
  - 写人的记叙文：听人物的姓名、身份，对人物外貌、语言、行为、心理的描写以及对人物的评价
  - 议论文：听论点、论据、论述的方法
- 对话和短文练习的方法
  - 听和说
    - 听后回答问题
    - 概括中心意思和主要内容
    - 根据上下文猜词义
    - 说出异同
    - 听后复述
  - 听和写
    - 判断正误
    - 选择正确答案
    - 填空
    - 填表
    - 画图
    - 听后写出主要内容
    - 写出中心意思
    - 带着问题听
    - 检索听
  - 听和做
    - 在听懂和理解的基础上做事

一、对话和短文练习的着眼点

对话练习的着眼点是训练学生听懂话题、谁和谁谈话、什么时候、在哪儿谈话、谈的主要内容是什么。学生在听对话的时候,首先要能够听出话题,一共谈了几个话题,第一个话题是什么,第二个话题是什么。其次要注意听有几个人谈话,他们是什么关系,每个人的话题、观点、想法、意见、办法是什么。第三要能够提出谈话的时间、地点,也就是对话的情景。这样才能比较全面地理解对话的内容。

短文练习的着眼点根据不同的文体有不同的侧重点。听叙事的记叙文训练学生注意听时间、地点、人物、事件、情节(起因、发展、结果)等。听写人的记叙文,要注意人物的姓名、身份,还要注意对人物外貌、语言、行为、心理的描写以及对人物的评价。

听议论文训练学生注意听论点、论据、论述的方法。如果是批驳性的议论文,要注意听批驳的是论点、论据,还是论证的方法,"破"的是什么,"立"的是什么。

听说明文训练学生首先听出说明的种类,是说明地方还是说明物品,是说明习性还是说明状态,是说明性能还是说明方法等等;其次注意听懂说明对象的特点,也就是文章的中心意思。

在听对话和短文的时候,注意训练学生接收、解码的速度,帮助学生养成良好的听话习惯,把听和理解、记忆结合起来,把尽可能多的语言信息作为经验成分储存在大脑记忆库。

第六讲 听力训练的方法（四）对话和短文练习

二、对话和短文练习的方法

（一）听和说

1. 听后回答问题

1.1　目的：训练辨别分析能力、记忆储存能力、联想猜测能力、概括总结能力和快速反应能力。

1.2　方法：听课文后，老师提问，学生回答。问题可分三种类型：一种是用来帮助学生回忆、记忆的问题，老师问，一个学生回答，老师重复一遍学生的答案并纠正其小错儿，最后全班学生再重复一遍（用四段练习法）；第二种是用来检查学生的理解状况的，可让一个学生回答，其他人纠正或补充，老师做总结；第三种快速回答，老师根据课文内容快速问，学生快速答，可以是简单回答。

1.3　练习示例：

听短文：

　　英国学生亨利在汉语学院一年级学习。有一次他的老师病了，他要去医院看望。因为听力和口语不太好，亨利把要说的话先写在本子上，一边走，一边念。他先问老师"身体好点儿了吗"，老师一定回答"好点儿了"。然后说："太好了，您吃的什么药？"老师告诉他吃了什么药，药的名字听不懂没关系，接着说："这种药对您的身体很有好处。是哪位大夫给您看的病？"老师告诉他是哪位大夫，大夫的名字听不懂也没关系。最后说："有这样的大夫给您看病，您一定能早日康复。"

　　亨利来到医院，他走进病房，看见老师正在床上躺着，就走过去对老师说："老师，您身体好点儿了吗？"当时，老师正在发烧，很不舒服，就回答："我难受极了。"亨利说："太好了！您吃的什么药？"老师非常难受，听他说"太好了"当然很生气，就说："毒药！"亨利接着说："啊，这种药对您的身体很有好处。是哪位大夫给您看的病？"老师听了他的话更生气了，说："死神！""真好！有这样的大夫给您看病，您一定能早日……"没等他说完，老师大声地说："去见上帝！"

（1）老师问问题帮助学生回忆，记忆所听的内容。

- 老　师：亨利是哪国人？
  学　生：亨利是英国人。
  老　师：——
  学　生：

- 老　师：有一次谁病了？
  学　生：他的老师病了。
  老　师：——
  学　生：

- 老　师：他在哪儿学习？
  学　生：他在汉语学院学习？
  老　师：——
  学　生：——

- 老　师：他是几年级的学生？
  学　生：他是一年级的学生。
  老　师：——
  学　生：——

- 老　师：亨利要做什么？
  学　生：他要去医院看望老师。
  老　师：——
  学　生：——

(2) 老师问检查学生理解的问题（学生的回答略）：

a) 亨利为什么把要说的话先写在本子上，一边走，一边念？

b) 老师回答："我难受极了。"亨利为什么说："太好了！"

c) "毒药"是什么意思？

d) "死神"是什么意思？

e) "去见上帝"是什么意思？

(3) 快速提问，快速回答：

a) 亨利是汉语学院几年级的学生？（一年级）

b) 他的听力和口语好不好？（不好）

c) 亨利走进病房看见老师在哪儿？（床上）

d) 亨利问老师吃的什么药，老师回答什么？（毒药）

e) 亨利问老师哪位大夫看的病，老师回答什么？（死神）

f) 没等亨利说完，老师大声地说什么？（去见上帝）

2. 概括中心意思和主要内容

2.1　目的：训练概括总结能力，抓语段、语篇的关键。

2.2　方法：可分三个步骤：(1) 让学生听一遍全文，然后用简练的语言说出课文的中心意思。可让一个学生说，也可让几个学生说出不同的答案。老师把他们的答案写在黑板上，答案正确与否老师不作评论。(2) 要求学生认真地分段听课文，对课文内容有更全面、深刻、正确的了解，可边听边做练习。(3) 在分段听和做练习的基础上，再让学生概括中心或评论听第一遍后的答案是否正确。教师可做适当的启发，启发他们找出语段的中心句和语篇的中心段，帮助他们做出正确的判断。听第一遍后的答案跟最后的答案能够吻合，是听力技能训练的目标，也是听力水平提高的标志。

第六讲 听力训练的方法(四)对话和短文练习

3. 根据上下文猜词义

3.1 目的:训练联想猜测能力、跳跃词语障碍的能力。

3.2 方法:所听的课文里有没挑出来的生词和故意埋伏的生词,还有一些不易理解或有歧义的句子。让学生根据上下文猜出生词或整个句子的意思。

3.3 练习示例:

(1) 听短文:

英国学生亨利在汉语学院一年级学习。有一次他的老师病了,他去医院看望。

亨利来到医院,他走进病房,看见老师正在床上躺着,就走过去对老师说:"老师,您身体好点儿了吗?"老师回答:"好多了,已经不发烧了。"亨利说:"太好了!您吃的什么药?""有感冒灵和康泰克。"亨利接着说:"啊,这两种药对您的身体很有好处。是哪位大夫给您看的病?"老师说:"是甄有名。""啊!有这样的大夫给您看病,您一定能早日康复。"老师高兴极了。

学生猜词义:

(1) 好多了 (2) 感冒灵和康泰克 (3) 甄有名 (4) 康复

(2) 听短文:

根据最新统计,我国的空巢家庭以每年百分之三的速度增加。实行计划生育以来,城市里大多是独生子女。这些独生子女长大以后有的结了婚组织了新的家庭,有的到外地或国外求学、工作,离开了父母。空巢家庭从老年向中年发展。中年空巢家庭也越来越多。

空巢家庭指的是没有子女或子女不在身边的只有父母的家庭。有的空巢家庭由于老伴去世只剩下一位老人。他们过着孤独的生活。我们应该关心这些空巢家庭的老人。

我的邻居张先生今年70岁了。他的女儿去美国留学,在那里结了婚,老伴前年去世了。现在他每天自己买菜、做饭、洗衣服。白天还可以找朋友聊天儿、去公园散步,到了晚上身边没有一个亲人,连个说话的人也没有。实在太寂寞了,他就给远在大洋彼岸的女儿打电话。

学生猜词义:

(1) 空巢家庭 (2) 独生子女 (3) 孤独 (4) 大洋彼岸

学生理解句义：

(1)"我国的空巢家庭以每年百分之三的速度增加"是什么意思？

(2)"到了晚上身边没有一个亲人，连个说话的人也没有"是什么意思？

4. 说出异同

4.1　目的：训练辨别分析能力、记忆储存能力听后模仿能力和边听边记能力。

4.2　方法：我们在谈"听力训练的原则"时要"补充内容，扩大输入量"，"使学生能够学到课本上没有的内容，有成就感。"老师先让学生听教材中的课文 A，然后让学生听教师编写的课文 B。教师编写的课文 B 跟课文 A 有相同之处，也有不同之处，听课文 B 之前老师要求学生注意两篇课文的异同，听后进行讨论。可以先说出两篇课文的相同点，再说出不同点。

4.3　练习示例：

课文 A：

张正生是个年轻的老师。今天是星期日，他跟女朋友玲玲在公园有个约会。可是他来到公园的时候，玲玲在那儿等他半天了，有点儿不高兴。

玲：你看看，都几点了？

张：哟，都10点了。真对不起！其实我7点半就从家里出来了。没想到等了半个钟头才上了汽车。你看，一下车我就跑来了。你等半天了吧？

玲：可不是吗？我以为你不来了，都想走了。

张：我怎么可能不来呢？以后我提前3个小时从家里出来。我去买票吧。

玲：我一来就买了。

张：票好买吗？

玲：不好买，我排了10分钟队才买到。买了票又等了半个钟头你才来。刚才都有点儿生气了。

张：别生气，那边有个冷饮店，我给你买冰淇淋吃。

课文 B：

今天是星期日，张征胜跟女朋友琳琳在公园有个约会。可是他到公园的时候琳琳在那儿都等他三四十分钟了。其实，张征胜早上7点钟一起床就从家里出来了。他没想到马路上车多，汽车开得很慢，8点半才来到公园门口儿。他看见琳琳不高兴了，就跑到冷饮店买来了汽水儿、冰淇淋和蛋糕，请琳琳原谅说："你别生气！我以后一定提前两个小时出来。"琳琳看他的衣服都湿了，才笑了，说："我来的时候，坐车的人就不多。你不知道吗？今天的约会我都等了一个星期了。"

第六讲 听力训练的方法(四)对话和短文练习

学生辨别异同:

(1) 同:

1) 时间相同:星期日。
2) 地点相同:公园门口。
3) 情节相同:两个年轻人在公园门口约会;男的迟到,女的生气;男的下次约会提前出发;男的给女的买东西吃。

(2) 异:

1) 名字不同:张正生和玲玲,张征胜和琳琳。
2) 到公园门口的时间不同:10点,8点半。
3) 出发的时间不同:7点半,7点。
4) 路上用的时间不同:两个半小时,一个半小时。
5) 迟到的原因不同:等车,堵车。
6) 下次约会提前出发的时间不同:3个小时,两个小时。
7) 买的东西不同:冰淇淋,汽水儿、冰淇淋和蛋糕。
8) 课文A有排队买票,课文B没有。
9) 课文B张征胜说:"我来的时候,坐车的人就不多。你不知道吗?今天的约会我都等了一个星期了。"课文A没有。

5. 听后复述

5.1 目的:训练记忆储存能力、听后模仿能力、概括总结能力和边听边记能力。

5.2 方法:学生听课文,边听边记要点,然后按照要求复述。教师可以提各种各样的要求,比如:详述、简述、摘述、每人复述一段等等。做这个练习时要求学生注意听别的同学的复述,听后讨论有没有错误。

(二) 听和写

1. 判断正误

1.1 目的:训练辨别分析能力、联想猜测能力、快速反应能力和概括总结能力。

1.2 方法:学生先听对话或短文,可听一遍也可听两遍,根据课文长短和内容难易而定。然后老师念若干句子,让学生从语音、词汇、语法、内容理解等方面判断对错,对的画"√",错的画"×"。画在练习本上该练习的各个序号后。

1.3 练习示例：

(1) 听对话：

　　　A：安娜，你以前去过上海吗？
　　　B：去过，前年去过一次，去年去过两次。
　　　A：今年你又去了？
　　　B：是的，我刚从上海回来。
　　　A：上海的天气怎么样？
　　　B：比北京热一点儿，但是不像这儿常常刮风。

老　师：a) 安娜去过四次上海。
　　　　b) 上海比北京热。
　　　　c) 上海常常刮风。

学生判断正误：a)√　　　b)√　　　c)×

(2) 听对话：

　　　A：喂，你是阿里吗？
　　　B：不是，阿里不在这儿了。
　　　A：他去哪儿了？
　　　B：他去别的大学学习了。
　　　A：你知道他的电话吗？
　　　B：知道，82333086。
　　　A：谢谢你。
　　　B：不用谢。

老　师：a) 阿里以前在这个学校学习。
　　　　b) 现在他去北京大学了。
　　　　c) 阿里的电话是 82333806。

学生判断正误：a)√　　　b)×　　　c)×

(3) 听短文：

　　　昨天晚上7点礼堂有电影。差5分7点我到了礼堂，可是电影已经开演了。为什么呢？我的表慢了一刻钟。

老　师：a) 昨天晚上礼堂有电影，差5分7点开演。
　　　　b) 我的表慢了15分钟。
　　　　c) 实际上我到礼堂的时间是7点10分。

第六讲 听力训练的方法(四)对话和短文练习

学生判断正误：a)×　　　　b)√　　　c)√

(4) 听短文：

　　小明、小宁、小平在河边一边散步一边聊天。小明说："我朋友游泳游得特别好。他能在水里待3分钟。"小宁说："我朋友游得更好。他能在水里待6分钟。"小平说："我朋友游得最好，4年前他从这儿下去了，到今天还没上来呢。"

老　师：a) 小明的朋友比小宁的朋友游泳游得好。

　　　　b) 小宁的朋友比小明的朋友游泳游得好。

　　　　c) 小平的朋友游泳游得最好。

学生判断正误：a)×　　　　b)√　　　c)×

2. 选择正确答案

2.1　目的：训练辨别分析能力、联想猜测能力、快速反应能力和概括总结能力。

2.2　方法：学生听对话或短文，然后老师就对话或短文的内容提出问题并做出几种回答，让学生选择其中正确的答案在练习本上该练习题相应的序号后画"√"。

2.3　练习示例：

(1) A：请问，招生办公室在哪儿？

　　B：八楼，不过电梯只能到七楼，你得自己爬一层，靠右边九号就是。

　　问：招生办公室在几层？

　　答：a) 一层　b) 七层　c) 八层(√)　d) 九层

(2) A：香蕉多少钱一斤？

　　B：五块六，不卖六块了，你要是真想买再便宜一毛。

　　问：花多少钱可以买到一斤香蕉？

　　答：a) 五块五(√)　b) 五块六　c) 五块七　d) 六块

(3) A：王文的票买了吗？

　　B：买了，他买的是明天早上18次的硬卧票。

　　问：王文买的是什么票？

　　答：a) 飞机票　b) 火车票(√)　c) 轮船票　d) 汽车票

(4) A：小丁的短信说什么？

　　B：他明天早上乘CA981次航班到京，让我们去接他。

　　问：他们到哪儿去接小丁？

　　答：a) 码头　b) 飞机场(√)　c) 火车站　d) 汽车站

(5) A：老刘从上海回来了吧？

B：回来了，不过在家里待了两天就去天津了，下个月还要去广州。

问：老刘现在在哪儿？

答：a) 家里 b) 上海 c) 广州 d) 天津(√)

(6) A：你听天气预报了吗？

B：听了。夜里有中到大雪。

问：他们谈话是在什么季节？

答：a) 春天 b) 夏天 c) 秋天 d) 冬天(√)

(7) A：小山，星期天你干什么去了？

B：上午去商店买东西，中午看了场电影，下午在宿舍里上网，晚上去看了一个朋友。

问：星期日下午四点小山在做什么？

答：a) 买东西 b) 看电影 c) 上网(√) d) 看朋友

(8) A：你都二十七岁了，该跟单人床说"再见"了。

B：哪儿那么容易呀？买东西还得挑一挑呢，始终找不到合适的。

问：他们在谈什么问题？

答：a) 年龄问题 b) 买床的问题 c) 买东西的问题

d) 恋爱结婚的问题(√)

(9) A：我以为丁老师没有孩子呢？

B：谁说的？他的大孩子都快上中学了。

问：这两个人的谈话告诉我们什么？

答：a) 丁老师一个孩子也没有

b) 丁老师至少有两个孩子(√)

c) 丁老师的大孩子正在上中学

d) 丁老师的大孩子中学快毕业了

(10) A：老王，星期天你都干什么？

B：早上去自由市场买菜，中午睡觉，下午带孩子去公园，晚上备课改作业。

问：从他们的谈话我们可以知道什么？

答：a) 老王是老师(√) b) 老王是学生 c) 老王还没结婚

d) 老王星期天一直在家

(11) A：小姐，我买毛衣。

B：要哪件？

A：这些毛衣多少钱一件？

第六讲 听力训练的方法(四)对话和短文练习

B:红的130块,黄的135块,蓝的140块。

A:那件黑的呢?

B:146块。你要哪件?

A:我买最便宜的。

问:他买的毛衣是什么颜色的?

答:a)红的(√)   b)黄的   c)蓝的   d)黑的

(12) A:彼得,你不是美国人吗?

B:我不是美国人,是联合国人。

A:有联合国人吗?你真会开玩笑。

B:怎么,你不相信?我爷爷是美国人,奶奶是日本人,姥爷是法国人,姥姥是意大利人。你说我是不是联合国人?

A:怪不得你长得那么英俊,像个运动员。你喜欢打球吗?

B:喜欢。篮球、排球、网球我都喜欢。不过我最喜欢的是游泳。

问:彼得的爷爷是哪国人?

答:a)意大利人   b)法国人   c)日本人   d)美国人(√)

问:彼得最喜欢什么运动?

答:a)游泳(√)   b)打篮球   c)打排球   d)打网球

(13) 听短文:

玛丽今天不高兴。我问她:"是不舒服吗?"她说:"不是。""没钱花了?"她说:"也不是。""是不是想家了?"她摇摇头。"那么是跟男朋友闹别扭了吧?"她脸红了,没有说话。

问:玛丽今天为什么不高兴?

答:a)她不舒服   b)她没钱花了   c)她想家了   d)她跟男朋友闹别扭了(√)

(14) 听短文:

哥哥和弟弟在一个班里学习。哥哥学习很努力,弟弟很爱玩儿,作业总是抄哥哥的。有一次老师让学生们写作文,题目是:《我的妈妈》。第二天,大家都把作文交给老师。老师看了以后把弟弟找去,问:"你的作文为什么跟你哥哥的完全一样?"弟弟说:"我们的妈妈是一个人,作文能不一样吗?"

问:弟弟的作文为什么跟哥哥的完全一样?

答:a)哥哥抄弟弟的

b)弟弟抄哥哥的(√)

        c) 他们互相抄
        d) 因为他们的妈妈是一个人
(15) 听短文:

　　茂源老汉家是东北的一个小山村里有名的大家庭。茂源老两口有四个儿子:金锁、银锁、铜锁、铁锁,还有一个小女儿叫香草。如今三个儿子娶了媳妇,老四铁锁也有了对象,快要结婚了。金锁、银锁各有一个女儿,老三结婚三年了还没有孩子。

　　问:茂源老汉家一共几口人?
　　答:a) 四口　b) 七口　c) 十口　d) 十二口(√)
　　问:谁有了对象还没结婚?
　　答:a) 金锁　b) 银锁　c) 铜锁　d) 铁锁(√)
　　问:谁结婚三年了还没孩子?
　　答:a) 金锁　b) 银锁　c) 铜锁(√)　d) 铁锁

(16) 听短文:

　　电梯坏了,我和妻子好容易爬上了14层。刚要开门,钥匙不见了。我的门钥匙跟自行车钥匙、衣柜钥匙、箱子钥匙是在一起的。我记得把它们放在钱包里了,急忙打开钱包,里边没有。上衣口袋、裤子口袋、书包里,哪儿都翻遍了,还是没有。这时,只见小宝从楼下跑上来。小宝的奶奶是看自行车的王大妈。他喘着气说:"叔叔,给您钥匙。是我奶奶从您自行车上拿下来的,怕您着急,让我赶快送来了。"我接过钥匙,连声说:"谢谢,谢谢!"

　　问:说话的人刚要开门什么不见了?
　　答:a) 钥匙(√)　b) 钱包　c) 书包　d) 钢笔
　　问:他的门钥匙是跟什么在一起的?
　　答:a) 自行车钥匙　b) 衣柜钥匙　c) 箱子钥匙
　　　　d) 自行车钥匙、衣柜钥匙和箱子钥匙(√)
　　问:他的钥匙是谁捡到的?
　　答:a) 小宝　b) 他自己　c) 他妻子　d) 小宝的奶奶(√)
　　问:是谁把钥匙送上来的?
　　答:a) 小宝(√)　b) 他自己　c) 他妻子　d) 小宝的奶奶
　　问:他的钥匙是在哪儿找到的?
　　答:a) 钱包里　b) 书包里　c) 自行车上(√)　d) 上衣口袋里

第六讲 听力训练的方法(四)对话和短文练习

(17) 听短文：

什么？您去北大医院？我知道。这儿的大街小巷我熟着呢。我得先问一下，您去北大医院是看病人呢还是去看病？要是看病人得去住院部，要是看病得去门诊部。什么？院长是您的老乡，您去给院长送一封信？那您先去住院部打听一下院长办公室在哪儿。您一直往南走，不到100米往东一拐，路北的那座灰楼就是。听口音您是湖北、湖南来的，是不是？不是？是四川人。唉，反正不是本地人。

问：说话的人是哪儿的人？
答：a) 湖北人 b) 湖南人 c) 四川人 d) 本地人(√)

问：问路的人是哪儿的人？
答：a) 湖北人 b) 湖南人 c) 四川人(√) d) 本地人

问：北大医院住院部在路哪边？
答：a) 路北(√) b) 路南 c) 路东 d) 路西

问：问路的人去北大医院做什么？
答：a) 看病 b) 看病人 c) 问路 d) 送一封信(√)

(18) 听短文：

每个人都应该参加体育锻炼。但是，不同年龄、不同性别、不同体型的人应该选择不同的锻炼方式。打太极拳、散步等动作缓慢的运动方式适合老年人。年轻人则喜欢踢足球、打篮球、打排球等剧烈的运动。妇女应该多做健美操、广播操，或者跑步，可以保持体态丰满匀称。瘦体型的人可以通过举重、举哑铃，练单杠、双杠，使身上的肌肉发达。胖体型的人应该采用骑自行车、游泳、划船等不需要支撑体重的运动。

问：这段话谈论的主要问题是什么？
答：a) 每个人都应该参加体育锻炼
　　b) 不同年龄、性别、体型的人应该选择不同的锻炼方式(√)
　　c) 老年人应该怎么锻炼
　　d) 妇女应该怎么样锻炼

问：下面哪种运动适合老年人？
答：a) 打太极拳(√) b) 踢足球 c) 练单杠 d) 骑自行车

问：下面哪种运动方式适合胖体型的人？
答：a) 跑步 b) 踢足球 c) 练双杠 d) 游泳(√)

问：下面哪种运动方式适合瘦体型的人？

答：a) 打太极拳　b) 散步　c) 举重(√)　d) 游泳

3. 填空

3.1　目的：训练辨别分析能力、记忆储存能力和边听边记能力。

3.2　方法：可以边听边填，也可以听后填。

3.3　练习示例：

吴大叔家有_____口人：吴大叔、吴大婶和两个_____，他们住_____间屋。武大叔家也有_____口人：武大叔、武大婶和两个_____，他们住_____间屋。去年，武大叔的大儿子已经_____岁，对象也找好了，就是没有_____，结不了婚。吴大叔知道这件事后就跟吴大婶商量："咱们的_____也快结婚了。她结婚以后，咱们家还剩_____口人。我想让给武大叔一间_____。你看怎么样？"吴大婶也有这样的想法，吴大叔一说，吴大婶就_____了。(四、女儿、三、四、儿子、两、28、房子、大女儿、三、房子、同意)

4. 填表

4.1　目的：训练辨别分析能力、记忆储存能力和边听边记能力。

4.2　方法：老师先讲一下表的项目和填法，然后学生一边听一边填。

4.3　练习示例：

(1)听短文：

今天是星期日。高桥英子进城去买东西。她在邮局买了10个信封、两本信纸、20张邮票和15张明信片。10个信封5块钱，两本信纸6块钱，20张邮票8块，15张明信片30块。高桥英子一共花了多少钱？

学生填表：

品名	数量	价钱
信封	10	5
信纸	2	6
邮票	15	8
明信片	20	30
一共花了49块		

第六讲 听力训练的方法(四)对话和短文练习

(2)听短文：

　　昨天,玛丽、安娜、约翰、秋田四个学生去中国银行换钱。玛丽有美元,安娜有欧元,约翰有英镑,秋田有日元。昨天美元和人民币的比价是100：683.75,欧元和人民币的比价是100：875.6,英镑和人民币的比价是100：1001.53,日元和人民币的比价是100：7.4953。玛丽换了300美元,安娜换了200欧元。约翰换了180英镑,秋田换了50000日元。他们各换了多少人民币？

学生填表：

	比价	外币数	人民币数
玛丽	美元和人民币 100：683.75	300	2051.25
安娜	欧元和人民币 100：875.6	200	1751.2
约翰	英镑和人民币 100：1001.53	180	1802.75
秋田	日元和人民币 100：7.4953	50000	3747.65

5. 画图
5.1 目的：训练辨别分析能力、记忆储存能力和联想猜测能力。
5.2 方法：老师先讲一下跟图有关的问题和画法,然后听课文,学生一边听一边画或听后画。
5.3 练习示例：

(1)听对话：

　　A：交警同志,请问到英国大使馆怎么走？

　　B：你顺着113路无轨电车的方向往南走,到第四个站牌向右拐,走不远见了十字路口向左拐就到了。

　　A：在马路哪边？

　　B：在马路西边。

　　A：骑车用得了10分钟吗？

　　B：差不多。

　　A：谢谢。

　　B：不客气。

学生画图：a)交警说的路线。b)英国大使馆的位置(见下图Y处)。

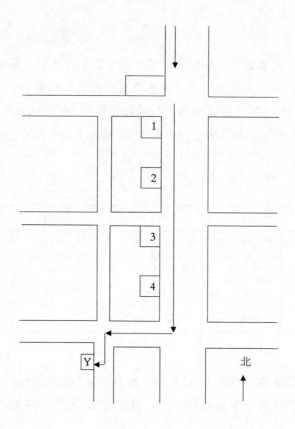

(2) 听短文：

　　某工厂今年一月生产机器 200 台，二月生产 150 台，三月生 150 台。四月份工厂进行了改革，调动了工人的生产积极性，这月生产了 250 台，五月生产了 400 台，六月生产了 500 台。用曲线画出上半年每月产量示意图。

　　学生画图：（见下图）

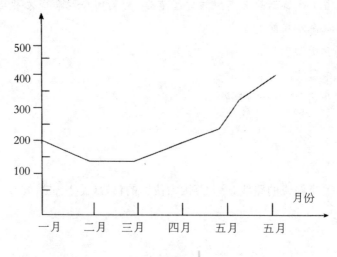

第六讲 听力训练的方法(四)对话和短文练习

6. 听后写出主要内容

6.1 目的:训练概括总结能力和边听边记能力。

6.2 方法:要求学生在听完对话或短文后,用简练的语言写出其主要的内容,教师可限定字数。这个练习方法与"简述主要内容"稍有区别。"简述"要求不太高,说得可多点儿,可少点儿,其繁简的标准也不太严格,是初级阶段的练习方法。"写出主要内容"要在做大量简述练习的基础上去做。要求相对高一些,落实在文字应该有所推敲。

7. 写出中心意思

7.1 目的:训练概括总结能力和边听边记能力。

7.2 方法:基本方法同上。这个练习要在做大量的听短文后概括中心意思的练习的基础上来完成。

7.3 练习示例:

(1) 听短文:

根据最新统计,我国的空巢家庭以每年百分之三的速度增加。实行计划生育以来,城市里大多是独生子女。这些独生子女长大以后有的结了婚组织了新的家庭,有的到外地或国外求学、工作,离开了父母。空巢家庭从老年向中年发展。中年空巢家庭也越来越多。

空巢家庭指的是没有子女或子女不在身边的只有父母的家庭。有的空巢家庭由于老伴去世只剩下一位老人。他们过着孤独的生活。我们应该关心这些空巢家庭的老人。

我的邻居张先生今年70岁了。他的女儿去美国留学,在那里结了婚,老伴前年去世了。现在他每天自己买菜、做饭、洗衣服。白天还可以找朋友聊天儿、去公园散步,到了晚上身边没有一个亲人,连个说话的人也没有。实在太寂寞了,他就给远在大洋彼岸的女儿打电话。

中心意思:我国的空巢家庭越来越多,我们应该关心这些空巢家庭的老人。

(2) 听短文:

笑是精神愉快的一种表现。一般说来,它对身体是有益的。笑能使肌肉放松、头脑清醒、消除疲劳,笑还可以增进食欲。中国有句俗话:"笑一笑,十年少。"意思是笑可以使人永葆青春,健康长寿。

中心意思:这段话说明了笑对人的健康很有好处。

(3) 听短文:

大家都知道洗澡对身体有好处,常常洗澡不容易得病。是不是洗澡越多越好呢？也不是。比如在气候干燥的地方，洗澡太多你会觉得不舒服。另外，有些人刚吃过饭马上就去洗澡，这样也不好，容易得胃病。冬天很多老年人喜欢洗热水澡，但要注意，水的温度不要太高，洗澡时间不要太长。

　　中心意思：这段话说明了常常洗澡对身体有好处，但是应该注意方法。

8. 带着问题听

8.1　目的：训练辨别分析能力、检索监听能力、记忆储存能力、联想猜测能力和概括总结能力。

8.2　方法：学生在听全文或一段课文之前，老师先提出问题，使他们集中注意力听课文中有关的内容。经常使用这种方法就可以使学生掌握抓要点、抓关键的方法，并养成边听边记的习惯。

8.3　练习示例：

(1) 以本书 p.121 7.3 练习示例为例：

听短文(1)前问：

　　1) 根据最新统计，我国的什么越来越多？
　　2) 我们应该做什么？

听短文(2)前问：

　　1) 这段话的中心意思是什么？
　　2) 笑对人的健康有哪些好处？

听短文(3)前问：

　　1) 这段话的中心意思是什么？
　　2) 洗澡要注意哪些事情？

(2) 以本书 p.113 2.3 练习示例为例：

听 p.115 短文(14)前问：

　　1) 弟弟学习怎么样？
　　2) 作文的题目是什么？
　　3) 弟弟的作文为什么跟哥哥的完全一样？

听 p.116 短文(15)前问：

　　1) 茂源老汉家一共几口人？
　　2) 茂源老汉有几个儿子？几个女儿？

第六讲 听力训练的方法(四)对话和短文练习

9. 检索听

9.1 目的:训练辨别分析能力、检索监听能力、记忆储存能力和概括总结能力。

9.2 方法:在听课文之前,老师设计各种不同情况,分别告诉不同学生,使他们集中注意力在诸多信息中各选听跟自己有关的信息并记下来。

9.3 练习示例:

(1) 老师告诉 A 去广州、B 去上海、C 去青岛、D 去沈阳……然后听火车站的广播,让每人记住自己乘坐的车次、发车时间和到站时间。

(2) 老师告诉 A 去广州、B 去上海、C 去青岛、D 去沈阳……然后听中央电视台全国天气形势预报的录音,让每人记住自己所去的城市的天气情况。

(3) 老师假设 A 有美元、B 有英镑、C 有欧元、D 有日元……然后听外汇牌价广播的录音,让每人分别记住美元、英镑、欧元、日元等和人民币的比价。

(4) 老师提示:北京到天津的快车一个小时,慢车两个小时。老师设计 A 上午八点半在天津会见一个朋友;B 十二点十分到北京站;C 想在北京吃完午饭去天津;D 下午五点到北京站,想坐快车;E 要在中途下一次车,必须坐慢车等等。然后听服务员介绍北京到天津的车次和发车时间。让每人听出适合自己的并记住发车时间。

(三) 听和做

1. 在听懂和理解的基础上做事

1.1 目的:训练辨别分析能力、记忆储存能力、联想猜测力和概括总结能力。

1.2 方法:先听一篇短文,然后按照老师要求做事情。

1.3 练习示例:

(1) 听"怎么查汉语词典",在听懂的基础上,让学生分别用音序查字法和部首查字法查一些字和词,开始可以不要求速度,以后可以比赛看谁查得快或在规定的时间里查得多。

(2) 听"怎样布置会场",然后老师给每个人分配任务讲清要求,把教室布置成会场的样子。

(3) 听"标点符号的用法",然后给学生一篇或几篇没有标点的文章,让学生去填。

(4) 听"如何使用录像机",老师可以边讲边做,然后让学生操作,老师进行指导。

(5) 听"如何补车胎",老师边讲边补,然后让学生动手补车胎,老师进行指导。

基础汉语教学高级阶段的听力课,应该开设讲座课、广播新闻课、影视录像课等等,让学生听长篇讲话或文章,还可以采取走出去、请进来的办法使学生广泛接触社会,甚至可以听一些带方言的普通话,为入系听课做准备。

听力课的高级阶段,还应该让学生听一些颠三倒四、杂乱无章的谈话,然后教给学生按照时间先后、地点转移、情节发展等线索加以梳理,弄清事实的经过,概括出主要内容。

总之,高级阶段的听力训练,内容可以复杂一些,但练习方法跟短文阶段基本相同,着重训练边听边记、概括主要内容和中心意思、跳跃障碍等等。

第七讲　听力课教学环节和考试

本讲要点

- 听力课的教学环节设计
  - 备课
    - 备教材、备学生、写教案
  - 设计教学环节
    - 复习
    - 学习新课：听前练习,听时练习和听后练习
    - 总结和布置作业
- 教师的主导作用和学生是活动的主体
- 遇到突发情况怎么办?
  - 大部分学生没听懂,练习做不出来或做错了怎么办?
  - 个别学生没听懂怎么办?
  - 下课时间快到了,准备的内容讲练不完怎么办?
  - 准备的内容顺利完成了,剩下时间怎么办?
  - 学生提的问题难度大,没有思想准备怎么办?
  - 学生逃课怎么办?
- 听力考试
  - 关于课程考试中的听力考试
  - 听力考试设计

一、听力课的教学环节设计

（一）备课

教师在备课、上课之前首先要领会教学大纲的要求，从总体上掌握全局。一般来说，教学大纲规定了教学计划、课程设置、课时、教学法、培养目标、测试等等，这些都是教师必须了解的。

教师备课一是备教材，二是备学生。

1. 备教材

教师对教材要深入钻研，而不是一般性的了解。教师熟悉教材要像工人熟悉机器设备、原料、产品那样。我们主张，教师上课以前要通读一遍教材。

1.1 通读教材

教师，特别是青年教师在上课之前一定要通读教材。通读教材要从整体上把握编者的意图。教师使用某种教材，必须理解、顺应编者的意图，而不能违背编者的意图。通读教材也是为了培养对教材的感情。教师使用某种教材，就要热爱它，像战士热爱自己手中的武器那样，精心维护它，保养它。有的教师使用这本教材，可是不喜欢它，甚至讨厌它。这是不聪明的做法。任何一本教材都是编者心血的结晶、劳动的成果。我们热爱教材就是尊重别人的劳动成果。另一方面，任何一本教材也都各有长处和短处。教师要善于挖掘教材的长处，使之发扬，同时避免它的短处。这就是说，教师要科学地处理教材。教师通读教材首先要读"前言"或"编写说明"。编者的意图一般都在"前言"或"编写说明"中交代得很清楚。读"前言"或"编写说明"时要特别注意以下几点：

（1）编者意图。教材如何体现教学大纲和教学计划的。主张采用哪种教学法，是结构法还是功能法，是结构——功能法还是功能——结构法；是演绎法还是归纳法。

(2)词汇、语法点和功能项目的安排,教材总的词汇量是多少,每课的词汇量是多少;语法点的先后顺序,语法体系是什么;出了多少功能项目,是怎么安排的。

(3)如果是系列教材,主干课教材和分技能课的教材是如何配合的,有什么内在的联系。

在通读教材的时候,要特别注意哪些内容自己不十分清楚,把它们记下来,想办法搞清楚。还要注意每课的体例和生词、语法、课文、练习的安排以及课与课的关系,做到心中有数。

1.2 精读教材

教师备课,必须花大气力钻研教材,对教学内容都有一个由浅入深、由表及里、由此及彼、融会贯通的认识过程。所有优秀的教师每一次备课都会对教材、对教学内容有新的认识,有更深入的理解。

教师备课应该避免教一课备一课。特别是新教师上课或使用新教材,上一课至少要备出三四课,以便照顾前后联系,做到既不"抢戏"也不"丢戏"。很多教师都有这样的体会:教过 A 班、B 班、C 班、D 班后再教 A 班,跟只教过 A 班的绝对不一样。因为教学是有内在规律的,前边的课和后边的课有内在的联系。教过一轮以后,知道哪些是重点、难点,能够从整体的角度处理具体的一课。

精读教材要达到懂、透、化。

所谓"懂"是说,对教材的全部内容,包括从语言要素的讲解到语言技能和语言交际技能的训练,从每个字、每个词、每个句子的发音、写法到意思和用法,从课文的题目到全篇的结构和意思,从注释的语法术语和概念到每一项练习和每一幅插图,都要十分清楚、明白、了如指掌。即使有半点拿不准或犹豫,也要查资料或请教别人,真正弄懂了再去上课。

所谓"透"是说,吃透编者的意图和思路,弄清楚学生学了这一课应该学会什么、掌握什么和提高什么。要思考和挖掘这一课中的知识点和训练点,并确定哪些是重点,哪些是难点。还要理解和体会全课各个项目是如何安排的、内在联系是什么,以及本课跟前后各课有什么联系。

所谓"化"是说,把教材编者的意图变成自己的意图,把教材编者的想法变成自己的想法;对教材的内容不仅能够了然于胸,融会贯通,而且能够举一反三,灵活运用。如果说教师的"懂"和"透"对教材来说是"钻进去",那么,"化"对教材来说就是"跳出来"。

如果使用系列教材,要先看综合课教材,然后研究听力课教材。钻研教材的过程就是初步确定教学目的、教学重点、学生难点、设计教学环节的过程。在看教材的时候要注意以下几点:

（1）从全课各个项目的安排理解编者意图。

（2）本课各个项目之间的内在联系。

（3）本课与前后各课的联系。

（4）本课哪些是新材料、哪些是旧知识。

（5）理解本课所有的字、词、句、课文、练习。要求学生掌握的，教师必须先掌握。尤其是练习，要逐个先做一遍。有拿不准的一定要查辞书，查有关资料，避免出错、闹笑话，误人子弟。

（6）估计学生会对哪些内容会提出问题，考虑如何讲解、如何回答得准确通俗。

（7）考虑怎么讲、怎么练，掌握讲解的时机和深浅。讲解、练习，哪个在前，哪个在后。先讲解为了扫除障碍，后讲解是进行总结、归纳、强调。

（8）哪些练习让水平高的学生做，哪些练习让水平低的学生做。

为了贯彻可懂输入的原则，教师要根据学生的水平对教学内容的难易多寡做出判断。内容太难，要化难为易；内容太易，要增加练习的难度；内容太多，要突出重点，甩掉非重点；内容太少，则要补充增加新的内容。处理教材还包括：

（1）调整各个项目的顺序。

（2）哪些练习课上做，哪些练习让学生课下做。

（3）在课上做的练习哪些先做、哪些后做。

（4）改正教材的错误。

2. 备学生

学生是教学对象，教师对教学对象的情况要了若指掌，心里时刻装着学生。为了贯彻因材施教的原则，使教学更具针对性，教师对学生的情况了解得越多、越详细越好。需要了解的一般情况有：学生的姓名、国别、年龄、生日、家庭情况；性格爱好；学过多长时间汉语及现有的语言水平；母语、媒介语；原有文化程度、专业；学习方法、习惯、学习目的；是初次来华还是多次来华，对中国的了解程度，包括文化、历史、地理等等。

在个别了解的基础上，教师要总括全班学生的情况：哪些学生水平高、智商高、反应快；哪些学生水平低、智商低、反应慢；哪些学生水平高、智商低；哪些学生水平低、智商高；哪些学生一般。哪个学生发音好；哪个学生听力好；哪个学生汉字写得好；哪个学生模仿能力强；哪个学生理解能力强等等。

教师了解学生可通过自然途径，用随便聊天的方法。千万不要用"查户口"式的方法，以免引起学生反感，产生戒心。教师把了解到的学生情况分门别类进行整理，以便随时查阅。

3. 写教案

在吃透教材、熟悉学生情况的基础上，教师就可以动手写教案了。教案应该包括以下一些项目：

3.1 教学目的。确定教学目的可以从三个方面考虑：

(1) 技能训练：通过本课的学习，着重训练和提高学生的哪些听力微技能。

(2) 语言知识：通过本课的学习，要求学生掌握哪些语音、语法、词汇和社会文化背景知识。

(3) 信息：通过本课的学习给学生提供和传达哪些信息。

3.2 教学重点。确定教学重点主要考虑两点：

(1) 教学内容：重要的音调、词语、句型、会话和课文中提供重要信息的部分应该确定为本课练习的重点。

(2) 听力微技能：一个练习不可能把听力的八个微技能同时作为重点。先确定本练习的技能训练重点，再确定本节课的技能训练重点。

3.3 教学难点。确定教学难点要从学生理解课文和做练习的角度去考虑。在备课的时候，教师要预见学生对哪些内容理解不了或可能理解失误，对哪些练习不会做或可能出现错误。这些就是教学的难点。一般说来，预见的目的是为了引导学生正确理解课文和降低练习的错误率，保护学生的积极性和注意力。但是有的时候恰恰相反，有意让学生犯错误，教师可以引导学生从反面理解，加深印象。

3.4 教学环节(下面专门讨论)。

3.5 板书设计：板书设计要做到醒目、直观、条理清楚、突出重点。

3.6 教具准备。

3.7 时间分配。

3.8 教学后记。

前七项在上课之前写好，最后一项在上课以后总结经验教训、心得体会。比如课上出现哪些突发情况，自己是如何应付的；学生的典型错误及自己是如何处理的；本课教学效果怎么样等等。

写教案重在实用，不是为了给别人看或应付领导检查。要从实际出发，该详则详、该略则略，忌形式主义。一般来说，新教师经验少，以详为好。教案写好以后还要仔细检查、反复推敲。看看有没有不切合实际的地方，发现问题及时修改。重要的地方要使用彩笔或其他符号。

(二) 教学环节设计

课堂教学一般分为复习、学习新课和总结布置作业三大环节。

1. 复习环节

这个环节有两个目的：一是复习巩固前一课或前几课学过的内容，二是检查学生的家庭作业。复习环节不必占太多时间,但是这一环节很重要。教师根据教学的实际情况,抓住大部分学生练习中的问题有计划有针对性地复习巩固前一课或前几课学过的内容,通过重点讲解、总结规律、编写补充练习等方法进行再练习,往往收到事半功倍的效果。

复习环节也是督促学生课后复习、检查家庭作业的手段。如果没有这个环节,学生课后可能就不复习了,也不做家庭作业了。通过检查家庭作业还可以发现学生的问题,加强教学的针对性。

2. 学习新课环节

这是本课最重要的环节,应该包括听前练习、听时练习和听后练习。听力练习的方法总的要多,要灵活多样,但具体到一课,练习方法不宜像变戏法那样变化太多。

2.1 听前练习包括语音、词语和句子三个方面。通过辨析难音难调、听辨词语、听辨句子和解题、简介内容等方法,降低学生理解课文和做练习的难度,排除学生的畏难情绪和激发他们听的愿望。

2.2 在听课文之前,教师绝不能只简单地说一句:"现在听课文。"然后开始播放录音让学生去听。正确的做法是教师要对学生有所交代,提出一些有启发性的问题,告诉他们听时注意什么,带着什么问题去听,边听边记哪些内容等。试想,如果不做任何交代,不做任何提示,就播放录音,让学生听从未接触过的内容,学生很难一下子听懂。因为这违反了可懂输入的原则。教学的过程是教师引导学生用已知去探索未知,变未知为已知,变不理解为理解,变不会应用为会应用,变不熟练为熟练,变低能为高能的过程。教师的作用就是为学生铺路架桥,充当引路人。

听时练习是一边听课文一边做练习。这个环节主要是引导学生有目的地听,教学生听什么和怎么听。持续不断地进行这样的训练,就可以使学生自然而然地学会听的方法,大大提高听的能力。

在听成段话语的时候,不要让学生一句一句地反复听,直到听懂句子的每一个词。这样做会使学生的注意力集中在一个一个发音上,对提高听力微技能没有好处。正确的做法是从头到尾一段一段地听,在语流中让学生理解主要意思,教会学生在语流中抓重点句、重点词语,抓重音、停顿、语气语调等等。告诉学生注意中国人在什么情况下说什么和怎么说,引导学生理解和输入言语信息并作为经验成分储存在大脑记忆库中。

听时练习的着眼点,要放在提高学生对所听内容接收解码的能力上,训练学生加快接收解码的速度,帮助学生养成良好的听话习惯,把听和理解、记忆结合起来。

2.3 听后练习。听后练习是聆听理解的深化阶段。教师通过快速问答、讨论、小结等方式,使学生对听过的内容形成更系统、更完整的概念,在听的基础上把听和说、听和写、听和做结合起来。这种练习既是巩固深化理解,又是检查听的情况。比如听的内容是如何查字典、怎样写信封、标点符号的用法。在听后练习中就应该让学生动手查几个字、写几个横信封和竖信封、给一段文字填上标点符号。以此检查学生是否真的听懂了,是否真理解了。

2.4 从听前练习到听时练习再到听后练习,过渡应该自然,水到渠成,前后照应。前边的练习为后边做准备,扫平道路,除去障碍;后边的练习要巩固前边练习的成果,深化理解,更上一层楼。每课都进行听前练习、听时练习、听后练习三个回合的循环,学生对听过的内容会掌握得比较扎实,教学效果也比较理想。

3. 总结和布置作业环节

这个环节不用太多时间,但是非常重要。教师通过总结一是让学生知道本课学习了哪些知识和技能,贯彻让学生体会到成就感的原则,从而提升他们训练听力的信心和兴趣;二是帮助学生了解本课的重点和难点,指导课后的复习和练习,使学生的课后练习成为课堂教学的延伸。

听力课的家庭作业一般是预习生词或课后泛听练习。这个环节不可忽视。如果忘了告诉学生预习哪些生词,学生没做好准备,会直接影响下一课的教学。如何做课后泛听的练习,教师必须指导并提出要求。指导具体、要求明确,才能达到练习的目的。

在布置作业这个环节中,还要对下一课的内容做个简单提示,造成悬念,引起学生的兴趣,吸引他们来上课。

在设计教学环节时,教师要把课堂时间合理分配。以 100 分钟教学时间为例,复习一般不超过 10 分钟。学习新课是重点,应该用绝大部分时间。其中听前、听时、听后三种练习的时间也要合理分配。这要根据教学内容的难易和学生的情况灵活掌握。如果课文的内容太难,要加强听前练习;如果课文内容太易,则加强听后练习。布置作业一般用三五分钟即可。每一课教学环节的时间比例大概是 10∶85∶5。其中听前、听时、听后的比例大概是 25∶45∶15。应该注意的是,每个环节都要留点机动时间和机动练习,以便把时间掌握好,到点下课,避免拖堂。

(三) 教师的主导作用和学生是活动的主体

在课堂上教师发挥主导作用和学生是活动的主体并不矛盾。教师的主导作用可以体现在以下几个方面:

掌握和控制教学内容量的多少和质的难易。给学生听的言语材料要适合学生的语言水平,贯彻可懂输入的原则。

估计学生会对哪些内容提出问题或哪些练习可能出错,采取防范措施。

指导学生做练习,提出明确要求,贯彻精讲多练的原则,掌握好启发讲解的时机和深浅。

安排哪些练习让水平高的学生做,哪些练习让水平低的学生做,调动所有学生的积极性,使他们各有所得。

学生是课堂活动的主体在说话训练中容易体现,比如教师精讲多练,减少教师的活动,把时间让给学生,提高开口率等。那么在听力训练中如何体现学生是课堂活动的主体呢?

听力课上学生活动的主要部位是耳朵和大脑听觉语言中枢。学生练了耳朵就可以提高听觉器官接收言语信号的灵敏度,反复刺激学生大脑的听觉语言中枢可以加快解码、译码、编码的速度。

听力课上学生活动的主要方式是听——理解——反馈。听和理解是无声的活动,反馈可以是有声的(说),也可以是无声的(写和做)。学生听的活动不是听教师的讲解和说明,而是听大量适合学生语言水平的言语材料。听和说、听和写、听和做的练习都靠学生独立完成,教师只起指导作用,不能代替学生做练习。

听力课上学生听的时间要长,听的言语材料数量要多,质量要高。所谓高质量的言语材料是学生可懂的、实用的、有趣的,包容的信息量要大。也就是说,要提高学生在单位时间里接收的信息量。

听力课上学生活动的形式具有集体性和同时性,即全班学生在同一时间里进行同一项活动。举例来说,教师给学生听一篇言语材料(口述或放录音),好像发报机发出电波,与此同时,全班学生每人操作一台无线电接收机,紧张地接收、记录、解码、重新编码等等,进行同样的动作。

听力课学生活动的结果是通过听而输入大量的言语信息,并把输入的言语信息作为经验成分储存在大脑记忆库中。在教师指导下,学生掌握听的方法——听什么和怎样听、怎样理解、怎样反馈,通过练习提高辨别分析能力、记忆储存能力、联想猜测能力和概括总结能力等微技能,进而从总体上提高听的能力。

(四) 遇到突发情况怎么办

课堂如战场,常常出现突发情况或遇到没有想到的问题。这时最需要的是沉着冷静、遇事不慌;要迅速分析问题的症结,采取应付的措施,变"山重水复疑无路"为"柳暗花明又一村"。

1. 大部分学生没听懂,练习做不出来或做错了怎么办?

遇到这样的问题必须高度重视,不可放过。这是教学效果的问题,等于没有完成教学任务。首先要分析原因。要从学生听的角度分析,是音调的问题还是生词的问题;是句子的问题还是语速的问题。然后分别情况,采取相应的措施,做化难为易的工作,并且注意吸取教训,总结经验。以后遇到类似情况或再教这一课时,应该在听前练习中把难点分散,帮助学生顺利听懂课文。

2. 个别学生没听懂怎么办?

要分析性质,区别对待。要明了个别学生听不懂的困难之所在是不是具有代表性。如果没有代表性,可以用课外辅导个别解决。如果有代表性,个别学生的问题,正是课文难点的体现,则务必重视,在课上解决。对个别听力差的学生要热情鼓励、耐心帮助。做到既一视同仁又减轻练习难度,使他们在自己水平的基础上有所提高。

3. 下课时间快到了,准备的内容讲练不完怎么办?

这里我们要特别强调,教师一定要按时上课、按时下课。一个教学技艺高超的教师能够做到:说完最后一句话打下课铃。如果下课时间快到了,准备的内容讲练不完怎么办呢?

第一,写教案包括每个环节的时间分配,教师要根据课堂实际随调整。发现时间不够,要突出重点,忍痛割爱,到点下课,避免拖堂。第二,造成悬念,且听下回分解。留待下一节课复习环节处理。

4. 准备的内容顺利完成了,剩下时间怎么办?

教学时间非常宝贵。我们反对教师提前下课。那么,准备的内容顺利完成了,剩下时间怎么办呢?

(1) 分析原因,该让学生理解的,学生是否真正理解了,有没有潜伏的问题。

(2) 总结本课重点,多板书。利用板书是一种消极办法,时间不够少板书,时间富裕多板书。

(3) 预习下一课生词。

(4) 多准备几手,平时多搜集小故事、小笑话作为临时补充。

5. 学生提的问题难度大,没有思想准备怎么办?

可使用"转移法"和"余留法"。

转移法:"某某提出的问题很有意思,你们有什么想法?"让大家讨论。这样可以给自己提供思考的时间,有时可以在学生的讨论中选出理想的答案。

余留法:把话说"活",不要说"死"。例如:

(1) 这个问题我还没想好,我的初步看法是……

(2) 关于这个问题有人这样看……,也有人那样看……

(3) ……,以上是我个人的看法,也许不对,我们以后再讨论。

有的问题要给学生信服的回答,教师经过思考如果仍拿不准,也可以如实告诉学生,下次再回答。人们常常把教学比作给学生倒水,要给学生一杯水,自己得准备一桶水或一缸水。庄子说:"且夫水之积也不厚,则其负大舟也无力;风之积也不厚,则其负大翼也无力。"教学是无止境的。作为一个教师,基本功要扎实、知识要渊博,思维应该敏捷,表达必须清晰;同时要不断丰富自己的教学经验,具有善于应变的能力。

6. 学生逃课怎么办?

要分析原因,区别对待。有的学生来华时间短,社交活动多,有很多应酬,不来上课应当理解,不要强迫。有的学生不是来学习,而是来玩儿,来华旅游。这要通过领导来解决,招生时严格把关。有的学生对听力课不重视,要通过实例讲清提高听力的重要性,增强学习的自觉性。属于教学问题,比如有的学生觉得太容易,没有意思;有的学生觉得太难,上课没有收获。这就需要教师改进教学,使每个学生都有进步,各有所得。

教师要把多数学生拢住。最主要的是提高教学水平,树立自己的威信,使学生觉得上听力课有意识,有收获。这就要求教师认真备课,认真上课,上好每一节课。同时还要关心学生,多做联络感情的工作,跟学生的关系融洽,学生自然愿意来上课。

二、听力考试

(一)关于课程考试中的听力考试

1. 语言考试是语言教学的重要组成部分

其主要作用是检查教学的情况、测量学习成绩,为量化教的质量和学的质量提供依据。以便教师总结经验,发现问题,改进教学方法,进一步提高教学质量。同时,考试可以督促学生努力学习,为学习增添外部动力,并且发现问题,改进学习方法,进而提高学习质量。

2. 语言考试有四种类型

课程考试(成绩考试)、水平考试、诊断考试和禀赋考试(潜能考试)。这四种类型的考试都有各自的目的和作用,不能相互代替。

(1)课程考试是一门课程在某个教学阶段的考试。期中考试、期末考试、毕业考试、结业考试等等都是课程考试。课程考试的内容和方法受教学大纲、教材和课堂教学的控制。同时,对教学大纲的落实情况、教材的科学性和实用性以及课堂教学效果具有重要的反馈作用。课程考试的局限在于难以反映学生的实际语言水平。因为不同教学单位的教学要求、教学内容和教学方法差别很大,试题的难易和评分标准也不统一,所以同样的分数不一定能反映同样的语言水平。

第七讲 听力课教学环节和考试

（2）水平考试有专门的考试大纲、统一的试题和评分标准，不以一个教学单位的教学大纲或教材为依据，能够比较客观地测量学生的语言水平。但水平考试也有局限性，往往难以有效测量学生口语表达或书面表达的情况。

（3）诊断考试的目的既不是全面测量学生的学习成绩，也不是全面测量学生的语言水平，而是检查学生对某个具体教学内容掌握的情况，及时发现问题，以便采取改进措施。

（4）禀赋考试的目的在于测试学生学习语言的天赋或潜能，从而推断语言学习的成功与否，以便分班或者因材施教。

3. 我们现在讨论的听力考试属于课程考试，课程考试有哪些特点呢？

（1）课程考试是指挥棒。考试项目的确立、考试内容和题型的选择对课堂教学有巨大的指导作用，强烈地吸引教师和学生的注意力。为了正确发挥考试的导向作用，课程考试应当把听、说、读、写作为基本的考试项目。这是因为，第二语言教学的目的是培养学生的语言能力和语言交际能力。语言能力和语言交际能力包括理解能力和表达能力，也就是听、说、读、写的能力。一个人语言水平的高低也取决于听、说、读、写四项基本能力。而听、说、读、写又都离不开语音、语法、词汇、文字等具体的语言要素，也离不开文化因素和语用规则。这些是全部的教学内容。所以考查学生听、说、读、写的能力，同时也考查了学生对教学内容掌握的情况。

（2）课程考试要按照教学大纲的要求进行。比如，北京语言大学汉语速成学院的教学大纲规定："听：掌握细听和粗听的技能。课堂上能听懂老师用普通话所作的讲授，能基本听懂无关键性新语法点、生词不超过2％、话题熟悉的材料，篇幅为600字左右，语速160—180字/分钟"。

那么，听力考试既要有考查细听的题型，也要有考查粗听的题型。考试的语料不能有关键性的新语法点，生词不能超过2％，录音的语速要控制在每分钟160至180个字，同时，还要选择学生熟悉的话题。

（3）课程考试对教材和课堂教学有很大的依赖性。首先，教材要相对固定和稳定，平行班要使用相同的教材。不能今年用这本教材，明年用那本教材；也不能这个班用这本教材，那个班用那本教材。其次，教学进度应该大体一致。教学进度从纵的方面说，相同的教学阶段应该同时学完规定的课程，不能有多有少；从横的方面说，平行班应该同时学完规定的课程，不能有快有慢。

（4）课程考试的内容要跟这门课程教学阶段的教学内容相一致。也就是说，学生学到哪儿考到哪儿，学生学过什么考什么。

举例来说，一年级的学生要考一年级学过的内容；二年级的学生要考二年级学过的内容,还要考一年级的相关内容;三年级的学生要考三年级学过的内容,也要考一、二年级相关的内容。不能一年级的学生考三年级的内容,也不能三年级的学生考一年级内容或三年级的学生只考三年级的内容。从一年级到三年级,甚至到四、五年级,教学内容上存在着延续性。后一个教学阶段的内容包含着前一个教学阶段的内容。所以,凡是学生学过的内容都在考试之列。

(5) 课程考试的方法跟课堂教学的练习方法相一致。凡是课堂教学中使用过的练习方法,都可以作为课程考试的题型。

(二) 听力考试设计

1. 听力考试的目的

听力考试是单项技能考试,不是全面考查学生的语言能力和语言水平。

听力考试是全面考查学生聆听理解的能力,主要是辨别分析能力、记忆储存能力、听后模仿能力、联想猜测能力、快速反应能力、边听边记能力、检索监听能力和概括总结能力等听力微技能。

2. 听力考试的题类

题类是试题总体性质的类别。

(1) 听力考试宜采用笔试。

(2) 听力考试宜采用标准化试题。期中考试、期末考试、毕业考试、结业考试等重要的考试均应采用标准化试题,进行全年级、全系、全校统考。标准化是经过反复试测和筛选确定下来的试题,具有较高的可靠性、稳定性和统一性。非标准化是任课老师自己准备的试题,没有经过反复试测和筛选,适用于各班阶段性测验。

(3) 听力考试宜采用客观性试题。客观性试题有固定的、统一的客观的评分标准,不需要阅卷人做出主观判断。

3. 听力考试的题型

题型是具体题目的类型。凡是听力课课堂教学中使用过的练习方法,都可以作为考试的题型。课堂教学中没有使用过的或学生不熟悉的练习方法,不要作为考试的题型。

常用的题型有:

边听边填空;边听边填表;边听边记要点;听后判断正误;听后选择正确答案;听后连线(把相关的内容用线连接起来);听后画线(在相关的内容下面画横线);听后画图;听后填图;听后写序号;听后简答。

4. 听力考试的试题设计

听力考试设计包括试题设计和卷面设计。试题是听力考试的录音文本,也就是考试的内容和录音要求。试题最终以录音形式呈现给学生。

设计试题要充分考虑以下六个方面的因素。

4.1 可靠性(信度)

可靠性也叫信度,要求试题能够检查出学生真实的学习成绩和语言水平。可靠性由多方面的因素决定。

(1)试题的内容要有较大的覆盖面和代表性,尽量体现教学的重点,避免偏题、怪题。

(2)试题的难易程度和数量安排合理。试题的排列要从易到难,题数要跟考试时间相适合。

(3)学生接受考试的机会应该平等。每类试题的做法要有具体说明,使学生知道应该怎样做。

(4)评分标准要明确、具体,便于阅卷人理解和掌握,要有标准答案。

为了保证试题的可靠性,正式考试以前要反复试测,对试题进行筛选。前文提到的听力考试采用笔试、标准化试题、客观性试题,也是为了保证考试的可靠性。

4.2 有效性(效度)

有效性也叫效度,要求试题能够体现考试的目的,该考的一定要考到,不该考的不要涉及。听力考试的目的是全面测量学生的听力微技能,必须设计测量辨别分析能力、记忆储存能力、联想猜测能力、快速反应能力、概括总结能力等方面的试题。听力考试不应当设计检查成段口头表达或书面表达的试题,也不应当设计检查阅读理解的试题,更不应当设计检查语言知识的试题。虽然笔试跟写有关,但是写的内容要尽可能简单,甚至不会写的汉字可以写汉语拼音以免分不清是听和理解的错误还是表达的错误。

4.3 区别性(区分度)

区别性也叫区分度,要求试题的难易必须有一定跨度,并且呈梯级排列,同时试题的数量还要合适。试题有一定的跨度,是说试题应该有偏易的、中等的和偏难的,以便客观地反映学生的水平差异,把成绩拉开。试题呈梯级排列是说,题目要从易到难逐渐过渡,以便水平低的学生正常发挥。试题的数量合适,指的是题目的数量跟考试的时间相适合。题目太少剩余很多时间和题目太多时间不够,都不利于水平高的学生正常发挥。

试题的难易程度一般分为五级,大致比例如下:

(1)最易的题目占10%;

(2)容易的题目占15%;

(3)中等的题目占45%;

(4)偏难的题目占20%;

(5)最难的题目占10%。

4.4 保密性

保密性对于各种考试都非常重要。如果有的学生考前知道了考题,那就失去了考试的意义,而且对其他大多数学生也不公平。要解决保密性,关键是编写大量试题,然后进行筛选,按难易程度分类,建立题库;在考前临时组合,拼成难易程度相当的几种平行试卷。当然这样做难度很大,有印刷的问题等,有录音的问题等等,不容易实施。但是至少应该配备几套固定的平行试卷,供教师有计划地选用。不能只有一种试卷,去年用它,今年用它,明年还用它。

4.5 可行性

可行性是考试进行起来容易方便,没有困难。比如,考试时间不超过两个小时;试题容易录音;录音清楚悦耳;录音机容易操作,不需来回反复等等。

4.6 反馈作用

任何考试对教学都具有反馈作用,听力考试的反馈作用在于:(1)引导课堂教学注重语言能力和语言交际能力的训练,而不是重在传授语言知识。具体地说就是努力提高学生的听力微能。(2)了解教学的变化情况:如果这一班学生的成绩比上届普遍提高了或者比同届其他班高,就应该好好地总结成功的经验,以便指导今后的教学。如果这一班学生的成绩比上一届普通降低了或者比同届其他班低,就应该认真总结教训,找出问题的根源,以便采取措施,从根本上改进教学。

5. 听力考试试卷设计

听力考试的试卷跟试题是分开的,这一点有别于其他考试。设计试卷要注意以下问题:

(1)试卷上的项目必须跟试题相对应。

(2)试卷上尽量减少文字,多用符号、数字、图表,避免学生因看不懂汉字或不会写汉字而做错。

(3)卷面要清楚醒目,需要写的地方留足空隙。

(4)卷面上每个题目占多少分要一目了然。

附录(一)

汉语速成学院 C 班结业考试听力考试试卷

听力考试试卷

班级_____国别_____姓名_____成绩_____

一、判别正误：(10 分，每题 1 分)

1. jīnyú   2. zīyuán   3. xīnxīng   4. huānyín
5. qīngxìn   6. jìnqíng   7. mùchuán   8. cízhí
9. běifāng   10. xīwàng

二、选择音节：(10 分，每题 1 分，选错不另扣分)

1. jīnxīng   2. xīnqíng   3. zòngzi   4. dānxīn
   jīngxīn   xīnqín   zhōngzhǐ   dāngxīn
5. chénnián   6. chéngnián   7. jīnjiāng   8. yàofāng
   chéngnián   chángnián   jīngjiǎng   yàofáng
9. qìchē   10. chūnjié
   qìchē   chúnjié

三、听解释选择词语：(10 分，每题 1 分)

  住址   初次
  性别   前天
  半天   后天
  翻译   男篮
  语速   邻居

四、填空：(10 分，每个空 0.5 分)

1. _____奶奶今年_____岁，_____奶奶今年_____岁。
2. 吴大叔有一个_____两个_____，武大叔有一个_____两个_____。
3. _____请_____告诉_____，明天晚上七点半到_____家里去吃饭。
4. 这是丸药，每天_____次，每次_____丸；这是药水，每天_____次，每次_____格。大药片每天_____次，每次_____片；小药片每天_____次，每次_____片。

五、听后连线:(10 分,每题 2 分)
    小张   17 号

    小马   11 号

    小李   6 号

    小王   10 号

    小白   4 号

六、边听边填表:(10 分,每一项 1 分)

品　名	数　量	价钱(元)
洗衣机		
电冰箱		
电视机		
照相机		
自行车		

七、听课文,判断正误:(20 分,每题 2 分)
    1   2   3   4   5

    6   7   8   9   10

八、听课文,回答问题(简单回答):(20 分,每题 2 分)
    1   2

    3   4

    5   6

    7   8

    9   10

第七讲 听力课教学环节和考试

附录（二）

汉语速成学院 C 班结业考试听力考试试题文本

一、判别正误（正常语速一遍）

1. jīngyú　　2. zhīyuán　　3. xīnxīng　　4. huānyíng　　5. qīnxīn
6. jìnxíng　　7. mùchuán　　8. cízhí　　9. běifāng　　10. shīwàng

二、选择音节（正常语速一遍）

1. jīngxīn　　2. xīnqíng　　3. zòngzi　　4. dāngxīn　　5. chénnián
6. chéngnián　　7. jīnjiǎng　　8. yàofáng　　9. qìchē　　10. chúnjié

三、听解释选择词语（一遍）

1. 男女的分别　　2. 住的地方　　3. 说话的速度
4. 很长时间　　5. 第一次　　6. 明天的明天
7. 昨天的昨天　　8. 做翻译工作的人　　9. 住在旁边的人
10. 男子篮球队

四、填空（两遍）

1. 王奶奶今年71岁，汪奶奶今年77岁。
2. 吴大叔有一个儿子两个女儿，武大叔有一个女儿两个儿子。
3. 小杨请小王告诉小黄，明天晚上七点半到小梁家里去吃饭。
4. 这是丸药，每天两次，每次一丸。这是药水儿，每天三次，每次一格。大药片每天四次，每次两片；小药片每天三次，每次一片。

五、听后连线（两遍）

　　昨天下午，小张、小马、小李、小王和小白都去参加足球比赛，因为时间紧张，他们把上衣拿错了。小张拿了17号上衣，小马拿了11号上衣，小李拿了6号上衣，小王拿了10号上衣，小白拿了4号上衣。小张拿的上衣是小白的，小马拿的上衣是小王的，小李拿的上衣是小马的，小王拿的上衣是小李的，小白拿的上衣是小张的。请你用连线的方法说明每个人的上衣是几号。

六、边听边填表（两遍）

　　今天是星期日，很多人来商店买东西。有的人买电冰箱，有的人买洗衣机，有的人买电视机，还有人买照相机和自行车。今天商店卖了十台洗衣机、五台电冰箱、两台电视机。还卖了四架照相机和两辆自行车。十台洗衣机卖了两千零五十元，五台电冰箱卖了八千元。两台电视机卖了两千九百八十四元。四架照相机卖了三千五百元，两辆自行车卖了三百六十元。

七、听课文，判断正误（两遍）

　　M：哥哥，你来我们学校我真高兴。我陪你去参观一下吧。
　　G：好啊。
　　M：哥哥，你看，这是我们的图书馆楼。

G:真大,书一定很多吧。

M:可不是!我们的图书馆很有名,来这儿参观的人很多。

G:你常来这儿吗?

M:常来,下午我常来这儿看书。

G:这个最高的是什么楼?

M:是教学楼,我每天来这儿上课。

G:你最近学习怎么样?

M:最近学习很忙,我们快要考试了。

G:那得好好准备呀!

M:是啊,我每天复习,可紧张了。

G:妹妹,你这儿条件挺好,妈妈要是知道了一定很高兴。这次,妈妈也想来看你,但是现在天气太冷,她说天气暖和了再来看你。

M:明年春天让妈妈来吧。哥哥,我很想陪你好好玩儿玩儿,可惜你只在这儿待一天。

G:没关系,以后我再来。

判断正误:

1. 妹妹陪哥哥参观学校。
2. 学校的教学楼很有名,来教学楼参观的人很多。
3. 上午妹妹常来图书馆看书。
4. 学校的图书馆书很多。
5. 教学楼没有图书馆楼高。
6. 妹妹快要考试了,她很忙。
7. 妈妈也来看妹妹了。
8. 妈妈看见妹妹这儿条件挺好,她很高兴。
9. 现在是春天。
10. 哥哥只在这儿待一天。

八、听课文,回答问题(两遍)

M:阿里,你下来吧!

A:玛丽,你上楼来吧!

M:好吧,你等一下。……阿里,昨天你去哪儿了?

A:我陪约翰去友谊商店了。

M:怪不得我来找你,你不在。

A:什么时候?

M:晚饭以前。

A:真对不起.我们是晚饭以后回来的。

M:这个星期我也想去一次友谊商店。你能陪我去吗?

A:你想买什么?

M:我朋友的姐姐要结婚了,我想给她买一件礼物。

A:好吧,明天吃完午饭我陪你去。我们骑自行车去,好吗?

M:友谊商店离我们学校太远了。我们坐车去吧。

A:骑车方便。昨天我和约翰也是骑车去的。

M:你们骑车骑了多长时间?

A:我们骑了一个多小时。

M:时间太长了。我们坐车去吧。

A:那好吧,明天我们坐车去。

M:阿里,这些鲜花儿也是昨天在友谊商店买的吗?

A:是啊,昨天买花儿的人很多。

M:真不错,明天我也买一些。

A:可以。明天我们吃完午饭走吧。

M:好,我来找你。

回答问题:

1. 阿里在哪儿跟玛丽谈话?
2. 昨天谁去友谊商店了?
3. 昨天玛丽去友谊商店了吗?
4. 阿里和约翰昨天是什么时候回来的?
5. 他们骑车骑了多长时间?
6. 谁要结婚了?
7. 明天阿里和玛丽怎么去友谊商店?
8. 他们为什么不骑自行车去?
9. 昨天买什么的人很多?
10. 明天他们什么时候去友谊商店?

第八讲　说话训练的理论依据

本讲要点

- 说话活动的本质
  - 思维和语声表达
- 说话教学的目的
  - 帮助学生输入尽可能多的目的语的语言要素
  - 训练口头表达微技能，提高编码的熟练程度，激活运动性语言中枢
  - 训练发音器官准确地向外界传播语言信号
  - 使学生说出的话主题明确、内容集中、条理清楚、层次分明、用词准确、语句通顺
- 说话训练的原则
  - 从交际目的出发，进行有指导的说话练习，达到提高交际能力的目的
- 说话训练的重点
  - 帮助学生积累知识，吸收和储存经验成分
  - 训练口头表达微技能
    - 高速组织语言内容的能力
    - 正确选词造句、组句成段的能力
    - 恰当选取表达方式的能力
    - 善于运用声音技巧的能力
- 学生说话的难点
  - 音调不准
  - 词汇量不足
  - 句子不规范
  - 语句之间缺少关联
  - 流利程度差
- 说话教材的编写原则
  - 要按照教学大纲的要求编写
  - 要以一定的教学法为指导
  - 教材要为技能训练服务
  - 语言要口语化
  - 说话教材要图文并茂
  - 教材要具有相对的稳定性

一、说话活动的本质

（一）说话活动的本质是思维和语声表达

说话活动的本质是人在受到外界刺激后，通过大脑的思维形成内部言语，再利用发音器官变成有声语言向外界传播，即编码和传递的过程。

一个人遇到外界刺激的时候，例如听到什么、看到什么或者感觉到什么，就产生了说话的欲望和意图。这时，大脑中的运动性语言中枢首先活动，从储存在大脑中的言语信息（经验成分）里找出合适恰当的词语，并按照一定的规律排列组合起来，形成内部言语。这就是所谓的编码，编码是一种创造性的思维活动过程。紧接着言语运动神经向发音器官传递信号，发音器官包括喉头、声带、舌头、嘴唇等等，引起口腔的运动，发出振动气流，把内部言语变成有声语言，向听话人传播。这是内部言语外现的过程，由此可见，说话活动是一个复杂的生理和心理活动的过程，其本质有两点：思维和语声表达。

举例来说，一个人看见外边下雨了，王文的衣服还在院子里晾着，此时他就产生了说话的欲望，要告诉王文把衣服收起来。他大脑的运动性语言中枢首先活动，从记忆库中提取"下雨"、"衣服"、"收"等词语，再根据汉语的语法规则，把词语排列组合成句子："下雨了。""把衣服收起来。"等等。最后根据他和王文的关系，要选择合适的表达方法，造出恰当得体、符合说话人身份的语句。如果王文是一位长者，说话人可能用"提醒"的表达方法，说："王老师，下雨了，外面是您的衣服吗？"如果王文是他的同学、同事或朋友，他可能用"建议"的表达方法，说："老王（小王），下雨了，外边是你的衣服吧，还不快收进来！"如果王文是他的孩子，他就用"命令"的表达方法，说："王文，快把衣服收进来！"以上就是思维过程的大致描述，也就是内部言语形成过程的大致描述。造出的语句由言语运动神经传到发音器官以前是内部言语，经过发音器官变成有声语言，传给王文，就是我们平常听到的话语成品，即内部言语外现的结果。

第八讲 说话训练的理论依据

对外汉语教学属于第二语言教学，教学对象大多是成年人，他们是在建立了一套完整的母语思维系统以后才开始学习汉语的。使用第二语言思维跟使用第一语言思维不完全相同。因此，我们除了要了解说话活动的本质是思维和语声表达以外，还应当了解学习和使用第二语言思维有哪些特点。

（二）学习和使用第二语言思维的特点

1. 学习和使用第二语言思维必然受到母语思维系统的影响

这种影响既有积极的一面，也有消极的一面。从积极的一面来讲，学习者不必像儿童那样语言能力和认知能力同步发展，他们的大脑中已经储存了大量母语的概念。所以第二语言学习者不可避免地要借助母语思维系统，加快学习的速度。任何第二语言跟母语都有共性和差异性。共性使两套语言系统比较容易地起联系，产生积极影响。而差异性使相互之间发生矛盾和冲突，产生消极影响。从消极的一面来讲，学习者使用第二语言思维从一开始就处在与母语思维系统的矛盾冲突之中。两种语言的差异性必然大于共性。我们考查一下学习者在理解和表达中的失误，往往跟母语思维系统的干扰分不开。因此，我们在帮助学习者使用第二语言思维的时候，既要借助其母语的思维系统，又要有意识地逐步摆脱这种借助，克服其母语思维系统的干扰。

2. 学习者大脑中储存的第二语言经验成分的数量有限

经验成分指的是词语、语法规则、文化因素等言语信息。在使用母语思维时，由于大脑中储存有足够的言语信息可供提取和使用，所以思维过程快得多，理解和表达也准确得多。学习者使用第二语言思维，大脑中储存的言语信息数量不足，在提取和使用时可供选择的言语信息少得多，思维过程就慢得多，理解和表达的准确性也差得多。

3. 学习者大脑中储存的第二语言经验成分可提取性和可使用性差

人们大脑中储存的言语信息的可提取性和可使用性，跟提取使用的机会成正比。提取使用的机会多，提取和使用的熟练自然大得多。学习者大脑中储存的第二语言的言语信息不但数量少，而且提取使用的机会少，当然可提取性和可使用性不如母语，思维速度和理解、表达的准确性也差得多。

了解了说话活动的本质和使用第二语言思维的特点，在进行说话训练的时候我们就可以减少盲目性，增强自觉性。在对外汉语教学中，提高学生的听说能力，说到底就是帮助学生建立第二语言思维系统，即用汉语解码、用汉语编码的思维系统。加强思维能力的锻炼和培养，强调对学生语言智能的开发和自我开发，是提高听说能力的根本。抓住了关键、抓住了本质，训练才能收到事半功倍的效果。

（三）如何加强思维能力的锻炼和培养

如何加强思维能力的锻炼和培养、如何强调对学生的语言智能的开发和自我开发呢？从前文对思维过程的描述可以看出，在思维过程中有四个重要因素：要有说话的欲望；从大脑记忆库中提取言语信息；把言语信息排列组合成句子；选择合适的表达方法。

思维能力由这四个要素构成，思维能力的训练就必须紧紧抓住这四个要素，把它们作为重点，采取不同方法，分别进行有针对性的、行之有效的实践和练习。

在真实的交际活动中，说话的欲望是自然而然产生的。当人受到外界刺激时，必然会有所反应，最主要的反应就是通过思维产生说话的欲望。但是在说话训练中，学生说话的欲望是靠教师有意识的刺激产生的。教师如何刺激使学生产生说话的欲望呢？最常用的办法是提问和指令。所谓提问就是教师问，学生回答。所谓指令就是教师确定话题、设置情景、制造信息落差、规定词语句式、分配角色等等，要求学生进行真实的交际性练习。

在说话训练中，刺激学生的说话欲望是十分重要的，直接关系着训练的成败和效果的优劣。要使学生有说话的欲望，我们认为最重要的是保护学生的自尊心和积极性，创造一个和谐、平等、自由、宽松的学习环境。我们的教学对象是成年人，成年人学习第二语言的先天的弱点是怕说错、好面子。对此，我们要有醒的认识。学生出现错误，特别是顽固性错误，教师切不可急躁，绝对不能嫌弃或批评。教师的情绪哪怕流露出半点嫌弃或批评的味道，也会极大地伤害学生的自尊心，加剧学生怕说错的心理。

如何对待学生练习中的错误？我们的看法是第一容忍，第二防范，第三改正。在进行说话训练时，不怕学生说错，就怕学生不说。如果对学生的错误不能容忍，学生每说一个句子都必须完全确，那就等于取消了学生说话的资格。这种要求不但对学生来说不公平，不切实际，就是对教师来说也做不到。所以在战略上必须容忍学生的错误，而在战术上要采取防范措施。容忍不等于对学生的错误视而不见，纵容迁就。教师在语音、词语、句型教学中，进行示范，给学生一个正确的模式，通过练习把正确的模式输入到学生大脑的记忆库中作为经验成分储存起来。在进行一项具体的练习之前，教师要估计学生的难点或可能出现的错误，采取一定的方法避免学生出错。这些都是防范措施。即便采取防范施，学生出错也难以避免。对于不影响表达交际的错误，教师可以记下来，待练习完了以后再纠正，或在课下个别纠正。而对那些影响表达交际的错误或普遍的共同性错误，则要当堂在全班予以纠正和说明，最好在愉快的气氛中进行。

有了和谐宽松的学习气氛，对教师的提问和要求，一般来说学生会积极响应，争先恐后地回答或按照要求做练习。但有的时候也得不到响应，出现冷场的情况。根据经验，出现这种情况大多是因为教师提出的问题和要求超出了学生的实际语言水平。教师提问，学生回答。这看似简单，其实大有学问。教师的提问应该从易不从难，避免随意性，具有启发性，让学生有可说之话，为此，教师要精心设计提问和练习，精心组织学生的课堂活动。调动每一个学生的积极性。人人都有说话的欲望，大家竞相发言，课堂气氛才会活跃，这是说话训练的前提条件。

（四）根据说话活动的本质，我们提出说话教学的目的

1. 帮助学生输入尽可能多的目的语的语言要素，并且作为经验成分储存在他们大脑记忆库可供调动和提取。

2. 通过反复输入、反复输出语言信息，训练口头表达微技能，提高编码的熟练程度，激活运动性语言中枢。

3. 训练发音器官准确地向外界传播语言信号。

4. 使学生说出的话主题明确、内容集中、条理清楚、层次分明、用词准确、语句通顺。

二、说话训练的原则

说话训练的原则是从交际目的出发，进行有指导的说话练习，达到提高交际能力的目的。

第二语言总的教学目的是培养学生运用所学语言在一定范围内进行交际的能力，具体到说话训练，更应该以培养口头交际能力作为出发点，并作为落脚点。所谓"从交际目的出发"，就是具体到每一课教学目的的确定、教学内容的选择、教学环节的安排、教学方法的运用等等，都是为了培养学生的交际能力。比如讲练生词、讲练语法点、讲练课文，都是进行输入和输出的练习，都是为了让学生使用这些生词、语法规则、课文内容进行交际。所谓"进行有指导的说话练习"，是指训练要有章法，要遵循说话的规律，要有教师的指导，从易到难，循序渐进，一步一步地提高口头交际能力。演员排练离不开导演，运动员训练离不开教练，学生进行说话训练离不开教师的指导，学生在教师指导下实际演练，师生共同努力，默契配合，才能提高训练质量，产生好的效果。所谓"达到提高交际能力的目的"，是说训练要讲实效，通过训练，学生能够应付日常生活各种不同场合的交际任务。

交际原则是针对传统语言教学提出来的。传统语言教学重视语言知识的讲授和语言结构的分析，忽视语言的交际价值和交际功能，教出的学生往往高分低能，不能应付日常交际。李杨指出："学生能够分析孔乙己为什么是唯一穿长衫站着喝酒的人这样一个

高难度的问题,但对待不友好的提问怎样做出委婉的回答;遇到棘手的问题怎样回闪改变话题;面临盛情款待怎样表达诚挚谢意等,对大部分学生来说是个难题。"我们不是培养语言学家,而是培养运用语言解决实际问题的人。交际原则,正是为此而提出的。交际原则并不排斥语法知识和语言结构,而是强调把语言结构和语言功能结合起来,有效地完成语言知识——语言技能——语言交际能力的转化。

从70年代初到80年代初,不少人学习和借鉴国外语言教学的理论和方法,引进了句型教学。实践证明,在初学阶段通过句型操练掌握语言结构是十分重要的,可以帮助学生把语言知识转化为语言技能,首先完成第一次转化。句型操练的一般模式是:句型引入——替换练习——交际性练习。这第三个步骤是体现教学目的的环节,也是帮助学生把语言技能转化为语言交际能力的环节。这第二次转化最为重要。运用学过的句型进行交际,由模拟交际变为真实交际,是教学中掀起高潮的环节,也是课堂教学的"压轴戏"。有经验的教师非常重视这个环节,把力量下在这儿,想方设法使学生完成第二次转化。

句型引入是第一个重要的环节,教师从交际目的出发,利用课文提供的情景,使用图片、实物或者通过复习旧课引入新句型,实际上是告诉学生这句话是在什么情况下、为什么事、对谁说的,它传达的信息是什么,作用何在,使练习具有明确的交际性。接下来进行句型替换练习,帮助学生熟练地掌握语言结构,包括正确的声韵调、重音、语气等等,达到脱口而出的程度。这是语言技能的练习。第三步是利用学过的语言结构(重点是本课学的)进行交际性练习。这是提高学生真实交际能力的环节,也是检验教师教学水平和教学效果的环节。教师应该精心设计、精心安排,努力做到:(一)设计合理、安排周密;(二)指令明确、语言通俗;(三)启发得当、引导及时;(四)鼓励为主、讲评中肯。

"设计合理、安排周密"是训练成败的关键。设计的情景必须是学生熟悉的,便于理解的,不能离他们的生活太远。练习的功能项目和体现功能项目的词语、结构是实用的,应以常用为原则,还必须是本课的重点。话题要有意义、有趣味,使学生愿意接受,学生为了知道他想了解的内容去问,为了让对方知道自己所想去说。把"要我说"变成"我要说",通过交际传递一定的信息。练习的难度要适合学生的实际语言水平。应对不同的学生提出不同的要求,不能太高,也不可太低,使每个人都得到提高。"指令明确,语言通俗"是说要让学生知道做什么、怎么做、达到什么目的。为此,教师的语言必须通俗、简明。"启发得当、引导及时"是指学生在练习过程中出现卡壳、跑题时,教师要及时启发帮助、正确引导,使练习顺利进行下去。学生练习完成以后,教师要讲评,以肯定、鼓励为主,保护学生的积极性。对练习中出现的错误,要区别性质和程度,掌握恰当的分寸,予以纠正。交际性原则应该贯彻语言教学的始终。不管是初级阶段、中级阶段,还是高级阶段,都要贯彻交际性原则。在课堂教学中,教师用各种方式调动学生运用语言进行交际的积极性,给他们表达思想和观点的机会。学生是课堂活动的主体,通过交际,学生运用语言,学习语言,掌握语言,提高语言交际的能力。实践证明,以交际原则指导训练,学生的听说能力就提高得很快,教学效果就非常明显。

三、说话训练的重点

(一)帮助学生积累知识,吸收和储存经验成分

根据说话活动的本质,说话的人要准确地表达自己的思想,大脑中必须有一定数量的经验成分。说话教学的目的之一是帮助学生输入尽可能多的语言要素,并且作为经验成分储存在他们大脑记忆库。

(二)训练口头表达微技能

1. 高速组织语言内容的能力

前文谈到,说话活动的本质是思维和语声表达。从大的方面说,开发学生语言潜能、加强思维能力的锻炼和提高语声表达的技巧是说话训练的重点。思维能力由四个主要因素构成:(1)要有说话的欲望;(2)从大脑记忆库中提取言语信息;(3)把言语信息排列组合成句子;(4)选择合适的表达方法。关于"说话的欲望"前文已有专门论述。在真实的交际中,说话的欲望是自然而然产生的,不需要专门训练。思维训练的重点是后面三个要素。

人们说话活动的起点是大脑运动性语言中枢,即思维,经过思维形成内部言语。用通俗的话说就是,人在说话时,都是先想后说,边想边说。"想"就是思维,首先想好"为什么说"、"对谁说"、"说什么"。说话的时候,听话人就在面前,不可能想半天说一句,说的话必须流畅、连贯。由于受时间的制约,对"想"的首要要求是快,是高速,是高速组织语言内容。高速组织语言内容就是从大脑记忆库中高速提取言语信息。言语信息首先是一个一个的音义结合体——词汇,同时也包括词组和常用句。怎么样才能高速提取呢?一是大脑中储存的信息量要大,二是储存的言语信息具有可提取性。

人的大脑记忆库可以储存大量的言语信息,其容量之大是惊人的。但是对于第二语言学习者来说,大脑中储存的目的语的信息数量是有限的。目的语的信息量不足跟高速提取是学习第二语言的第一个主要矛盾。提取是输出,要输出首先得输入,而且必须大量地反复地输入。只有反复输入,反复提取,反复使用,才能使输入的言语信息具有可提取性。这就是说话训练要从教生词、教句型开始的理论根据,也是提高词语和句型重现

率的理论根据。

　　说话训练要解决的第一个主要矛盾是帮助学生输入言语信息。为此,词汇教学、句型教学、课文教学都要紧紧围绕这一目的进行。在单位时间里给学生输入的言语信息的数量越多越好,提取和使用的重复率越高越好。这里要说明的是,所谓给学生输入的言语信息是储存在学生大脑中的可以作为经验成分的言语信息,即具有可感应性的词汇、可使用性的语法规则等等。这跟课本提供的教学内容不能画等号,不是要求学生把课本上的内容都背下来。以词语教学为例,每一课都有生词表,教师备课时首先要看本课生词量是多少,哪些是重点词,哪些是次重点词,哪些是非重点词。据此确定练习的重点和要求学生掌握的数量。教师不能要求学生把学过的词一下子都记住,但是应该要求学生记住并掌握本课的重点词语。句型教学和课文教学也是这样,要确定重点与非重点,切忌平均使用力量。

　　学生大脑中输入了大量言语信息,只是为组织语言内容提供了物质基础,高速组织语言内容还要进行专门的输出的训练。训练学生说话主题明确、内容集中;条理清楚、层次分明。主题明确、内容集中是说话要紧紧围绕一个中心,不能东一榔头西一棒子,别人听了不知所云。条理清楚、层次分明是指先说什么后说什么有一个合理的顺序,先说的话和后说的话有内在联系,前呼后应,过渡自然。这种训练可以从简单到复杂。开始时进行单句练习,以后用三言两语转告事情、通知事情、描述简单的事物等等。到后期进行成段表达的训练,可以按时间顺序介绍一天的生活,讲解做一件事的方法,讲述听到的一个故事等;也可以按地点的转移介绍一个国家、城市、地区、学校、公园等;还可以按事物发展的情节讲述看到的一件事,看过的一个电视节目或电影的内容等。在学生讲述之前,教师应该先示范,并提出明确的要求。坚持不懈地进行这样的练习,久而久之就可以帮助学生开发智力,提高思维能力。

　　2. 正确选词造句、组句成段的能力

　　组织语言内容的结果是产生了"语点",即压缩的言语信息。把压缩的言语信息、变为连续的、线性的意义体系,这是说话训练的另一个重点,也就是提高学生选词造句的能力。选词造句应该正确规范,合乎汉语的一般习惯。从大脑记忆库中选出的词必须词义恰当、词性正确、感情色彩合适,并尽量选择口语词,避免夹杂书面语词汇。造句就是把选出的词语按一定顺序排列组合成句子。大脑记忆库中除了储存大量的词语以外,还储存了一定数量的语法规则,这些语法规则必须具有可使用性,用来生成大量的正确的句子。

　　怎么样才能使语法规则具有可使用性呢?陈贤纯认为:"语法教学应该在少量讲解和适当机械练习的基础上采用语言材料大量输入的方法。"他提出了一种新的教学模式:

第八讲 说话训练的理论依据

"要学习的语言点在听力和阅读材料中大量重视,使目的语规则系统通过语言材料本身,对习得者大脑反复刺激,这种刺激积累到一定程度,规则就会自然形成。这就是说,语言规则是学习者从语言材料中自然习得的,这一点与儿童学语相一致。这样形成的规则是一个整体,其中有语法规则,包括句子的框架和语法的细微点,也有词汇规则和文化语用规则。用这种方法,我们把语音、词汇、语法、语用等方面融合在一起,靠言语材料本身促使学习者形成语言能力,尽快地建立起目的语规则系统。"

我赞同陈贤纯先生的见解。语言教学跟语言研究是两回事。语言研究可以遵循把整体分解为细节的研究方法,而语言教学则要尊重语言习得规律,从整体上掌握并使用语法规则。因此,言语材料的大量输入,培养目的语的语感是至关重要的。词语教学的着眼点放在使储存在学生大脑中的词汇具有可感应性上;语法教学的着眼点放在使储存在学生大脑中的语法规则具有可使用性上;从根本上说就是帮助学生选词造句,帮助学生造出结构完整、搭配得当、关联紧密、意义明确、合乎汉语习惯的句子来。

初学汉语的学生,即使高年级的学生也难免受母语思维系统的干扰,把汉语的词按母语排列组合的方式"对号入座",进行错误的类比,造出一些违反汉语语法规则的句子。比如母语为英语的学生常说的错句:

(1) 听我。(Listen to me.)
(2) 昨天我们完了第七课。(We finished lesson seven yesterday.)
(3) 我见面张老师在王府井了。(I met teacher Zhang in Wangfujing.)
(4) 我结婚她。(I marry her.)
(5) 明天你去或者他去?(will you or he go tomorrow?)
(6) 都学生知道。(All students know.)
(7) 我的头很多疼。(My head hurts very much.)
(8) 他死前有很多钱。(Before he died he had a lot of money.)

例(1)和例(2)结构不完整。"听我"应改为"听我说"因为"听"的宾语不能是"人"。类似的句子有:"听老师说。"(Listen to the teacher.)"听他说。"(Listen to him.)等等。不能说"听老师。""听他。"

例(2)"完"前边缺少主要动词,应改为"我们学完了第七课。"类似的句子有:"我已经做完了作业。"(I have finished my homework.)"你看完那本书了吗?"(Have you finished that book?)等等。不能说"我已经完了作业。""你完那本书了吗?"

例(3)和例(4)属于搭配不当,"见面"和"结婚"是离合词,不能带宾语。例(3)可改为"遇见"、"碰见"或者"看见"。另外,状语"在王府井"要放在动词前边。

例(4)应该改为"我跟她结婚。"

例(5)是误用关联词。英文的"or"有"或者"和"还是"的意思,在汉语中陈述句应该用"或者",在疑问句中应该用"还是"。

例(6)是误用副词。英文的"all"有副词的用法,也有形容词的用法,可译成"都",也可译成"所有的"。在汉语里"都"是副词,要在动词前边,不能在名词前边。这句话可以改成"学生们都知道。"或"所有的学生都知道"。

例(7)和例(8)不合乎汉语习惯。例(7)改为"我的头很疼。"例(8)把"死前"改为"生前"。

学生说的以上错句,根源是母语思维系统的干扰。找到了根源,就可以从根儿上彻底解决。针对同一类型的错误,教师可用举一反三的方法,提供大量例句给学生可懂输入,经过反复强烈地刺激加深印象。这样就可以从根本上摆脱母语的干扰,逐渐提高用汉语思维的能力。

3. 恰当选取表达方式的能力

说话训练的第三个重点是恰当选取表达方式。所谓恰当选取表达方式就是根据交际目的、场合、对象灵活得体地进行交际。这跟功能法的原则是一致的,也是提高交际能力的落脚点。

在真实的交际中,说话是为了实现一定的交际目的,因此表达方式必须服从交际目的。这里有个例子,有两个工厂的厂长分别找银行行长谈贷款的事。第一个厂长为了取得对方的同情,大谈工厂面临的困难。他说:"张行长,我们厂快完蛋了。工人半年多没拿到奖金了。质量上不去,产品大量积压,现在连工资都快发不出去了。叫我这个厂长可怎么当啊!您得救救我们厂,看在一千多工人的份儿上,无论如何得给我们一些贷款。"第二个厂长首先谈了工厂生产的大好形势以及他们的雄心壮志和具体的发展计划。他说:"为了扩大生产,我们必须更新几套设备,开发新产品。现在我们遇到了暂时的困难,需要贷款100万,使用这笔贷款把设备更新以后,工厂可以增加产值200万,两年内还完贷款还可以给国家多上交150万利润。"如果你是银行行长,会把贷款给哪个工厂呢?显而易见,第二个厂长的表达符合交际目的。而第一个厂长把银行当成慈善机构,是一次失败的交际。

古人说:"话由旨遣。"意思就是说话必须服从一定的目的,即说话的目的。人们说话的目的不外乎以下五种:(1)传递信息或知识;(2)引起兴趣或注意;(3)争取了解或信任;(4)激励鼓动或说服劝阻;(5)请求同意或主动帮助。明确说话目的是交际成功的首要条件。因此,在训练学生说话的时候要让他们先想好"我为什么要说?"或者"人家为什么要我说?"并且要预先估计产生的效果,努力争取好的效果。

既然是交际,至少由两个方面构成,因此,说话要看对象,要因人而异。《论语》记载

第八讲 说话训练的理论依据

了这样一个故事,子路和冉有问孔子同一个问题,答案却截然相反。有一天子路问孔子:"学了礼乐是不是马上就行动?"孔子回答:"有父兄在,怎能不请示他们就贸然行动呢?"过了几天冉有问孔子同样的问题,孔子回答:"学了礼乐当然要马上行动。"弟子公西华很奇怪,问孔子为什么回答不一样。孔子说:"冉有这个人性格懦弱,平时前怕狼后怕虎,要鼓励他办事果断。而子路好勇过人,鲁莽急躁,应当让他凡事三思、征求父兄的意见。"可以说这是孔子因材施教、话因人而异的一个典范。

针对不同的对象和对象的不同情况,选取不同的表达方式,日本社会心理学家古畑和孝说得十分中肯:"即或是最有效的发送者传播最有效的信息内容,如果不考虑接受者方面的态度及其条件,也不能指望获得最大效果。"接受者的条件包括:文化知识水平、经历、职业、性别、年龄、思想状况、情感需要、在特定情境中的特有的心情等等。一个人口普查员问一个农村老太太:"您有配偶吗?"老人愣了半天,然后反问:"什么是配偶?"普查员只好解释:"就是老伴。"老太太笑了,说:"你说老伴不得了?俺们哪儿懂你们文化人说的什么配偶呢?"这件小事告诉我们,说话跟做事一样,要知己知彼。说话不看对象同样达不到交际目的。

说话不但要看对象,而且要符合自己的身份。在一次修辞学年会上,学会负责人张先生第一个做学术报告。他在开场白中把自己比作老猴,他说:"先让我这个老猴耍一耍,然后你们中猴、小猴耍。我老猴肯定耍不过你们,不过总得带个头吧。"人觉得很有趣。报告人年近古稀,又是修辞学会会长,资格老,跟到会的中青年都很熟悉。他把自己比作老猴,把别人比作中猴、小猴,既恰当又风趣。这样的比方合乎说话人与听话人相互关系的要求。说老猴耍不过中猴、小猴,又是报告人谦虚的表示。在修辞学年会上打这样的比方还符合这种具体场合的要求,本身就是很好的修辞。如果一个中年人上台也说这番话:"我是个中猴,先让我来耍一耍,我耍完以后请老猴张先生耍。"听的人不但不会觉得有趣,反而产生反感:"你算老几?居然把张先生比作老猴,真是大不敬。"可见,说话符合自己的身份同样非常重要。

说话还要顾及场合,要话随境迁。所谓"境",主要是指说话的具体场景,即由一定的时间、空间和交际情景组成的场合。人们谈话的时候,说者和听者双方对话语的表达或理解,都要受特场合的影响和制约。有这样一个故事。一个学生病了,很长时间没有上课。回学校上课的第一天有历史课。历史老师问他:"你的病好了吗?""已经好了,可以上课了。"老师又问:"你病了多长时间?"学生回答:"第一次世界大战刚开始我就病了。"在历史课这个特定的场合,学生的回答可以说非常聪明、非常幽默。历史老师完全能理解他的意思。如果在数学课上学生如此回答,老师一定感到莫名其妙。

从话语的内容上说,在高兴的喜庆场合不要说使人丧气的话;在别人悲痛的时候不要开玩笑,说逗乐的事;在郑重的场合要谈严肃的话题;在随便聊天的时候可以谈身边琐事、轻松愉快的内容。从话语形式上说,一般要按常规形式说话,要求语句完整,符合语法规范。但是在特定场合,却允许而且需要组织特殊的形式传递信息。比如在出租汽车上你看见一个小孩儿要横穿马路,只说一声"小孩儿!"司机就会作出减速刹车的反应,达到了交际目的。如果你说一个结构完整的复句:"前边有一个小孩儿要横穿马路,为了安全起见,你应该马上减速停车。"情况紧急,没等你说完,汽车就把小孩儿轧死了。这样反而不符合交际的需要。吕叔湘先生说:"此时此地对此人说此事,这样的说法最好;对另外的人,另外的场合,说的还是这件事,这样的说法就不一定好,就该用另一种说法。"因此"言无定法",关键是要符合交际目的,根据不同场合、不同对象选取恰当的表达方式。

选取表达方式的训练也应该从简单到复杂。以看望病人为例,教师设计情景的时候要交代清楚看望人和病人的关系:是朋友、师生还是亲属。如果是亲属,是长辈看望晚辈还是晚辈看望长辈。还有双方的年龄、性别、病人的情况和心情、是初次看望还是看望过多次、是到家里看望还是到医院看望等等,也要在设计情景时考虑周到。练习的时候,不要把这些一股脑都告诉学生,而是要先做一项一项的单项练习。以后再设计出具有立体交叉关系的复杂情景。

高速组织语言内容是一种思维能力,正确选词造句是一种思维能力,恰当选取表达方式也是一种思维能力,而且是综合的思维能力。如果说从组织语言内容到选词造句是完成语言知识转化为语言技能的话,那么,从选词造句到恰当选取表达方式则是完成从语言技能到语言交际能力的转化。开发学生语言潜能、加强思维能力的锻炼和提高,应该紧紧抓住以上三个重点,也就是训练和提高学生高速、正确、恰当地进行言语编码的能力。

4. 善于运用声音技巧的能力

善于运用声音技巧是说话训练的第四个重点。运用声音技巧包括声韵调准确清楚、重音、停顿、语速掌握得恰到好处,语气语调自然流畅。声音是语言的物质外壳,善于运用声音技巧可以出色地表达思想,促使交际顺利进行。外国人汉语说得好不好,人们的第一个印象是发音。如果发音纯正、语调自然,就好像一个人穿着华丽的外衣,给人以美的感受。相反,如果发音不准、洋腔洋调,就会影响思想的表达,妨碍交际的顺利进行。

有一次学校组织留学生去农村参观,这是一个花园式的农村。午饭后休息一个小时,约翰想去村边的公园看书,在路上碰见一位老农民。约翰主动打招呼:"你好!"老农民出于礼貌按中国人打招呼的方式顺便说了一声:"你去哪儿?""我去'果园'(公园)。"原来这位老农民是村里果园的承包户,听说去"果园"觉得很奇怪,心想现在是春天树上也没果子呀,就问:"你去那儿干什么?""砍树(看书)。"这个老农民一听他要"砍树",吓得脸

第八讲 说话训练的理论依据

都白了,赶快说:"不能,你不能砍树!"约翰也觉得奇怪,说:"为什么不能'砍树'?""唉,怎么跟你说呢?那是我的树,你不能砍!"约翰笑了,说:"不是你的'树',是我的'树',我砍我的'树'。"一边说一边从书包里拿出一本书。这时老农民才恍然大悟,他去看书,不是"砍树"。结果虚惊了一场。

还有一次,史老师邀请学生去他家做客。在吃饭的时候,玛丽出于对主人的尊重,对史老师的妻子说:"我的老史(老师)很好,我非常喜欢我的老史(老师)。"史老师的爱人听她一口一个"我的老史",怎么听怎么别扭。心想,我的老史什么时候成了你的老史了。

不但外国人,就是有的中国人发音不清,也会造成交际障碍。一位解放军指挥员给野外作业的电话兵下达命令:"演习开始,抓紧查线!"因为发音不清楚,战士们听成了"演习开始,抓紧拆线!"结果,铺好的电话线不但没查,反而都拆了,幸亏这是演习,如果是实战,将会造成不堪设想的后果。

声韵调准确清楚,是说要按照汉语普通话的标准发音。首先应该掌握好21个声母、39个韵母和4个基本声调。通过精讲多练,重点训练发音部位和方法,根据发音要领区分近似的音和调。如声母中的送气音和不送气音;舌尖前音和舌尖后音;韵母中的前鼻韵母和后鼻韵母等等。音和调比起来,重点是声调,因为声调是汉语的基本特征之一,具有区别语义的重要功能,而且是外国人学习汉语的难点。声调的问题往往是发第一声调值不够高,发第二声起点太高上不去,半三声发成第四声,发第四声下不来。这些需要经过专门训练,使学生自觉控制发音器官,并养成正确习惯。声韵调的准确性,一是进行单项训练,发准每个音调;二是在语流中突出句子的整体训练。后者更为重要,只有整个句子的声韵调准确清楚,听起来才顺耳。这就需要学会声韵调以外的语音规则,如变调、轻声、儿化等等。

声韵调准确清楚是说话的基本要求,要充分表达思想,还必须掌握好重音、停顿、语速、语气、语调等等。

重音有区别语义的作用。在一个句子里,重音是强调的部分,也是呈现主要信息的部分,是句子的重点,在交际中起重要作用。比如:

(1)我不能去。(让他去吧。)
(2)我不能去。(为什么非叫我去?)
(3)我不能去。(不是我不想去。)
(4)我不能去。(让他来吧。)

停顿也有区别语义的作用。请看例句：

（1）小王打了小杨、小梁，也打了小黄。

（2）小王打了小杨，小梁也打了小黄。

第一句小王打了三个人小杨、小梁和小黄。第二句意思是小王和小梁是同伙，分别打了小杨和小黄。

语速对交际有直接影响，为了让对方听懂、听清楚，该快则快，该慢则慢。过快和过慢都会影响表达效果。比如，有一个武装部的干事在民兵集训时讲话，说话拿腔作调，拖着长腔：

民兵同志们——：

我是武装部长——（民兵们肃然起敬）派来的。（大家不由得嘘了一声）现在——，要给你们每人发一支自动步枪——（民兵们兴奋地鼓掌）是不可能的。（大家泄气）。

这位干事为了显示"首长风度"，说话拖长音，造成了戏弄群众的实际效果，这样是很不可取的。

语调的高低轻重是说话中表情达意的重要手段，人们常常利用语调的各种变化造成不同的语气，来表达丰富的感情。语调的变化是有一定规律的，平稳的语调表示陈述的语气；上升的语调表示疑问的语气；语调下降表示祈使语气；语调曲折表示感叹语气。例如：

（1）我是老师。（语调平稳，客观地陈述事实。）

（2）你是老师吗？（语调上升，表示疑问。）

（3）你教英语吧！（语调下升，表示祈使。）

（4）你教英语呀！（语调曲折，表示惊奇。）

同样内容的句子，语调不同、语气不同，表示的意思也不同。

外国人要说一口流利地道的汉语，关键是克服母语的干扰，掌握汉语语音的特点和发音方法。我们的教学对象来自不同的国家和地区，分别使用不同的母语，在发音声调方面存在各种各样的问题，这就决定了语音教学的难度是很大的。说话训练既要改变学生的母语思维习惯，又要改变学生的母语发音习惯。前文从内部言语生成的过程谈了开发学生语言智能、训练思维能力的问题，这里，我们是从内部言语转化为有声语言的角度，谈了提高语声表达水平、训练发音器官的问题。

以上是说话训练的重点，坚持不懈地把高速组织语言内容、正确选词造句、恰当选取表达方式、善于运用声音技巧作为训练的重点,就能从总体上提高说话的能力。

四、学生说话的难点

进行说话训练,除了要了解训练的重点以外,还应该知道学生说话的难点。针对学生口头表达的困难,采取措施,逐一解决,训练才会收到好的效果。

根据调查,学生说话的主要困难有:(一)音调不准;(二)词汇量不足;(三)句子不规范;(四)语句之间缺少关联;(五)流利程度差。

学生的语音声调不准,其原因有一半是听力的问题,因为听得不准,对语音的辨析能力差,所以说得不准。另一半原因是受母语发音系统的干扰,发音部位和方法掌握得不好。

属于听力的问题,要提高学生辨音辨调的能力。教师把学生的难音难调分成组,一组一组地辨析,而且要采取不同方法天天练、反复听。比如:

辨别 z、zh,要求学生反复辨别下列词语:

| 姿势 | 正宗 | 自治 | 阻力 | 总长 |
| 知识 | 正中 | 直至 | 主力 | 组长 |

| 宗旨 | 赞助 | 执照 | 准则 | 摘花 |
| 终止 | 站住 | 制造 | 总则 | 栽花 |

辨别 in、ing,要求学生反复辨别下列词语:

| 禁忌 | 伶俐 | 禁止 | 频繁 | 人名 |
| 竞技 | 林立 | 静止 | 平凡 | 人民 |

| 红星 | 辛勤 | 银屏 | 风情 | 硬性 |
| 红心 | 心情 | 荧屏 | 风琴 | 印象 |

属于发音部位和发音方法的问题,要通过精讲多练,使学生掌握正确的发音部位和方法,并养成习惯。教师让学生在听辨的基础上多多模仿,由慢到快,一组一组地练习,突破难音难调。

前文谈到,学习和使用第二语言思维,储存在大脑中的目的语的经验成分数量不足跟高速提取言语信息是第一个主要矛盾。学生常常遇到这样的问题,他们用母语想好一句话,可是不知道用汉语怎么表达。他们问老师问得最多的问题是"……用汉语怎么说?"可见,学生把老师当作获取言语信息的"信息源"。教师就必须满足学生的愿望,帮助学生输入尽可能多的言语信息,并使其作为经验成分储存在学生的大脑中。我们在分析学生听力困难的时候,提出教师要有意识地扩大学生的词汇量。具体做法是通过大量言语材料的输入,提高词语和语法点的重现率,还可以采用"顺便告诉"的办法帮助学生扩大词汇量。对于重点词语和次重点词语教师要设计多种练习,给学生提供使用的机会。只有大量地实践、多次反复地使用,才能达到真正的理解和掌握。

学生说出一个句子往往缺乏自信,常常问老师:"……,这样说可以吗?"或者"这样说对不对?""这样说行不行?"这说明,他们对句子的语法结构拿不准,对此时此地该不该说这个句子没有把握。遇到这种情况,如果学生说的句子是对的,就应该及时肯定,并让他重复两三遍,以加深印象。如果学生说的句子有问题,先不要急于改正,首先找出该肯定的予以肯定,然后指出他的错误。比如,学生说:"我见面张老师在王府井了。"教师首先肯定这个句子里的"了"用得好。这种适当的肯定对增强学生的自信心和勇气,克服怕说错的心理,提高练习的积极性是十分必要的。然后指出"见面",是"见//面"的特殊动词,这样的动词不能带宾语,要把"见面"改为"看见"、"遇见"或者"碰见"。另外,"在王府井"是状语,应该在动词前边。这样学生很自然地自己把句子改过来:"我在王府井看见张老师了。"到此切不可以"为止",教师要设计一组练习让学生完成句子:

(1) 我在邮局遇见……了。

(2) 他在商店遇见……了。

(3) 我在路上碰见……了。

(4) 她在学校门口碰见……了。

(5) 我在食堂看见……了。

(6) 他们在上海看见……了。

最后教师要总结归纳一下,这些句子都表示在某个地方看见什么人是偶然的、没有想到的,因此不可以说:"我在教室看见老师了。""他在商店遇见售货员了。"这样,不但帮助学生熟练地掌握了这个句子的语法结构,而且让他们知道什么时候说这个句子;既提高他们选词造句的能力,又提高他们恰当选择表达方式的能力。

学生在说成段话语的时候,往往是一个个孤零零的句子,句与句之间缺少关联。为此,我们主张说话教材不应该是单一的会话体,应该以会话体为主,会话体与叙述体相结合。在进行成段表达训练的时候,叙述体的课文就是范文,让学生多做复述范文的练习,可以使学生学会说话主题明确、内容集中;条理清楚、层次分明;句与句之间有内在的联系,前后呼应,过渡自然。

说话是边想边说、边编码边传递的过程。前文在分析学习和使用第二语言思维的特点时谈了学生大脑中储存的第二语言经验成分的数量不足并且可提取性和可使用性差,所以编码的速度、组织内部言语的速度比使用母语慢得多。这是说话流利程度差的根源。要使学生说话自然流畅,关键是提高编码速度,提高组织内部言语的速度。内部言语组织得快,说话的速度就快,语流就自然连贯,就可以减少停顿和"垫话"。这是需要经过专门训练的。在做替换练习和模仿、跟读的练习时,教师要有意识地加快语速。至少使用正常语速,或者比正常语速稍快。学生习惯了正常语速,说话的流利程度可以大大提高。

五、说话教材的编写原则

在第二讲《听力训练的理论依据》中我们曾经谈到听力教材的编写原则:"听力教材的编写与教学大纲、教学计划、课程设置和教学法密切相关,要为技能训练的教学目标服务。"这里我们坚持以上观点。

(一) 要按照教学大纲的要求编写

编写教材要避免随意性,加强科学性。在开始编写之前应该先制定编写计划。编写计划要体现教学大纲和教学计划的要求。编写计划包括:编写目的和适用对象;课型的划分、各课型的基本任务和教学内容;教材的结构和体例;每一课包括几个项目、各项目之间的内在联系;课内练习和课外练习等等。

要编写出具有科学性、实用性的教材,除了按照教学大纲进行以外,还要在语法大纲、词汇大纲、功能大纲的指导和控制下进行。其中功能大纲对编写说话教材有直接的指导作用。

(二) 要以一定的教学法为指导

为了贯彻交际原则,说话教材以"功能——结构法"为指导最适宜。"功能——结构法"把培养学生的交际能力放在首位。从交际需要出发,通过交际过程掌握语言形式,把语言知识转化为语言技能,再把语言技能转化为语言交际能力。这种教学法强调语言的交际功能,同时也重视语言结构。把二者完善地结合起来是"功能——结构法"追求的目标。要编写出高质量的说话教材,首先应该从实用性出发筛选出最常用的功能项目和相应的语法结构或句子,然后把所选出的功能项目按照急用先学和语法结构从易到难的原则排列出先后顺序。这是以"功能——结构法"为指导编写教材的思路。

（三）教材要为技能训练服务

说话课的重点是训练学生口头表达微技能，这首先要通过教材来实现。说话教材必须为训练学生口头表达微技能服务，为提高学生的思维能力和开发学生的语言智能服务。我主编的《速成汉语基础教程·听说课本》在这方面做了一些努力和尝试。表现在：

1. 练习量大

语言是"练"会的，不是"教"会的。以往的很多教材。编者把力量下在词语的解释上，过分重视语法点的解释，把会话作为教材的主体；练习的数量很少，而且形式单调，甚至成了可有可无的陪衬。这是一种本末倒置、事倍功半的做法。《速成汉语基础教程·听说课本》摒弃传统的、陈旧的编排方式，把练习作为教材的主体，设计了大量的、有意义的练习，秉承"科学的语言教材应该是一部精心编写的练习集"的最新教学理念。

2. 练习旨在训练学生用汉语思维

我们认为，语言课堂是语言社会的一个组成部分，它不应该仅仅成为语言模式的机械操练的场所，还应该成为语言实际运用的场所。所以教材要贯彻"从交际目的出发，进行有指导的说话练习，达到提高交际能力的目的"的交际性原则。

所谓"把交际引入课堂"，是指他们设计的练习顺序：机械操练——准交际型演练——真实的交际。机械操练的话语模式本身是有意义的、自然的、活的语言，具有可用性。这种操练使学生感到是实际使用前的操练，所占的时间不长，很快过渡到准交际型演练。准交际型演练不再是话语模式的孤立操练，而是有一定语境的会话练习。这种练习在会话中留出若干空白，让学生根据上下文思考，自己决定"说什么"和"怎么说"，而不是把现成的会话材料一股脑地摆在学生面前，强制他们机械地"吞咽"。这种练习，就是语言智能的开发和自我开发的过程，是训练学生用汉语思维。准交际型的演练不是目的，而是为真正的交际提供准备和基础。在此基础上，教师可以不失时机地、顺乎自然地把真正的交际引入课堂，进行真实的交际性练习。

比如《速成汉语基础教程·听说课本》第一册第六课，话题是"谈家庭"。在机械操练和准交际型演练之后，我们设计了"每人准备一两张自己家里人或朋友的照片，两人一组互相交换彼此的照片，并就照片上的人做会话"的练习。先各组自己做，然后一组一组在班上表演。这种练习就是真实的交际，谈话的目的是获取未知的信息。经常做这种练习，会使学生无比兴奋、信心倍增，处于一种跃跃欲试的状态之中，可以有效地加快语言学习的进程。

（四）语言要口语化

作为说话教材,语言应该口语化。可是目前使用的一些教材书面语色彩太浓,句子长且拗口。编者一刻也不能忘记,说话教材是让学生说的,而不是让学生念的。因此必须研究口语的特点,教材的语言要口语化。

1. 口语,不管是听话还是说话,都是处理语言的声音信号,通过语言的声音信号来交流信息。

2. 口语跟书面语比起来,口语使用的短句多,长句少;结构松散的、随便的、自然的句子多;严密、正规、庄重的句子少。

3. 口语有自己习惯用的语汇,区别于书面语。口语把书面语的单音节改为双音节词。例如：

口语	书面语	口语	书面语
爷爷	祖父	虽然	虽
奶奶	祖母	的时候	时
糊弄	欺骗	将要	将
打呼噜	打鼾	距离	距
哆嗦	战栗	达到	可
掂量	斟酌	可以	抵
拉肚子	腹泻	回来	归
打听	询问	今年春天	今春

4. 口语有一些特殊的语法现象。例如：

4.1 易位句

　　找着了吗？你的钥匙。
　　回来了？你。
　　快来！张老师。
　　站住！说你呢,穿红衣服的。

4.2　名词谓语句

　　我上海人。

　　语言大学一张。（买票）

　　今天故宫，明天长城。

　　我三块，他五块。

4.3　主谓谓语句

　　自行车他借走了。

　　广州他不去。

　　那件大衣我要了。

　　我肚子疼。

4.4　省略

　　上车往里。

　　没票买票。

　　哪儿上的？

　　哪儿下？

5. 口语对语境有很大依赖性。在一定的语言环境中只说半句话，甚至一个词、一个字，也能达到交际目的。有时按常规认为是不合乎逻辑的句子，在一定语境中却是妙句，至少是能够通过、能够被接受的。例如：

　　A：下次会议在法国召开，贵国政府以为如何？

　　B：法国的饭菜味道欠佳，特别是上次去时住的那家饭店更是糟。

　　A：那您喜欢吃意大利菜吗？

　　B：还可以，不过我更喜欢吃英国菜。

以上对话如果脱离了谈话人所处的语言环境是很难理解的。谈话双方同处于外交场合、谈话目的是商定下次谈判地点。虽然表面是谈饭菜的味道，但是双方都能理解对方的意图。

　　再比如：

　　A问：我的《汉英词典》呢？

　　B_1答：车在外边等着我呢。

　　B_2答：刚才小张来过。

B₃ 答:我的在书架上。
B₄ 答:你真是"贵人多忘事"。

从表面上看四种回答都跟 A 的问题没有关系,好像答非所问。其实,借助语境 A 完全能够理解四个回答的含义。

B₁ 的意思是:我得赶快走了,你自己慢慢找吧。
B₂ 的意思是:你去问问小张看见没有。
B₃ 的意思是:先别找了,用我的吧。
B₄ 的意思是:你太健忘了,前天不是借给小王了吗?

(五) 说话教材要图文并茂

大家都承认国外出版的教材比较活泼,除了内容以外,形式是一个重要因素。改革开放以来我国引进了不少国外出版的外语教材。简笔画、漫画、连环画、照片、图表等等,琳琅满目,色彩纷呈,几乎占了大半篇幅。这不仅在视觉上给学生以美感,而且可以起到排除畏难心理、增强学习信心的作用,对培养学生的语言能力起促进作用。

在说话教材中,设计出大量醒目、贴切的插图,在教生词和语法结构时比用母语注释更有效、更方便、更经济、更直观;在教会话时对于展示话题、交代人物身份、提供谈话场景十分有益;在训练成段表达时"看图说话"更是一种必不可少的方式,能起到帮助学生思维的作用。

教材编者和画师要通力合作,反复切磋。设计出的图像应该准确、鲜明、生动、形象、美观,更好地为教学服务。

(六) 教材要具有相对的稳定性

经常更换教材,不利于教师熟悉教学内容,影响教学效果。因此在编写时要考虑编出的教材必须具有稳定性,能够在较长的时间内使用。如何使教材具有稳定性呢?我们的设想是:在"举一反三"上下点功夫。

举一反三是学习的规律,说话教材要体现举一反三的原则。编写会话、课文,实际上是示范,起"举一"的作用。能不能"反三"关键在于练习。这跟前文重视练习、把练习作为教材主体的想法是一致的。会话和课文使用中性材料,不必赶时髦,而且要留有余地,供教师和学生发挥。具体做法可以仿照《速成汉语基础教程·听说课本》,在会话中留出空白。留空白的地方除了体现本课功能项目的语法结构以外,还可以是有悖于稳定性、不好处理的内容,比如体现热门话题的内容和临时政策性的词语,反映社会生活阴暗面或地方乡土因素的内容。这样,既解决了教材稳定性的问题,又可以扩大教材使用范围。

由于教材没有提供现成答案,尽量采用"未完成式",还能吸引学生来上课。因为空白的地方是学生想知道的内容。不来上课就不知道,不做课堂练习就不知道说什么和怎么说。"举一反三"可以一举多得。

　　关于说话教材的编写还有一点就是具体体例问题。70年代以前的教材都是叙述体。80年代以后编的教材又都是会话体,好像只有会话体才能体现说话教材的特点。这种"走极端"、"一窝蜂"的做法是不可取的。说话教材应该以会话体为主,会话体与叙述体相结合。到中高级阶段要增加叙述体的比例,训练学生成段表达能力。

第九讲　说话训练的方法（一）
思维能力的训练和语音练习

本讲要点

- 说话训练的方法
- 思维能力的训练
  - 生词教学：启发学生掌握词语的音、形、义、用
  - 语法教学：充分调动学生运用"类推"的学习策略造句
  - 课文教学：重点是处理教材，变完成式为未完成式
    - ◆ 组句成段
    - ◆ 空当接龙
    - ◆ 完成课文
    - ◆ 滚雪球
    - ◆ 举一反三
    - ◆ 模仿课文的结构叙述
- 语音的练习方法
  - 教音的方法
    - ◆ 多次循环教学法
    - ◆ 从易入手，由易到难，以旧带新
    - ◆ 示范与模仿
    - ◆ 音形结合，加深印象
    - ◆ 图表演示
    - ◆ 使用定调音节
  - 练音的方法
    - ◆ "合唱"与"独唱"相结合
    - ◆ 声韵调单项练习和语流训练相结合
    - ◆ 以好带差
    - ◆ 课上与课下结合
    - ◆ 说读结合、说写结合
  - 纠音的方法
    - ◆ 示范模仿法
    - ◆ 夸张法
    - ◆ 手势体态法
    - ◆ 理论指点法
    - ◆ 对比法
    - ◆ 提示法
    - ◆ 演示法
    - ◆ 过渡法
    - ◆ 强调法

一、说话训练的方法

说话训练应该采用以说为主,先听后说,先读后说,说写结合的综合训练方法。

语言不是教会的,而是练会的。同样,一个人的说话能力不是靠教而提高,而是靠练而提高的。因此,说话课教学一定要贯彻精讲多练,注重交际的原则。教师应尽量减少自己的话语,把说话时间和机会让给学生,使学生真正成为活动的主体。

说话训练当然要以说为主,训练学生的发音器官和大脑的运动性语言中枢。在说话课上,学生的主要活动是说,讲究提高学生的开口率。一般来说,学生的开口率越高,训练的效果就越好。

说话是表达,是输出。要输出必须首先输入。学生要先通过听和读吸收大量的言语信息,并且作为经验成分储存在大脑记忆库中。经验成分不仅包括具有可感应性的词汇,具有可使用性的语法规则和文化背景知识,而且包括言语信息的输出规则。如果把让学生听和读到言语信息看作是"举一",是教给学生言语信息的输出模式,那么,学生的说话练习就是"反三",就是按照听到和读到的模式反复输出,变规则为语感,学会在什么情况下说什么话和怎么说。

学生说过的话再用文字写出来,是进一步训练思维的能力,使说出的话主题明确、内容集中、条理清楚、层次分明、用词准确、语句通顺;是巩固和提高课上说话训练的成果。这种写的练习一般不在课上完成,而是作为家庭作业在课后完成。同时要注意适时适量,有选择地去做,不能引导学生把精力花在写作业上,即便是课后也要多做说的练习。

听说读写是四种不同的语言技能,同时又是密切相关的,是你中有我、我中有你、互相依存、互相促进的关系。所以某个单项技能的训练也不能采取单一的训练方法,而要采取综合训练的方法。口语课就是通过综合训练的方法训练学生的思维能力和语声表达的能力。

第九讲 说话训练的方法(一)思维能力的训练和语音练习

二、思维能力的训练

近二三十年来,各级各类学校都强调培养学生的创造性思维能力,这已经成为世界各国教育的趋势。语言教学也要跟上这个大的趋势,在我们的课堂教学中要"启迪学生思维,开发学生的语言潜能"。

第二语言教学,包括对外汉语教学的效率不高。原因之一是我们的教学理念不够科学,不够坚定,没有始终如一地抓住教学的根本。这个根本是什么呢?就是:语言教学必须"启迪学生思维,开发学生的语言潜能"。语言理解和语言表达的根本在于"思维",要提高语言学习和语言教学的效率,就必须紧紧抓住"训练学生思维能力"这个根本。

在参加教学督导的过程中我们发现,在课堂上学生被动地吸收大大多于主动地思索,往往是机械练习多,活用练习少,学生鹦鹉学舌,好像录音机,练了半天不知道说的是什么。甚至有时候教师提出问题,学生不能回答,教师不是启发学生思考,而是代替学生回答,剥夺了学生思维的权力。有的教师提出的问题过于直白,学生不经过思考就能回答,结果是问题回答对了,可是没有实际的收获。要解决以上问题,出路在于教师要有意识地"启迪学生思维,开发学生的语言潜能"。

我们的教学对象大都是成年人,他们的大脑中已经储存了一个比较完整的母语系统和大量的概念,他们的思维能力、认知能力、理解能力和记忆能力都比较成熟。很多人有着丰富的学习外语的经验,熟悉有效的学习技巧和策略,并且具有一定的社会生活经历。成年人具备足够的意识来比较两个语言系统,他们具有学习第二语言的潜能。这就使我们提出的"启迪学生思维,开发学生的语言潜能"成为可能。

比如,去饭馆吃饭,学生的大脑里已经有了在饭馆吃饭的图式——找座位、点菜、上菜、品评、结账等等,还有相关的母语的词语——包间、菜单、杯子、饮料、凉菜、热菜、主食、好吃、买单等等。我们教"在饭馆吃饭"的时候,就要充分利用学生大脑中的知识,教他们一些汉语的基本句式和词语,提示他们两种图式中不同的部分,比如找零钱与付小费、红烧牛肉与烤牛排、筷子与刀叉等等,调节他们原有的概念使之"中国化"。这样,他们自己就能用汉语对话并且很快地学会"在中国饭馆吃饭"应该说什么和怎么说。

思维具有多种形式,如:求同思维、求异思维、形象思维、逻辑思维等等。

求同思维是教师引导学生寻求新知与已知相同点和相似点的思维。比如汉语与英语,句子的基本结构都是"主谓宾式"。教师引导学生思考"我学习汉语。"和"I study Chinese."的相同点,有助于学生克服学习汉语的畏难情绪,增强学习的兴趣和动力。再比如,今天的生词"休息"跟学过的"学习"有哪些相同点?今天的语法点"把字句"——

"我把练习做完了"跟已经学过的"意义被动句"——"练习做完了"有哪些相似点？学生经过思维找到这些相同点和相似点有助于理解和记忆"新知"，也有助于加深理解和记忆"已知"。

求异思维是教师引导学生寻求新知和已知的不同点的思维。按照辩证唯物主义的观点，人们认识事物不仅要找出相同点，即事物的共性，更重要的是找出不同点，即事物的个性。因为"不同点"决定着此事物与彼事物的区别。学生学习汉语，必须了解汉语与自己母语的区别，了解汉语的特点，特别是"汉语有""母语无"的语言现象。比如汉语中的把字句、兼语句、意义被动句和多重复句等等。教师要引导学生思考今天的生词"休息"跟学过的"学习"有哪些不同点？今天的语法点"把字句"——"我把练习做完了"跟已经学过的"意义被动句"——"练习做完了"有哪些不同点？学生只有了解了这些区别，才能真正掌握新知，变新知为已知。

形象思维是教师引导学生用头脑中固有的图式理解新知的思维。我们提倡教师带教具进课堂。所谓的教具就是实物、图片、卡片、投影、幻灯、光盘等等。我们还提倡教师充分利用教材中的插图和多媒体教学手段。有了这些视觉形象，学生就能进行形象的联想，比通过翻译的联想更真实、更准确、印象更深刻。教师引导学生形象思维可以提高学生的学习兴趣、调动学习积极性，还能节约时间、活跃课堂气氛，从而提高课堂教学的效果和效率。

逻辑思维是教师引导学生按照事物发展的客观规律寻求新知的思维。比如，做任何事情都要注意先后顺序，说话也讲究先说什么、后说什么、什么是重点、什么需要强调，这些是有规律的。掌握了这些规律就合乎逻辑，就能顺利完成交际任务。在听力练习中，一篇课文听到一定的地方，突然停下来，教师让学生思考后边合乎逻辑的结果、原因、目的、背景等等。在说话训练中，教师展示一些杂乱无章的词语或句子，让学生根据今天学习的语法把词语排列组合成句子，把句子排列组合成语段或篇章。这就是逻辑思维训练。

在课堂上，既引导学生求同思维、求异思维，也引导形象思维和逻辑思维。

师生共同的脑力激荡——教师说到哪儿，学生想到哪儿；教师指到哪儿，学生打到哪儿。学生的思维始终处于积极、亢奋的状态中，课堂气氛就会动中有节、乱中有序，以学生为中心就会得到充分体现，教学效果就会非常理想。学生学会了如何用汉语思维，有助于掌握科学的学习方法，终身受用无穷。这就是我们倡导的"启迪学生思维，开发学生的语言潜能"。

如何"启迪学生思维，开发学生的语言潜能"呢？我们以生词教学、语法教学、课文教学为例演示。

第九讲 说话训练的方法(一)思维能力的训练和语音练习

(一) 生词教学:启发学生掌握词语的音形义用

1. 以"赢"为例

1.1 音:让学生回忆学过的"yíng"的汉字(求同思维)。例如:欢迎的"迎",营业员的"营"。

1.2 形:"赢"是合体字,由五个部分组成:亡、口、月、贝、凡。让学生分别回忆学过的哪些汉字有这几个独体字(求同思维)。例如:

亡:忙、忘;

口:可、右、只、叫;

月:朋、服、脸、期;

贝:员、货;

凡:几和凡的差别。

练习:老师一边说:亡、口、月、贝、凡,一边板书。让学生模仿,注意字的间架结构。学生也一边说,一边写。

1.3 义:(to win)跟"输"相对,互为反义。

1.4 用"赢"说句子:

老师先领说:昨天的比赛谁赢了? 然后老师问,学生回答:我赢了。

老师板书:我赢了。老师给替换词让学生替换下横线的部分,学生说:

你赢了。	老师赢了。
我们赢了。	约翰赢了。
他们赢了。	玛丽赢了。

老师问:你几比几赢了? 学生答:我 2∶1 赢了。

老师板书:我 2∶1 赢了。老师让学生替换下横线的部分,学生说:

他们 3∶2 赢了。

中国队 4∶3 赢了。

如果学生回答:"中国学生 2∶4 赢了。"这是错的。教师启发学生改正过来,然后重复正确的句子(下同):中国学生 4∶2 赢了。

老师问:你们赢了几个球? 学生回答:我们赢了两个球。

老师板书:我们赢了两个球。老师让学生替换下横线的部分,学生说:

我们赢了三分。

我们赢了一场。

2. 再以"输"为例

2.1 音：回忆学过的"shū"的汉字：书、舒服、叔叔。如果学生说："树。"教师启发学生比较第一声和第四声的区别，然后让学生自行改正。

2.2 形："输"也是合体字，由两个部分组成：车和俞。让学生回忆学过的哪些汉字有车和俞（求同思维）。例如：

车：军、辅导、比较；

俞：愉快。

2.3 义：(to lose)跟"赢"相对，互为反义。

2.4 用"输"说句子：

老师先领说：昨天的比赛谁输了？然后老师问，学生回答：他输了。

老师板书：他输了。老师给替换词让学生替换下横线的部分，学生说：

你输了。	老师输了。
我们输了。	约翰输了。
他们输了。	玛丽输了。

老师问：他几比几输了？学生回答：他1∶2输了。

老师板书：他1∶2输了。老师让学生替换下横线的部分，学生说：

我们1∶3输了。

他们2∶3输了。

中国队3∶4输了。

如果学生回答："中国学生4∶2输了。"教师启发学生改正过来，然后重复正确的句子：中国学生2∶4输了。

老师问：你们输了几个球？学生回答：我们输了两个球。

老师板书：我们输了两个球。老师让学生替换下横线的部分，学生说：

我们输了三分。

我们输了一场。

到此，教师启发学生比较"赢"和"输"的异同。结论：

（1）发音不同；

（2）字形不同；

（3）意思互为反义；

（4）用法相同。

第九讲 说话训练的方法(一)思维能力的训练和语音练习

(二)语法教学:充分调动学生运用"类推"的学习策略造句

以把字句"我把自行车放在宿舍门口了"为例。

1. 先领说基本句并解释:这个句型表示施事通过动作使受事的位置发生变化,受事是主话题,施事是次话题。

2. 让学生替换"自行车",教师重复学生的句子并领说,如果学生说错了,老师问明原因帮他改正,让学生重复正确的句子并领说:

我把摩托车放在宿舍门口了。

我把箱子放在宿舍门口了。

我把汽车放在宿舍门口了。(不说"放",说"停")——我把汽车停在宿舍门口了。

我把手表放在宿舍门口了。(问学生为什么"把手表放在宿舍门口"以后,根据学生的原意改正)——我把捡到的手表交给宿舍门口的服务员了。

老师把通知放在宿舍门口了。(不说"放",说"贴")——老师把通知贴在宿舍门口了。

3. 老师做动作或指着图片,让学生用"sb. + 把 + sth. + v + 在 + place + 了"的格式说句子:

老师把杯子放在桌子上了。(动作)

王老师把名字写在黑板上了。(动作)

您把照片挂在墙上了。(动作)

他把词典放在书架上了。(图片)

他把饭吃在食堂里了。(图片:一个人在食堂吃饭,已吃完,筷子放在碗上边。)

教师解释:这是错句。本句型表示物体通过动作发生位置的变化。饭本来在食堂,现在还在食堂,所以是错句。让学生再想新的句子。

他把饭吃在肚子里了。

教师解释:这个句子语法没问题,但是没有传递任何信息,没有交际价值,等于废话。所以人们不说这样的句子。如果学生实在说不出来,教师可启发学生:他吃饭的时候筷子在哪儿?我们想知道"现在筷子在哪儿?"你怎么说?聪明的学生一定能够说出:

他把筷子放在碗上边了。

（三）课文教学：重点是处理教材，变完成式为未完成式

目前出版的教材，课文大多是完成式的。完成式的课文不利于训练学生的思维能力。使用完成式的课文，能够达到的最好的教学效果是让学生把课文背诵下来。我们主张教师在备课时要把完成式的课文变成未完成式课文，在课堂上教师和学生的任务是把未完成式课文恢复成完成式课文，等于师生共同编写了一篇汉语课文，学生特别有成就感。

教师"启迪学生思维，开发学生的语言潜能"融入了任务式教学法的精髓。学生在完成教师布置的各种各样的任务的过程中，学会了独立思考，学会了独立解决问题的方法，等他们离开学校、离开教师以后，能够轻松地进入终身学习的社会。

下面介绍一些如何处理教材、如何变完成式课文为未完成式课文、如何引导学生把未完成式课文恢复成完成式课文的方法。

1. 组句成段

例如：《速成汉语基础教程·综合课本》（北京大学出版社，2008）第4册第3课课文的第一段是：

> 假日旅游是贝拉最大的爱好。来北京两个月，她去过许多地方。她参观过北京世界公园，也游览过长城和故宫，还逛过颐和园和动物园。可以说，北京的许多名胜古迹都留下过贝拉的足迹。

首先，教师把这段课文变成6个孤零零的句子，展示给学生：

（1）假日旅游是贝拉最大的爱好。
（2）来北京两个月，贝拉游览过许多地方。
（3）贝拉游览过北京世界公园。
（4）贝拉也游览过长城和故宫。
（5）贝拉还游览过颐和园和动物园。
（6）可以说，北京的许多名胜古迹都留下过贝拉的足迹。

然后，教师引导学生把这6个孤零零的句子组成语段。做法是：
（1）启发学生思考如何把重复的"贝拉"替换或者去掉；
（2）启发学生用其他动词替换重复的"游览"；
（3）最后恢复成课本中的课文。

组句成段还可以把课文的句子的顺序打乱，展示出来，然后教师跟学生一起讨论，恢复成原文。

第九讲 说话训练的方法(一)思维能力的训练和语音练习

2. 完成课文

教师把对话体的课文留出"空"来,例如《速成汉语基础教程·综合课本》第5册第2课,课文是一个美国学生艾米到白老师家做客,跟白老师的谈话。教师备课时,把完成式的课文变成如下形式:

艾:白老师,您家里……真……,跟……一样。(①)

白:你喜欢……,随便……。(②)

艾:这本……借给……,行吗?(③)

白:这本书是……的,快……了,……看……?(④)

艾:看不完,……差不多。(⑤)

白:……。(⑥)

艾:到时候……,有……,再……嘛。

白:没错。我这个……随时……。

艾:……。

白:……都说……。

艾:我还算不上,我爸爸……。他看见……,就跟……一样。他说,读……,又……,又……,……都不困。

白:不吃不喝,光……,那可就……。

艾:一点儿不……,我们国家的……比……贵多了。

在课上,教师一个句子一个句子地展示,先展示第①句。原文是:您家里的书真多,跟小图书馆一样。变成未完成式以后,学生经过思考可以说出很多的句子:

白老师,您家里的书真多,跟小图书馆一样。

白老师,您家里的杂志真多,跟小阅览室一样。

白老师,您家里的衣服真多,跟服装店一样。

白老师,您家里的花儿真多,跟花店一样。

白老师,您家里的画儿真多,跟小美术馆一样。

白老师,您家里的药真多,跟小药房一样。

白老师,您家里的宠物真多,跟小动物园一样。

出示第②句以后,上边很多句子就不合适了。只有前两个句子合适。

第③句原文是:这本《中国文化研究》借给我看看,行吗?学生不说《中国文化研究》,可以说出很多书和杂志的名字:

《红楼梦》《三国演义》《鲁迅的小说》《电影画报》《故事会》

第④句和第⑤句一起讨论。第④句原文是"快到期了,三天看得完看不完?"因为学习课文之前先讲练了生词"到期"并且组成短语:快到期了、已经到期了、还没到期呢等等,另外第⑤句有"看不完",所以学生很容易说出跟课文一样的句子。

第⑤句"差不多"前面的数量要合乎逻辑。(1)要比"三"大,不能比"三"小。如果说"两天差不多"不行。(2)不能比"三"大太多,如果说"十天差不多"也不行。(3)原文是:"五天差不多。"如果有学生说"五天差不多。"教师也应该肯定他。

第⑥句原文是白老师说:"可以。"留出空白以后,学生不说"可以",能够说出很多表示同意的说法,而且还可以让学生练习表示"不同意"的说法。

老师跟学生一边讨论,一边讲解,逐句进行,就能把未完成式课文恢复成整篇原文。

3. 举一反三

教师和学生一起先完成会话3.1,会话3.1是课文中的语段,然后再给学生补充两到三个例子——3.2、3.3、3.4。这样,同一个话题,学生可以学到不同的表达方法。我们主张,不管是综合课还是听力课、说话课,教师都要适时地给学生补充教学内容,使学生感到来上课可以学到课本上没有的内容,吸引他们,提高"上座率"。

3.1　A:一年四季。我最不喜欢夏天,看来你也是。
　　　B:不,我特别喜欢……,要是一年四季都是……就好了。
　　　A:这是为什么?
　　　B:我父亲是做……生意的。

3.2　A:一年四季。我最喜欢冬天,看来你也是。
　　　B:不,我特别喜欢不……,要是……就好了。
　　　A:这是为什么?
　　　B:……。

3.3　A:一年四季。我最不喜欢春天,看来你也是。
　　　B:不,我特别喜欢……,要是……就好了。
　　　A:这是为什么?
　　　B:……。

3.4　A:一年四季。我最不喜欢秋天,看来你也是。
　　　B:不,我特别喜欢……,要是……就好了。
　　　A:这是为什么?
　　　B:……。

课文是"喜欢夏天"和喜欢夏天的理由。学生还应该会表达喜欢春天、喜欢秋天、喜欢冬天和喜欢的理由,也应该会表达"不喜欢冬天"、"不喜欢夏天"和不喜欢的理由。这

第九讲 说话训练的方法(一)思维能力的训练和语音练习

样学习,学生才能做到举一反三,扩大表达方法。

4. 空当接龙

具体做法是,课前教师把课文中的句子制作成卡片,每句一张。学习完生词以后,把卡片发给每个学生一张。让学生只记住自己的句子,然后把卡片扣过来,不许再看。教师说第一个句子,让大家思考后边说什么,一个句子一个句子地续接。有的同学说得对,有的同学说得不对,大家一起讨论,让他们知道:对了,为什么对;错了,为什么错。按照正确的顺序每个人说自己的句子,最后恢复成原来的课文。

为了使练习顺利进行,加快课堂教学的节奏,第一次练习分发卡片时,班上水平高的学生发比较复杂的句子,水平低的学生给简单的句子;第二次练习分发卡片时根据第一次练习的情况进行调整。这个练习具有游戏的性质,学生活动的积极性很高。

5. 滚雪球

下面最后一段是课文原文。具体做法是,先展示第一个句子,让学生续接第二个句子。学生可能说出很多句子,但是如果有人说出"我习惯了这儿的生活。"教师马上肯定这个句子,然后练习这两个句子。如果没有人说这样的句子,老师可以提问:"你习惯这儿的生活了吗?"学生自然地说出课文的句子。这样,从两个句子到三个句子到四个句子,像滚雪球一样,越滚越多,最后说出完整的一段话,即课文原文。

  来中国已经一个多月了。
  来中国已经一个多月了,我习惯了这儿的生活。
  ……
  来中国已经一个多月了,我习惯了这儿的生活。我每天7点起床,8点上课。下午两点去图书馆学习,4点以后去操场打太极拳。晚上有时候写作业,有时候看电视或电影。一天的生活很紧张,可是特别有意思。

6. 模仿课文的结构叙述

语言课让学生复述课文是常用的方法。但是很多学生特别是欧美学生对此方法不感兴趣。如果我们稍微变化一下,给他们思考创造的余地,他们就会感兴趣乐于做。具体做法有改变人称复述、改变时间复述、改变叙述角度、模仿结构复述等等,原文如果是第一人称,可用第三人称复述;原文是第三人称,可以用第一人称复述。原文是"昨天我们去颐和园了",时间改成"明天我们去颐和园",让学生复述,这样很多表示"已然"的句子就要变成表示"未然"的句子了。如果原文是正叙,可以让学生倒叙复述;如果原文是倒叙,可以让学生正叙复述。下面的例子是模仿结构复述。

6.1 原文：

  我有一个中国朋友叫王小红。她今年20岁，在我们学校外语学院学习英语。我们是在一次联欢晚会上认识的。

  王小红是个很漂亮的姑娘，高高的个子，身材苗条，细眉毛，大眼睛，高鼻梁，红嘴唇，笑的时候脸上一边一个酒窝。

  王小红有很多爱好。唱歌、跳舞、打球、游泳，她都喜欢。她流行歌曲唱得好极了，每次联欢晚会她都唱几首，很受大家欢迎。

  王小红的英语还不太流利，但是比我的汉语好。现在我们常常一起学习，互相帮助。她帮助我汉语，我帮助她英语。我们两个人都有练习的机会，我觉得这样学习很好。

老师先和学生一起概括出原文的语篇结构是四个部分：相识、外貌、爱好、交往。然后让学生按照这样的结构介绍一个朋友。下面的6.2和6.3是学生在教师的引导下复述的内容。

6.2 教师提示："我有一个中国朋友叫方云天。他是男的。"并出示图片（根据课文画出方云天的特点），让学生复述：

  我有一个中国朋友叫方云天。他今年19岁，在我们学校人文学院学习中国文学。我们俩是在食堂吃饭的时候认识的。

  方云天是个非常帅的小伙子，高高的个子，身体强壮，浓眉毛，大眼睛，高鼻梁，厚嘴唇，他说话的声音非常洪亮。

  方云天的爱好不太多。我知道他特别喜欢京剧，爱听、爱唱。他唱大花脸唱得好极了，每次开晚会的时候，大家都欢迎他唱两段。

  方云天会说一点儿日语，但是还不太流利。我的汉语比他的日语好一点儿。现在我们常常在一起学习，互相帮助。他帮助我汉语，我帮助他日语。我很喜欢跟他在一起学习。

6.3 教师提示："我有一个日本朋友叫山本正。他是男的。"并出示图片（根据课文画出山本正的特点），让学生复述：

  我有一个日本朋友叫山本正。他今年22岁，在我们学校汉语速成学院学习汉语。我们是在王才同学的生日晚会上认识的。

  山本正是个外貌平常的小伙子。他个子不高，但是很魁梧。他的头很大，头发很黑，嘴唇很厚，牙齿很白。一说话就脸红。

  山本正喜欢打网球、打保龄球，他还喜欢唱歌，常常去卡拉OK歌厅唱歌。

第九讲 说话训练的方法(一)思维能力的训练和语音练习

山本正今年才开始学习汉语。他学习很努力,进步很快。他常常来我的宿舍问我问题,跟我谈话。有时候我也去他的宿舍,跟他聊天。

以上谈了六种训练学生思维能力的方法。这里需要强调的是,凡是要求学生在课堂上完成的练习,教师课前必须先做一遍,只有这样,才能体会学生做的时候会遇到哪些困难,会出什么样的问题,才能准备好课上如何启发、如何引导的方法,争取主动、防止被动。另外,教师要充分了解学生的已知和未知,了解学生的语言天赋和潜能,因材施教,引导学生用已知探索未知,变未知为已知。

"启迪学生思维,开发学生的语言潜能"是一个大题目。如果每一位任课教师都积极思索这个问题,把这个题目做好了,学生就会真正成为课堂的中心,课堂教学的效果和效率就可以有个飞跃,就能从根本上解决"第二语言教学质量不尽如人意"的问题。

三、语音练习的方法

语音是语言的载体,是语言的物质外壳,是学习语言的基础。只有学好语音,才能听才能说,才能进一步学习词汇和语法,才谈得上培养和提高交际能力。

语音教学不但重要,而且难度大。首先,所谓"万事开头难",语音教学是语言教学的开端,在顺序上它就占据了难点。

其次,要克服母语发音系统的干扰。成年人学习第二语言是在已经习惯母语发音系统的基础上开始的。要学好语音,必须摆脱母语发音的影响,建立一套新的语音系统。这对大多数学习者来说是相当难的。

再次,汉语中有几组难音。比如:

送气音和不送气音:b、p;d、t;g、k;j、q;z、c;zh、ch。

舌面音、舌尖前音和舌尖后音:j、q、x;z、c、s;zh、ch、sh、r。

单韵母中的 e、u、ü、er 等。

前鼻韵母和后鼻韵母:an、ang;en、eng;in、ing;ion、iang;uan、uang;uen、ueng 等。

最后,汉语的声调对外国人尤其困难。四个基本声调的调值很难掌握,再加上轻声、变调、儿化等等,稍微不注意,说出话来就是洋腔洋调。

语音教学的目标是训练学生说话时善于运用声音技巧。首先是声韵调正确清楚,要掌握好21个声母、39个韵母和四个基本声调。在发好单音的基础上,重点训练在语流中声韵调的准确性。其次是重音、停顿、语速恰到好处,语气语调自然流畅。这是充分表达思想的需要,是提高语言交际能力的需要,也是语音教学要达到的高层次目标。

要搞好语音教学,首先教师必须善于运用声音技巧,发音要正确规范,声调要准确清楚,语气语调要自然流畅。这是教师业务的基本功。同时还要具有审音、辨音、纠音的能力,掌握教授语音、练习语音、纠正语音的基本方法。

(一) 教音的方法

1. 多次循环教学法

我们主张在语音教学阶段的第一天把全部声母、韵母、声调教一遍,使学生对汉语语音有一个完整的印象,同时进行火力侦察,了解每个学生的难点是什么,哪些是难音难调。从第二天开始进行第二次循环,根据教学对象的实际情况科学地有针对性地安排教学,集中火力解决大多数学生的难音难调,突出重点,反复操练,一个一个地重点突破。我们不能指望在第二循环把所有的难音难调都解决,还要进行第三、第四循环等等。每完成一次循环,学生的难音难调就会减少一些,直到彻底解决。语音教学还要从单音训练逐渐向语流训练过渡。教学重点从声韵调的准确向重音、停顿、语速、语气语调准确转移,把语言教学贯彻到整个基础汉语教学阶段。

2. 示范与模仿

语音教学是口耳相传的活动,教师示范、学生模仿是教授语音最重要、最直接、最有效的方法。教师示范是给学生输入正确的声音信号,刺激学生的听觉器官和大脑的听觉语言中枢。学生的模仿是听觉器官和发音器官协同动作的训练。即听觉语言中枢把声音信号传到运动性语言中枢,运动性语言中枢指挥发音器官发出声音信号。在语音教学的初始阶段,不要急于让学生开口,首先要进行听的训练,听多了,听准了,才能说得对。

示范和模仿的内容从单音到音节、到词语、到句子;从声韵调到重音、停顿、语速、语气语调等。示范和模仿最好采用四段练习法,即示范——模仿——再示范——再模仿。第一次模仿最好是全班,第二次模仿可以是全班,也可以是小组或个人。全班模仿可以给学生提供更多的练习机会,活动量大,课堂气氛热烈,又节约时间。个别模仿可以了解每个学生的发音情况,针对性较强。

3. 图表演示

在语音教学中常用的图表有:声母表、韵母表、发音部位图、舌位图、声调示意图等等。使用这些图表可以直观地显示发音部位和方法。发音部位的可见部分,学生可以观察教师的口形变化进行模仿。但是,大部分的发音部位是看不见的,如舌位前后、高低和气流的方向、强弱、畅通与阻塞等等,教师需用发音部位图、舌位图表示该音的发音部位,形象明确,便于学生理解。在教声调时,利用声调示意图展示第一声是高平调(55),第二声是高升调(35),第三声是降升调(214),第四声是全降调(51)。这样,学生就可以比较容易地发准四个声调。

第九讲 说话训练的方法(一)思维能力的训练和语音练习

4. 从易入手,由易到难,以旧带新

在教学中先易后难,这是常识。但是如何确定哪些易哪些难就不那么容易了。哪些是容易的音调？哪些是难的音调？一是根据一般的情况而论,二是根据学生的特殊情况而定。

一般来说,教韵母先教单韵母,再教复韵母,最后教鼻韵母。教单韵母先教 a、o、e,再教 i、u、ü,最后教 er。教声母一般按照 b、p、m、f、d、t、n、l、g、k、h、j、q、x、z、c、s、zh、sh、r 的顺序。这是因为卷舌音在很多国家的语言里没有,普遍觉得是难音。在 z、c、s 这一组舌尖前音中,s 是舌尖清擦音,各种语言几乎都有,比较容易发。z 和 c 是塞擦音,发音时先塞后擦,当然比单纯发擦音难。所以一般先教 s,然后教 z、c 或 c、z。教声调一般先教第一声,再教第四声、第三声,最后教第二声。这是因为,一声是高平调容易掌握。学会了高平调再学习全降调是比较容易的,第三声是先降后升,比发单纯的升调容易。第二声最难是因为起点很难掌握,找不到35的3,第二声就发不好了。

我们的学生来自不同的国家,即使来自同一个国家,不同地区的人对同一个音的感知也不一样。教学对象千差万别,我们必须从实际出发。比如韩国学生普遍发不好 z、c,我们可以先教 zh、ch、sh、r,后教 z、c、s。有的非洲国家的学生发送气音难,可以先教不送气音。有的国家的学生发不送气难,可以先教送气音。

先易后难是为了以旧带新。复习学过的音调,引出新的音调,过渡比较自然。比如,汉语的韵母有开、齐、合、撮四呼。复习学的开口呼 a、o、e、ai、ei、ao、ou、an、en 等,在韵头加上 i 就引出了齐齿呼 ia、ie、iao、iou、ian、in 等；在韵头加上 u 就引出了合口呼 ua、uo、uai、uei、uan、un 等。以旧带新既可以减轻难度又可以提高学习效率。

5. 音形结合,加深印象

在语音教学中,教师要充分利用板书,把音和形结合起来,使学生加深印象。有的老师在教前响二合韵母时,板书写为前一字母大,后一字母小,即：ɑi、ei、ɑo、ou；在教后响几合韵母时,板书写为前一字母小,后一字母大,即：iɑ、ie、uɑ、uo、üe。在教韵母 ie 时,为表示在 ie 当中,e 代表的是元音[ɛ],而不是[e],板书写为：i e
　　　　　　　　　　　　　　　　　　　　　　└ ≠ e。

在教 ju、qu、xu 时,板书写为：ju　　　qu　　　xu
　　　　　　　　　　　　　　　└ ≠ u　└ ≠ u　└ ≠ u。

在教 zi、ci、si 和 zhi、chi、shi、ri 时，为表示字母 i 在 z、c、s 之后，代表的是元音[ɿ]，而在字母 zh、ch、sh 后，代表的是元音[ʅ]，两者发音都不是[i]，板书写为：zi≠i　ci≠i　si≠i　zhi≠i　chi≠i　shi≠i　ri≠i

在教声调时，四个声调符号连写，板书最好不写成 ‾ ˊ ˇ ˋ ，应该按其在五度制中的位置高低和音高变化，有高有低地依次排列，板书成"＝≡"。这样才反映出声调的音高本质，便于学生理解和掌握。

音形结合可以直观地、形象地突出某个音调的特点，展示这个音与别的音的区别，避免发生混淆。

6. 使用定调音节

汉语的词大部分是双音节词，掌握了双音节词的声调，就等于掌握了大部分汉语词的声调。双音节词声调搭配总共只有 20 个。我们选了 20 个音节作为标准，掌握了这 20 个音节的声调，就等于掌握了全部双音节词的声调。

这 20 个定调音节是：

dōu tīng	hái tīng	yě tīng	zài tīng	tīng de
dōu dú	hái dú	yě dú	zài dú	dú de
dōu xiě	hái xiě	yě xiě	zài xiě	xiě de
dōu kàn	hái kàn	yě kàn	zài kàn	kàn de

以上定调音节在语音阶段要天天练，一定发好发准。以后学生出现声调错误时，用定调音节提示一下，他们便可自行改正。

（二）练音方法

在"听力训练的方法"语音部分中，有听后模仿、拼音、辨音、音节连读、辨声母或韵母、变调连续、认读等听和说的方法，也都适合说话训练。在做以上练习的时候要注意以下几个问题。

1. "合唱"与"独唱"相结合

"合唱"可以全班"大合唱"，也可以分组"小合唱"。这种方法可以消除学生的紧张情绪，在单位时间里得到更多的练习机会。但是教师不容易掌握个别学生的问题，难以进行具体指导。让学生"独唱"可以弥补"合唱"的不足，便于加强教学的针对性。

2. 以好带差

一个班里学生发音的情况不会完全一样。练习的时候除了教师示范以外，还可以让

第九讲 说话训练的方法(一)思维能力的训练和语音练习

发音好的学生带其他学生。这种方法的好处是减少教师的活动,增加学生的活动,调动学生的积极性。使用这种方法要避免只让一两个学生领说,应该给更多的学生领说示范的机会,调动大多数学生的积极性。这是官教兵、兵教兵,能者为师的原则。

3. 说读结合、说写结合

学生面前不出现文字符号是说,学生面前有文字符号是读。学生既要会说也要会认读。说的时候要着重练习发音部位和方法,养成正确的发音习惯。读的时候要把音和形结合起来作为经验成分储存在大脑中,以便需要的时候提取和使用。

语音练习时学生的活动量很大,常常喊得口干舌燥。这时可以用听写拼音调剂一下,既练习听也练习写。学生能够熟练地听写拼音,对训练边听边记很有好处。语音练习以说为主,还要说读结合,说写结合。

4. 声韵调单项练习和语流训练相结合

人们表达思想的最小单位不是音节,而是句子。声韵调单项训练使学生掌握正确的发音部位和方法,提高辨音和自我纠音的能力,是为句子训练打基础,打基础不是目的。在语流中声韵调正确才是语音教学的目的。因此,声韵调单项训练要和语流训练相结合,注意句子的整体训练,才能从根本上解决单音发得准,而说出话来怪音怪调、洋腔洋调的问题。

5. 课上与课下结合

语音练习不同于其他练习,应该在教师指导下进行。特别是发音差的学生,没有教师指导越练越糟,形成错误的习惯以后难以纠正。课上练习重在解决好"面"上的问题,对个别发音差的学生不可能花很多精力给予个别指导。可是如果不解决个别学生的问题又会影响整个班的教学质量。课下练习可以解决"点"的问题。教师可有计划有目的地指导发音差的学生,进行一对一的单兵训练,帮助他们尽快赶上其他学生。

(三) 纠音方法

在语音练习中学生出现音调的错误,教师要进行纠正。这就要求教师必须具有较强的审音、辨音和纠音的能力。审音是能够发现学生的错误,不能对学生的错误充耳不闻。辨音是能够辨析错误的实质和根源:哪个音节错了,是声韵调的问题还是重音、停顿、语气语调的问题;造成错误的原因是发音部位不对还是发音方法不对。教师要能及时准确地把握,好像医生先作出诊断,以便对症下药。纠音是针对学生的错误开出药方,采取有效的方法帮助学生自我改正。下面着重谈谈纠音的方法。

1. 示范模仿法

教音练音要使用示范模仿的方法,纠音同样也要靠示范和模仿。示范就是充分发挥教师的主导作用。教师设法通过感性——直观的方式,启发诱导学生通过听觉、视觉不断地体味、分析、比较发音要领和自己发音器官的动作,然后进行模仿,边模仿边改正自己的错误。

2. 理论指点法

当直接模仿不能奏效时,可以从理论上稍加指点。针对学生的错误根源,告诉学生这个音的唇、齿、舌、气流、声带等情况,帮助学生明白自己错在哪儿,怎样发出正确的音来。语音理论在这里起着画龙点睛的作用。

3. 演示法

教师不懂学生的母语在理论上说不通时,可以利用发音部位图、舌位图、声调示意图等直观教具演示说明,指出学生的错误及纠正的方法。

有的学生是学语言专业的,对国际音标比较熟悉,这时教师可以用国际音标注音,也可以收到事半功倍的效果。

汉语的送气音对很多国家的学生来说困难很大,常常发不好。教师可以借助实物演示,拿一张纸片放在口前,发 p、t、k、q、c、ch 时让气流把纸片吹动。发 b、d、g、j、z、zh 时纸片不动。再让学生对着纸片分别发送气音和不送气音,体会气流的差别。

4. 夸张法

为了帮助学生认识自己发音的错误,教师要尽量把发音部位和方法从听觉上和视觉上展示给学生,以加深印象。具体做法是,发音时口腔各部位的发音动作放慢,音量要大,发音时间延长,口腔动作明显,使学生能够看到或体会到各发音部位的动作和协同合配合的情况。

5. 对比法

学生发错音,常常是因为辨音能力差。他们听不出正确的音与错误的音的差别,常把汉语的音听成母语的音,或者把这个音听成那个音。遇到这种情况,教师要用对比的方法帮助学生从听觉上分辨清楚。对比的方法很多,有对比示范、对比辨音、对比认读、对比听写等。要把难音难调分成组,一组一组地辨别。比如六组送音和不送气音的对比;舌尖前音 z、c、s 和舌尖后音 zh、ch、sh、r 的对比;前鼻韵母 an、en、in 和后鼻韵母 ang、eng、ing 的对比等等。

6. 过渡法

有的学生对个别难音用模仿、演示、对比等方法纠正都不见效,可以试用过渡法。首先选择一个跟学生的难音近似的音,也就是发音部位和发音方法近似的音,这个音还必须是学生学过的会发的音。然后用这个音引出学生的难音。比如有的学生发不好 ü。他学过 i,并且会发,可以引导学生先发 i,声音不断,舌头保持不变,然后嘴角逐渐收缩,嘴

第九讲 说话训练的方法(一)思维能力的训练和语音练习

唇由扁变圆,几乎缩成一个小圆圈,ü这个音就发出来了。有的学生会发o,不会发e,可以从o过渡到e。发o时拖长声音,嘴角慢慢向左右展开,唇变扁圆形,o就变成e了。还有的学生会发sh,不会发r,首先发sh音,保持发音部位,声带颤动就能发出浊音r。

如果教师熟悉学生的母语或媒介语,也可以利用学生母语中的某一个音过渡到汉语的某一个难音。

7. 手势体态法

手势可以演示舌位的高、低、前、后、平、卷等动作情况,也可以演示舌尖与牙齿的距离和开口度的大小等,还可以演示声调的升降。比如手心向上,五指向前平伸,表示平舌音,即舌尖前音z、c、s。把四指翘起则表示翘舌音,即舌尖后音zh、ch、sh、r。手心向下,手背隆起,可以表示舌根抬高;拇指和食指分开,表示嘴角展开;用手指在空中比画表示四声阴、阳、上、去等等。使用手势的时候一定要让学生理解手势的意义,示意明确、清楚,而且要相对固定,学生一见这手势就明白它的含义,形成条件反射,才能跟教师配合默契。

除了手势以外,还可以借助身体的其他部分帮助学生纠正错音错调。比如借助头的动作可以比较容易地帮助学生练会四声。发第一声时抬头从左向右摆,发第四声时由上向下摆头,发第三声时头先向下再向上,发第二声时先找好中间位置再向上摆头声。半三声对大多数学生都比较难。发半三声可以先回收下颏,然后向右上方或右方摆头,能够很自然地发好"也听"、"也读"、"也看"、"写的"等含有半三声的词语。又比如,在练习重音、停顿、语气语调时,配合面部表情,把喜怒哀乐表现出来,使学生受到感染,能够比较容易地理解并掌握教学内容,再比如,有的学生an、ang;en、eng;in、ing不分,可以采用固定舌位的办法帮助学生掌握。当学生发an、en、in时让舌头点一下上齿,并固定不动。发ang、eng、ing时舌根后缩,口腔打开,发完后仍不立刻合上。用这样强制的方法固定口形和舌位,能够收到比较好的教学效果。

8. 提示法

有的学生发错音调不是不会发,而是受母语的影响或错误发音习惯的干扰,不自觉地显露出他们固有的发音习惯。遇到这种情况教师只需指点启发一下,学生即可自行改正。学生改正以后不可放过,教师要及时肯定,并让他重复几遍正确的,以体会这个音的发音部位和方法,加深印象,改变固有的发音习惯,养成正确的发音习惯。比如有的中级水平的学生shi(是)这个音仍发不好。常常说成si。教师只需在黑板上用彩色粉笔写"si ×、shi √"学生即可明白,这就是提示法。

9. 强调法

当学生语音或声调发生错误时,老师可用对比的方法强调一下学生说错的词跟正确的词意思不同,以加深他们的印象。比如:"请问,请吻";"栽花儿,摘花儿";"看书,砍树";"毛衣,贸易";"报告人,被告人"等等。

在纠正学生的错音错调时,有几个问题值得注意:

(1) 教师要善于运用启发式,对有能力自我纠正错音错调的学生,教师不要越俎代庖。只有让学生经过自己思考,知道哪儿错、为什么错、怎样说才对,才能把感性认识上升为理性认识,避免犯过去的错误。

(2) 教师不要重复学生的错音错调。特别是初学者,他们分不清什么是对的、什么是错的。教师重复他们的错误,学生往往认为是教师作示范,跟着模仿,以误为正,造成混乱。教师不重复学生的错误,也不要让学生重复自己的错误。当学生发音错误时,有的老师说:"你再说一遍。"结果学生说的还是错误的。正确的做法是让学生知道哪儿错了,正确的怎么说,然后自行改正。

(3) 在纠正学生的错音错调时,对个别人的错误不要揪住不放,要掌握分寸,适可而止,以免一方面使得出现错误的学生难堪,一方面又置多数学生于不顾。不过在学生自行改正错误以后倒可抓住不放,令其重复正确的,并给予肯定鼓励。

第十讲　说话训练的方法（二）
词语练习

本讲要点

- 词语练习的着眼点
  - 帮助学生输入大量的具有可感应性的词汇上
- 如何确定重点词语和次重点词语
  - 根据《汉语水平等级标准和等级大纲》中的《词汇大纲》来确定
  - 教师根据自己的教学经验和对词语特性的分析来确定
  - 根据某个词语在课文中的地位决定
- 词语练习的方法
  - 直接法
    - ◆ 指物说词
    - ◆ 教师做动作、学生说词语
  - 翻译法　　　　汉语释义法
  - 听后模仿　　　联想法
  - 认读法　　　　问答法
  - 语素法　　　　改句法
  - 词组法　　　　完成法
  - 辨别法　　　　游戏法
  - 类聚法

一、词语练习的着眼点

没有建筑材料不能盖房子,没有足够的词汇就不能交际。因此,在对外汉语教学中始终要训练学生不断积累词汇,扩大词汇量。词语练习跟语音练习一样,是贯彻对外汉语教学全过程的教学活动。

人们受到外界刺激,有了说话的欲望以后,大脑运动性语言中枢首先活动,高速组织语言内容,正确选词造句形成内部言语。选词是从人脑的记忆库中选择、提取有用的词汇用于口头表达。选出的词必须词义恰当、词性正确、感情色彩合适,才能进而排列组合成句子。选词的关键在于大脑中储存有足够量的具有可感应性的词汇。具有可感应性的词汇才便于提取和使用。所以,词语练习的着眼点应该放在帮助学生输入大量的具有可感应性的词汇上;词语练习的最终目的是扩大学生的词汇量,并使这些词汇具有可感应性,在需要的时候能够呼之即出。

怎么样使储存在大脑中的词汇具有可感应性呢?一是储存时给以强烈刺激;二是多次提取,反复使用,克服遗忘。词汇的四要素是"音"、"形"、"义"、"用",即词音、词形、词义、用法。储存时给以强烈刺激的意思是:在说话课上教师通过精讲多练,帮助学生把词的"音"、"义"、"用"牢牢地刻在脑子里。

使用实物、模型、图画、动作、手势、表情等直观手段解释词义是一种强烈刺激的方法,可以把词语直接跟实物建立起联系,有利于培养学生直接用汉语思维。特别是初级阶段的实词教学,应该尽量使用直观手段。

实物是指具体的东西,到处都有,随处可见。教师要充分利用教室里的实物,比如老师、学生、男同学、女同学、桌子、椅子、讲台、录音机、磁带、耳机、喇叭、麦克风(话筒)、黑板、板擦、粉笔、钢笔、铅笔、圆珠笔、书、本子、词典、英汉词典、汉英词典、小刀、橡皮、尺子、帽子、上衣、裤子、西装、皮鞋、布鞋、运动鞋、手表、眼镜、戒指、项链、耳环、门、窗户、玻

第十讲 说话训练的方法(二)词语练习

璃、窗台、窗帘等等。带领学生走出教室进入校园,实物更多了,比如宿舍、食堂、操场、图书馆、办公楼、校医院等等。不同的地方又有很多实物,在宿舍里有床、衣柜、箱子、台灯、地毯、毯子、被子、褥子、枕头、枕巾、床单、被罩、毛巾、牙膏、香皂、梳子、镜子、暖瓶等等。再把学生从校园带入社会大课堂,又可以学到更多、更实用、更新鲜的词语。

有些实物不能进入课堂可用模型代替。比如小轿车、大轿车、卡车、双层客车、公共汽车、出租汽车、无轨电车、有轨电车、火车、轮船、飞机等,可以用模型显示它的异同。没有实物和模型还可以利用图画解释词语。

用动作可以解释坐、站、走、跑、跳、听、说、念、写、看、开、关、擦、摸、握、拿、放、进、出、来、去等动词的词义。用手势可以解释上、下、前、后、左、右、这、那、这儿、那儿、高、矮、长、短、胖、瘦等名词、代词、形容词的词义。

在使用直观手段解释词义时,要边说词语边演示,而且要跟句型操练相结合。比如在教"桌子"时,可以操练如下句型:

问:这是什么? 问:你的桌子大不大?
答:这是桌子。 答:我的桌子不大。

问:这是你的桌子吗? 问:你的桌子新不新?
答:这是我的桌子。 答:我的桌子很新。

问:那是谁的桌子? 问:我们的教室有多少张桌子?
答:那是他的桌子。 答:我们的教室有12张桌子。

问:你的桌子在哪儿? 问:你的宿舍有没有桌子?
答:我的桌子在这儿。 答:我的宿舍有两张桌子。

一边演示一边操练,由词到句,由近及远,进行这样一组练习,学生受到了强烈的刺激,能够把"桌子"这个词的"音"、"形"、"义"、"用"牢牢地刻在脑子里。在需要使用的时候,可以很容易地把"桌子"从大脑记忆库中选出来。

二、确定重点词语和次重点词语

到中高级阶段,每课的词汇量增加了。有的课七八十个生词,有的甚至一百多。面对这么多生词,我们不可能也不应该要求学生一下子把所有的生词都记住。教师要研究在有限的时间内,如何使学生学会并记住最需要、最有用的词汇。

第一步,教师要按照教学计划把课文和生词划分段落,每天学习一个段落。段落的切割既要考虑课文内容,又要控制每天的生词量。每天的生词量要根据本班学生的人数、汉语水平、接受能力等诸多因素综合考虑。一般来说,中高级学生每天吸收30个左右生词,负担应该不会太重。

第二步,教师要对每天学习的30个左右词语进行分析,确定重点词语、次重点词语、一般词语和非重点词语。对于重点词语和次重点词语,要区别情况,设计练习,帮助学生当天掌握。对于一般词语和非重点词语不一定设计练习,可以通过在教学中不断重复,帮助学生慢慢掌握。这样看来,学生每天实际掌握的词语只有20个左右。教师要给学生创造接触词语和使用词语的机会,使学生在轻松愉快、没有压力的情况下,不知不觉地扩大词汇量。

如何确定重点词语、次重点词语、一般词语和非重点词语呢?

第一,根据《汉语水平等级标准和等级大纲》中的《词汇大纲》来确定。《汉语水平等级标准和等级大纲》是进行对外汉语教学总体设计、制定教学大纲、编写各级教材、进行课堂教学和测试的重要依据。

《词汇大纲》把8000多个汉语词分为四个等级:甲级词1011个,乙级词2017个,丙级词2140个,丁级词3000个。教学中的重点词语、次重点词语、一般词语和非重点词语应与《词汇大纲》中的甲级词、乙级词、丙级词、丁级词基本吻合。

第二,教师根据自己的教学经验和对词语特性的分析来确定。一般来说,扩展能力强、活用能力强、使用频率高的词应该作为重点词语。同时还要看外国人在中国日常生活和交际往来中的常用程度。

第三,根据某个词语在课文中的地位决定。那些对理解课文内容和口头表达有较大影响的关键词语,那些体现汉语特点和中国文化、和学生母语用法不同的词语,也应该作为重点词语。比如"松竹梅"中的竹子,英文就是"bamboo"一种普通的植物。可在汉语里它象征着不怕困难、积极向上、刚正不阿、高风亮节等等,出现在课文中体现中国特有的文化信息。如果学生不了解这些就不能深刻理解课文的内容,我们就应该把"竹子"作为重点词语讲练。

三、词语练习的方法

(一) 直接法

1. 指物说词

教师把有关的实物、模型、图画等带入教室,用教鞭指物,让学生说出该词语,然后问一个问题,让学生用该词语回答。

例如,教师把10张图片放在黑板前边。这10张图片是10种水果:苹果、梨、葡萄、西瓜、桃、菠萝、香蕉、樱桃、草莓、哈密瓜。教师任意指其中一张画儿，学生马上说出那个词。然后教师问："你喜欢不喜欢吃……？"学生回答："我喜欢（或不喜欢）吃……。"接着教师再问另一个学生："他（刚才回答的学生）喜欢不喜欢吃……？"这个学生根据刚才那个学生的回答再重复一遍。

2. 教师做动作、学生说词语

方法同上。教师做一个动作，学生说出该词语，教师问问题，学生用该词回答。教师戴上耳机听录音，学生说："听录音"。教师问："谁听录音？"学生答："老师听录音。"

（二）翻译法

在初级阶段，如果班里的学生操同一母语，教师也熟悉该种语言，可使用翻译法。特别是一些虚词，不能用直接法释义，用汉语解释学生听不懂。在这种情况下可以借助学生的母语或媒介语，使用翻译法。教师先说外语，学生说汉语。然后教师问问题，学生用该词回答。例如，教师说英文"and"，学生说："和"。教师问："你有书和本子吗？"学生答："我有书和本子。"

（三）听后模仿

重在词音训练，要求学生发音、声调、词重音完全正确，基本方法跟听力训练中的听后模仿一样，即用"四段练习法"。

（四）认读法

重在音、形结合训练，要求学生反应快，语音、声调、重音正确无误。

1. 利用生词表，教师任意说一个序号，学生念出这个词语。
2. 教师把重点词语写在黑板上，用教鞭任意指，学生念出这个词语。

（五）语素法

汉语是一种语素语言，以语素为基本单位。语素是最小的音义结合体。汉语语素的主要特点是：(1) 一个语素是一个音节；(2) 有的语素可以独立成词；(3) 是双音节词、多音节词的构词材料。

语素法是用同一语素组成大量词语，便于学生记忆。例如，"鸡"是一个音节；是语素，也是词。用"鸡"可以组成"鸡蛋、鸡毛、鸡头、鸡爪、鸡心、鸡肝、鸡翅、鸡腿、公鸡、母鸡、小鸡、鸡汤、鸡肉、炸鸡、鸡块"等大量词语。练习方法很简单，教师说一个语素，让学生大量组词，越多越好。

（六）词组法

词组法也叫搭配法，是把词扩展成词组，掌握词与词之间的搭配关系，便于学生理解、记忆和使用。例如："学习"是个动词，前边加上代词、名词可以组成主谓词组：

我学习	我们学习	学生学习	玛丽学习
你学习	你们学习	外国人学习	约翰学习
他学习	他们学习	中国人学习	彼得学习

"学习"的后边加上名词或动词可以组成动宾词组：

学习汉语	学习历史	学习管理
学习英语	学习文学	学习写作
学习法语	学习医学	学习游泳
学习日语	学习技术	学习表演

"学习"前边加上形容词可以组成偏正词组：

| 努力学习 | 好好学习 | 勤奋学习 | 虚心学习 |
| 认真学习 | 刻苦学习 | 自觉学习 | 仔细学习 |

"学习"可以做其他动词的宾语：

| 开始学习 | 准备学习 | 决定学习 | 喜欢学习 |
| 善于学习 | 打算学习 | 同意学习 | 讨厌学习 |

"学习"还可以做定语：

| 学习的内容 | 学习的条件 | 学习的习惯 | 学习的目的 |
| 学习的方法 | 学习的环境 | 学习的能力 | 学习的计划 |

如果某学生能说出以上这些词组，那么就可以说他完全掌握了"学习"这个词。

组成词组的练习方法多种多样，例如：

（1）利用生词表，（用四段练习法）教师说一个序号，一个学生念这个词并用这个词说一个词组。教师重复一遍，然后让另一个学生或全班重复一遍。

（2）把学生分成组，每组5—7人。利用生词表，教师说一个序号，第一个学生念这个词并用这个词说一个词组。第二个学生先重复第一个学生说的词组，教师说另一个序号，第二个学生念这个词并用它说一个词组。第三个学生重复前两个人说的词组，教师

第十讲 说话训练的方法(二)词语练习

再说一个新的序号,第三个学生念这个词并用它说一个词组,其余依次类推。最后一个学生要重复前边所有的人说过的词组,再加已的词和词组。如果忘了前边某个人说的词组,可让那个人重复一遍,作为提示。

(3) 不利用生词表,教师直接说词,学生说词组,基本同上。

(七) 辨别法

辨别法是辨别非同类词语,加深对词义的理解和记忆。练习方法跟听力训练中"说出非同类词语"近似。不同之处是,听力训练由教师说出一组词,让学生分辨。说话训练要增加学生说的机会。教师制作数张卡片,每张卡片上有五六组词语,每组中有一个词语跟其他的不一样。教师把卡片分给学生,每人一张。让一个学生一组一组地说卡片上的词语,让别的学生说出其中非同类的一个,并且说明为什么。例如:

卡片 1:
1. 苹果、葡萄、李子、梨、桃、黄瓜、西瓜
2. 西红柿、菠菜、芹菜、蒜苗、茄子、香菜、香蕉
3. 米饭、馒头、花卷、三明治、饺子、面条、烙饼
4. 鸡汤、炸鸡、烤鸭、红烧鱼、炒肉丝、炸大虾
5. 汽水、矿泉水、冰淇淋、茶、啤酒、牛奶、可口可乐

卡片 2:
1. 医生、病人、工人、农民、教师、战士、司机
2. 售票员、售货员、列车员、幼儿园、运动员、裁判员
3. 爷爷、奶奶、老爷、姥姥、爸爸、妈妈、妹妹
4. 奶奶、姥姥、妈妈、姑姑、姐姐、姐夫、妹妹
5. 张文、王平、李大年、赵大海、史密斯、陈芳、刘小丽

卡片 3:
1. 衬衣、毛衣、外衣、棉衣、大衣、洗衣、雨衣
2. 帽子、眼镜、上衣、裤子、手套、袜子、布鞋
3. 书、报、词典、画报、杂志、电影
4. 收音机、录音机、电视机、录相机、打火机、电脑、电冰箱
5. 梳子、牙膏、牙刷、毛巾、香皂、香水、洗衣机

(八) 类聚法

类聚法是把同一类的词语聚合在一起,使新旧词语互相提示,增加词汇刺激大脑的频率。这种练习方法既能复习学过的词语,又能系统地记忆新词。

1. 同义(近义)词类聚

场合、场所、场面、处所、场地、地点、地方。
时间、时刻、时期、期间、时候、时光、工夫。
走、跑、跳、跃、蹦、蹿、散步、溜达、行走、转悠。
讲、述、谈、说、道、曰、讲解、解释、叙述、谈话、说明。
美、俊、靓、帅、美丽、漂亮、好看、秀美、俊美、英俊、俊俏、俏丽。
好、优、良、帅、佳、妙、棒、优秀、优良、良好、地道、精美、精美。
常常、经常、时常、时时、往往、一直、始终、从来、总是、老是。
忽然、突然、猛然、霍然、陡然、忽地、猛地、一下子。

2. 反义词类聚

上、下；前、后；左、右；里、外；南、北；东、西。
来、去；进、出；上来、下去；下来、上去；进来、出去；出来、进去。
美、丑；好、坏；难、易；多、少；长、短；高、矮；胖、瘦；冷、热。

3. 类属词类聚

亚洲、欧洲、非洲、北美洲、南美洲、大洋洲、南极洲。
太平洋、印度洋、大西洋、北冰洋。
中国、北京；英国、伦敦；法国、巴黎；美国、华盛顿；日本、东京。
俄罗斯、莫斯科；泰国、曼谷；意大利、罗马；加拿大、渥太华。
头、头发、眉毛、眼睛、鼻子、嘴、胡子、牙齿、脸、耳朵。
汉语、英语、法语、日语、德语、俄语、西班牙语、意大利语、韩国语。

(九) 汉语释义法

到中高级阶段要让学生用汉语解释词语,这是训练学生用汉语思维的好方法。但是这种练习难度较大,教师要精心设计,词义解释当中不能含有生词,使学生经过思考能够说出来。

1. 说出汉语释义

教师设计若干张卡片,每张卡片上有五六个词语和对应的释义。给每个学生发一张卡片,各人的卡片互不相同。第一个学生说自己卡片上的某个词语,请第二个学生说该词的释义。如果第二个学生说得不对,第一个学生可以提示,第二个学生重复一遍。第一个学生的卡片做完以后,第二个学生说自己卡片上的词语,请第三个学生说释义,以后依次进行。每张卡片可限定在一分钟之内说完,教师给每个学生评定成绩。

卡片1：
1. 聚餐　亲朋好友在一起吃饭
2. 绝迹　已经消失,没有踪迹
3. 涌现　大量出现
4. 赡养　扶养老人或长辈
5. 佳肴　好吃的饭菜

卡片2：
1. 内弟　妻子的弟弟
2. 女婿　女儿的丈夫
3. 侄女　哥哥或弟弟的女儿
4. 外甥女　姐姐或妹妹的女儿
5. 外孙女　女儿的女儿

2. 根据释义猜词语

也是利用卡片,基本方法跟上边一样。只不过倒过来。卡片上主要部分是释义,对应的词语附在后边。第一个学生说释义,第二学生猜词语；第二个学生说释义,第三个学生猜词语,依次进行。

（十）联想法

联想是一种思维活动,用在学习中可以帮助学生调动起以往的经验和知识,提高学习的主动性。词语联想的练习就是反复提取储存在大脑中的词语,使其具有可感应性。练习方法一般是教师先一个词语,然后让学生说跟这个词语有关系的词语。有以下几种方法：

（1）按座位轮流每人说一个,后边的学生不许重复前边同学说过的,限时五秒钟,说不出来即被淘汰,具有比赛的性质,谁说到最后谁获胜。

（2）以一人说为主,说得越多越好。然后其他人补充。

（3）把学生分成若干组,每组五至七人。用累加法,第一个人说一个。第二个人重复第一个人说的,再说一个新的。第三个人重复前两人说的,再说一个新的。如此依次进行,最后一人重复前边所有人说的,再说一个新的。使用这种方法时要注意,使每个人都有机会做"最后一人"。

在做词语联想的练习时,有的学生说的可能是生词,别人听不懂,可让这个学生解释,也就扩大了所有学生的词汇量。有的学生说的可能跟老师说的词语没有关系,可以听他解释,或引导大家讨论,能够活跃课堂气氛。

(十一) 问答法

教师提问,学生回答。教师设计的问题,最好让学生自然而然地使用规定的词语。比如练习副词"也",教师设计以下问题:

教　师:你学习什么?	教　师:他是哪国人?
学　生:我学习汉语。	学　生:他也是日本人。
教　师:他学习什么?	教　师:她也是日本人吗?
学　生:他也学习汉语。	学　生:她也是日本人。
教　师:你是哪国人?	
学　生:我是日本人。	

再比如练习动词"帮助",教师设计以下问题:

教　师:你常常帮助别人吗?
学生A:我常常帮助别人。
教　师:你常常帮助谁?
学生A:我常常帮助我的同屋。
教　师:你常常帮助他什么?
学生A:我常常帮助他纠正发音。

然后教师再问学生B和上边一样的问题,也可把第二人称改为第三人称:

他(学生A)常常帮助别人吗?
他常常帮助谁?
他常常帮助他的同屋做什么?

教师设计练习的时候,要多准备几手,免得学生的回答出乎意料时束手无策。例如:

教　师:你常常帮助别人吗?	教　师:谁帮助过你?
学生C:我不常帮助别人。	学生C:李大年帮助过我。
教　师:别人帮助过你吗?	教　师:李大年帮助你什么?
学生C:别人帮助过我。	学生C:李大年帮助我洗衣服。

第十讲 说话训练的方法(二)词语练习

然后教师问学生 D 和上边一样的问题,也可把第二人称改为第三人称。不再赘述。

(十二) 改句法

要求学生用指定的词语改说句子。比如动词"认为"和"以为",教师在精讲的基础上设计一组练习,让学生用"认为"或"以为"改说句子,引导和帮助学生使用这两个词语。教师的讲解应该既简明又清楚,给学生深刻的印象,可分为以下四个步骤。

第一步,讲明两词的共性。"认为"和"以为"都是动词,可以做谓语,带宾语;都表示对人或事物的判断、看法、想法;有时可以互换。如:

他以为(认为)只有古典音乐,才是真正的音乐。

第二步,阐述什么时候用"认为"不用"以为"。

(1) 对事物完全肯定的正面论断。如:

我认为中国必须改革开放。

(2) 用"被"的被动句。如:

这幅画儿被认为是佳作。

第三步,阐述什么时候用"以为"不用"认为"。

(1) 对一般事物的不肯定的判断或与实事不符的看法,语气较轻。如:

我以为他回国了,其实他还在北京。

(2) 用"让"的被动句。如:

你总和那个姑娘在一起,让人以为你在追求她。

(3) 跟"原"、"本"、"很"组合,如:

我原以为你们去西安旅行。

(4) 构成"自以为是"、"不以为然"、"信以为真"等。

第四步,然后让学生做改句练习,如:

(1) 我想你去北大学习历史比较好。(都可)
(2) 我觉得这个展览还不错。(都可)
(3) 我们觉得发展经济最重要。(认为)
(4) 你一句话也不说,让客人觉得你不欢迎他们。(以为)
(5) 我想他去医院了,没想到他在图书馆。(以为)

(6) 玛丽病了,我想她不去长城了。可她还是去了。(以为)

(7) 我们都想这件事是真的。(都可,但意思不一样。)

(8) 大家都觉得必须采取坚决措施,打击不法行为。(认为)

(9) 你觉得这个电影怎么样?(都可)

(10) 天安门被看作是北京的象征。(认为)

(11) 我本来想他喜欢这幅画,可是他并不喜欢。(本以为)

(12) 我原来想是你错了,事实证明你对了。(原以为)

经过以上的练习,学生对这两个词的音、形、义、用应该掌握了。

(十三) 完成法

要求学生用指定的词语完成句子。比如用"怪不得"完成句子:

(1) 今天最高气温38摄氏度,……

(2) 王英在日本学了六年日语,……

(3) 张林是在美国长大的,……

(4) 我的同屋是穆斯林,……

(5) ……,原来他病了。

(6) ……,原来他们到外地旅行去了。

(7) ……,原来你对京剧不感兴趣。

(8) ……,原来他是海边长大的。

(十四) 游戏法

猜物游戏:请某个学生到教室外边去,再让其他人指定教室内的三种物品,如:学生A的词典、窗帘、老师的眼镜。这时,请室外的人进来,教师提出各种问题,让这个学生猜出刚才室内学生指定的某物。猜的人要肯定回答:"对,是……。"或者否定回答:"不,不是……。"不能用点头、摇头来表示,也不能只简单地说"是"或"不是"。教师事先已跟这猜物的学生商量好某种暗号,比如将要猜的第一件东西是排在老师问的黑色物体之后,第二件排在所问的白色物体之后,第三件排在所问的红色物体之后。但这种暗号别的学生不知道。例如:

教　师:他们让你猜的是这张桌子吗?

学　生:不,不是这张桌子。

第十讲 说话训练的方法(二)词语练习

教　师：是不是黑板？（黑色的）

学　生：不，不是黑板。

教　师：那么他们让你猜的是不是学生 A 的词典？

学　生：是学生 A 的词典。

教师问大家：他猜得对不对？

学生们：对！（热烈鼓掌）

教师继续问：他们让你猜的第二个是板擦吗？

学　生：不，不是板擦。

教　师：是我的手表不是？

学　生：不，不是你的手表。

教　师：是不是墙？（白色的）

学　生：不，不是墙。

教　师：是这个窗帘吗？

学　生：对，是这个窗帘。

……

教　师：他们让你猜的第三个是不是这个杯子？

学　生：不，不是这个杯子。

教　师：是学生 B 的头巾吗？（红色的）

学　生：不，不是她的头巾。

教　师：你猜是我的眼镜吗？

学　生：是老师的眼镜。

因为教师跟猜物的学生有事先商定的暗号，所以这个学生能全部猜出来。其他人不知道这种暗号，会感到奇怪，所以能够引起他们的兴趣。猜物的学生最好选班上水平差的，别的同学看到他们能猜中，就会对他们刮目相看。这对提高水平差的学生的学习积极性有益。商定的暗号可多种多样。比如班里有四个水平低的生，给学生 A 的暗号是所猜物品在所问的某种颜色的东西之后（上例），学生 B、C、D 的暗号可以是在第 N 个问题，或是在用"吗"、"是不是"、"是……不是"的疑问句。或是在所问的学生甲、乙、丙的东西之后。千万注意的是，这种暗号只能让教师和猜词的学生两个人知道，不能告诉第三者。因为有各种各样的暗号，即便是分别跟教师约定暗号的那几个学生，各自也不明白别的猜物人是怎么回事。

教师跟某个人约定的暗号可以固定下来。除了猜教室里的物品以外，还可以猜别的，比如由教室内某个学生说三个句子："某个学生的爱好"、"某个学生的生日"、"某个学生昨天去哪儿了"等等。经常做这种游戏既练习了汉语，又改善了师生关系和学生与学生之间的关系。

（十五）其他方法

记忆生词光靠课堂练习是不行的，课后学生还必须多下功夫，自己练习。为此，教师还要教给学生一些自学方法。

1. 分段记忆法

如果一课中有很多生词，可分成若干段，每段六七个。比如本课有 30 个生词，可分为五段，每段六个。

（1）记熟第一至第六个。
（2）记第七至第十二个。
（3）复习第一至第十二，记第十三至第十八。
（4）复习第七至第十八，记第十九至第二十四。
（5）复习第十三至第二十四，记第二十五至第三十。
（6）从第一至第三十再复习一至二遍。

这种记忆生词的理论依据是心理学的"七比特"原则：人们一次记忆"七"个左右信息最适宜。比特是信息的单位。

2. 想、说、写综合法

想是想词语的"音"、"形"、"义"、"用"，然后一边念一边写，既动脑又动口还动手。念和写要多重复几遍，直至会默，完全记住。

3. 词句结合法

把词放在句中一起记忆，记住一个例句，词语自然也记住了。例句一般是课文中现成的句子。

4. 造句法

课文中没有现成的例句，或者课文中的句子结构复杂、很难记，这时可以让学生自己用这个词语造一个简单的句子，以便整体记忆。

说明一点，在课堂练习时我们不主张教师使用口头造句法，理由有三：（1）学生思考占用太多时间，降低了开口率；（2）学生只想自己的句子，听不到别人说，不利于互相学习，降低了吸收率；（3）学生造出的句子常常似是而非，增加了教师讲解说明的难度。在课上教师让学生口头造句是自讨苦吃、费力不讨好的事。造句法适合在课下让学生做笔头练习。这样，学生有充裕的时间思考，可以减少错误；教师批改也有充裕的时间思考，可以避免讲评失误。

第十一讲　说话训练的方法(三)　句子练习

本讲要点

- 句子练习的着眼点
  - 帮助学生输入大量的可使用性的语法规则,并且能够运用这些语法规则把选出的词语排列组合成正确规范的句子,是为了造句
- 句子练习的方法
  - 句型展示
    - 利用实物
    - 利用图片
    - 利用动作
    - 设置情景
    - 复习旧课
    - 利用生词
  - 机械练习
    - 一般模仿练习
    - 专项模仿练习
    - 替换练习
    - 变换练习
    - 扩展练习
    - 问答练习
    - 做游戏
  - 交际练习
    - 间接问答法
    - 互相问答法

一、句子练习的着眼点

词语练习的着眼点是帮助学生输入大量的可感应性的词汇,并且在需要的时候能够迅速提取,是为了选词。那么,句子练习的着眼点应该是帮助学生输入大量的可使用性的语法规则,并且能够运用这些语法规则把选出的词语排列组合成正确规范的句子,是为了造句。

人们表达思想的最小的语言单位是句子。语音练习也好,词语练习也好,最终要落实在让学生说出结构完整、搭配得当、关联紧密、意义明确的句子,说出符合人物身份、符合说话目的、符合特定场合的恰当得体的句子。为此,句子练习要把结构和功能结合起来,帮助学生既牢牢掌握句子的结构,又明确对何人、何事,在何时、何地说这样的句子。比如练习"把"字句,既要让学生熟练地掌握"把"字句的结构是"主语+把+宾语+动词+其他成分",又要让学生明确什么时候必须用"把"字句,什么时候不使用"把"字句,什么时候可用可不用"把"字句。

句子练习的一般模式是:句型展示——机械练习——交际练习。

句型展示就是教师从交际出发,利用情景、图片、实物或者通过复习旧课引入新句型,把新句型展示在学生面前。句型展示不仅要展示句子的结构,而且要告诉学生这句话是在什么情况下、为什么事、对谁说的,以及它传达的信息是什么、作用何在,使练习具有明确的交际性。

机械练习是通过大量的、反复的、高频率的练习,帮助学生熟练地掌握新句型的语言形式,包括语音语调、词语运用、语法结构等,达到说得正确流利,甚至脱口而出的程度。

在机械练习的基础上,引导学生运用新学的句型,进行交际练习。交际练习是体现教学目的的环节,是教学中掀起高潮的环节,也是课堂教学的"压轴戏"。交际练习的特点是真实,问真实的问题,给予真实的回答,谈真实的看法。为此,教师要创造真实的交

第十一讲 说话训练的方法(三)句子练习

际环境,引导学生运用新学的句型谈话。只有通过这种练习,学生才能真正理解所学句子的含义,准确地掌握它的用法,学会在真实的交际环境中使用。

二、句子练习的方法

(一)句型展示

1. 利用实物

利用实物可以展示动词谓语句、名词谓语句(时间、日期、数等)、"是"字句、"有"字句、"把"字句、"被"字句、存现句、表示领有的"的"字结构等等。例如:

1.1 动词谓语句:我学习汉语。

  教　师:这是什么书?
  学　生:这是汉语书。
  教　师:这是谁的书?
  学　生:这是我的书。
  教　师:你学习汉语吗?
  学　生:我学习汉语。

教师板书:我学习汉语。(展示完毕)。

1.2 名词谓语句:现在八点。

教师利用时钟或钟表模型,把时针对准"8",把分针对准"12",然后教师问:

  教　师:现在几点?
  学　生:现在八点。(展示完毕)

教日期可利用大挂历,教钱数可以把人民币带到教室里来。

2. 利用图片

利用图片可以展示动词谓语句、形容词谓语句、"是"字句、"有"字句、感叹字、趋向补语、能愿动词、动态助词、连动句等。例如:

2.1 动词谓语句:我喜欢吃苹果。

教师手持一张苹果的图片。

  教　师:这是什么?
  学　生:这是苹果。
  教　师:你喜欢吃苹果吗?

学　生：我喜欢吃苹果。（教师板书）。

2.2　形容同谓语句：北京的夏天很热。

教师手持一张颐和园的图片，图片上一些人在水中，一些人拿着扇子在树下乘凉，图的右上角有一个牌子，写着：今天38度。

　　教　师：这是上海吗？
　　学　生：这不是上海，这是北京。
　　教　师：现在是冬天吗？
　　学　生：现在不是冬天，是夏天。
　　教　师：北京的夏天热不热？
　　学　生：北京的夏天很热。（教师板书）

2.3　感叹句：今天太热了！北京的夏天多热啊！

还用以上图片。教师板书："很……————→太……了！"

　　教　师：今天多少度？
　　学　生：今天38度。
　　教　师：今天热不热？
　　学　生：今天太热了！（教师板书）

教师再板书："很……————→多……啊！"

　　教　师：北京的夏天热不热？
　　学　生：北京的夏天多热啊！（教师板书）

2.4　趋向补语：

教师选择八张相应的图片，很自然地引出以下八个句子。

他进来了。　　　他出来了。　　　他上来了。　　　他下来了。
他进去了。　　　他出去了。　　　他上去了。　　　他下去了。

2.5　能愿动词：他会滑冰，她不会滑冰。这儿能滑冰，那儿不能滑冰。

教师选择两张图片引出本课句型。第一张两个人滑冰，男的会滑，女的不会滑，摔倒了。第二张图左边有很多人滑冰，右边有一个小孩掉进冰窟窿。

　　教　师：他会滑冰吗？
　　学　生：他会滑冰。
　　教　师：她会滑冰吗？

第十一讲 说话训练的方法(三)句子练习

  学 生:她不会滑冰。
  教 师:这儿能滑冰吗?(指左边)
  学 生:这儿能滑冰。
  教 师:那儿能滑冰吗?(指右边)
  学 生:那儿不能滑冰。

2.6 动态助词"过"表示经历:我去过长城。我去过两次长城。
教师准备一张长城的图片。

  教 师:这是什么?
  学 生:这是长城。
  教 师:你去过长城吗?
  学 生:我去过长城。(教师板书)
  教 师:你去过几次长城。
  学 生:我去过两次长城。(教师板书)

2.7 连动句:我去商店买东西。
教师准备一张商店的图片。

  教 师:你去哪儿?
  学 生:我去商店。
  教 师:你去商店做什么?
  学 生:我去商店买东西。(教师板书)

3. 利用动作
利用动作可以展示动词谓语句、"把"字句和祈使句、趋向补语、并列复句等。例如:

3.1 动词谓语句:我正在听录音。
教师让学生戴上耳机,打开录音机。

  教 师:你正在做什么?
  学 生:我正在听录音。(教师板书)

3.2 "把"字句和祈使句:请你把窗户关上。我把窗户关上了。

  教 师:外面刮风了,玛丽,请你把窗户关上。(玛丽关窗户)
  教 师:我让玛丽做什么?
  学 生:老师让玛丽关窗户。
  教 师:我说什么?

学　生：请你把窗户关上。（教师板书）

　　教　师：玛丽，你把窗户关好了吗？

　　玛　丽：我把窗户关好了。（教师板书）

3.3　趋向补语：他出去了。他进来了。

教师请一个学生先出去，再进来。引出以上两个句子。进一步解释"出去"、"进来"和说话人的位置的关系。

3.4　并列复句："一边……一边……"：我一边念生词一边写汉字。

教师先做动作一边念生词一边写汉字。引出这个句子。

4. 设置情景

利用设置情景可以展示程度补语、结果补语、可能补语、数量补语、比较句、兼语句等等。例如：

4.1　程度补语：他念得很好。

教师选一个朗读能力强的学生念一小段学过的课文。

　　教　师：他念得怎么样？

　　学　生：他念得很好。（教师板书）

4.2　结果补语：我做完练习了。

　　教　师：昨天晚上你做练习了吗？

　　学　生：我做练习了。

　　教　师：练习多不多？

　　学　生：练习不多。

　　教　师：你做完练习了吗？

　　学　生：我做完练习了。（教师板书）

4.3　可能补语：看得见、看不见；看得清楚、看不清楚；听得见、听不见；听得清楚、听不清楚。

教师可以设计情景首先帮助学生理解，然后引出新句型。

4.4　数量补语：他念了两遍。教师让一个学生念一小段课文。

　　教　师：他念了几遍？

　　学　生：他念了一遍。

教师让那个学生再念一遍。

　　教　师：他念了几遍？

第十一讲 说话训练的方法(三)句子练习

  学 生：他念了两遍。(教师板书)

 4.5 比较句：A比B高。A比B高一点儿。A比C高得多。

  教师选择三个学生A、B、C站在前面。A身高1.80米左右,B身高1.78米左右,C身高1.60米左右。然后教师在黑板上写：比高

  教师指A和B,学生说："A比B高"。教师用手示意"一点儿",学生说："A比B高一点儿"。教师再指A和C,学生说："A比C高得多"。

 4.6 兼语句：老师让她念课文。

  教师请一个学生念课文。

    教 师：玛丽,请你念课文。(玛丽念课文。)

    教 师：教师让玛丽做什么？

    学 生：老师让她念课文。(教师板书)

5. 复习旧课

  利用复习旧课可以展示状语、结果补语、可能补语、能愿动词、比较句、"把"字句、"被"字句、"是……的"句等等。

 5.1 状语：我在北京大学学习汉语。

  复习旧课： 教 师：你学习什么？

        学 生：我学习汉语。

  引出：   教 师：你在哪儿学习汉语？

        学 生：我在北京大学学习汉语。(教师板书,强调"北京大学"在"学习"的前边。)

 5.2 结果补语：我听懂了。

  复习旧课： 教 师：你听录音了吗？

        学 生：我听录音了。

  引出：   教 师：你听懂了吗？

        学 生：我听懂了。(教师板书)

 5.3 可能补语：我听得懂。

  复习旧课：

    我听懂了。   我能听懂。   我说得很慢。

    我没听懂。   我不能听懂。   我说得很快。

  教　师:我说得很慢,你能听懂吗?
  学　生:我能听懂。
  教　师:我说得很快,你能听懂吗?
  学　生:我不能听懂。

引出:(板书)能听懂⎯⎯→听得懂;不能听懂⎯⎯→听不懂。

  教　师:我说得很慢,你能听懂吗?
  学　生:我听得懂。(教师板书)
  教　师:我说得很快,你能听懂吗?
  学　生:我听不懂。(教师板书)

5.4 能愿动词:我会说日语。

复习旧课:

  教　师:你是哪国人?
  学　生:我是日本人。

引出:

  教　师:你会说日语吗?
  学　生:我会说日语。(教师板书)

5.5 比较句:苹果比香蕉便宜。

复习旧课:

  苹果四块一斤,香蕉四块五一斤。
  苹果四块五一斤,香蕉五块一斤。
  苹果五块一斤,香蕉五块五一斤。
  苹果五块五一斤,香蕉六块一斤。
  苹果便宜,香蕉贵。

然后教师在黑板上写:比

  教　师:苹果比香蕉……
  学　生:苹果比香蕉便宜。(教师板书)
  教　师:香蕉比苹果……
  学　生:香蕉比苹果贵。(教师板书)

第十一讲 说话训练的方法(三)句子练习

5.6 "把"字句:我把练习做完了。

先复习"我做完练习了。"然后引出"我把练习做完了"指出二者的区别。

5.7 "被"字句:我的自行车被小王借走了。

先复习"小王借走了我的自行车。"然后引出"我的自行车被小王借走了。"

5.8 "是……的"句:我是骑自行车去的。

  教　师:昨天下午你去哪儿了?
  学　生:我去友谊商店了。
  教　师:你是骑自行车去的吗?
  学　生:是,我是骑自行车去的。(教师板书)
  教　师:你是一个人去的吗?
  学　生:不,我是跟我同屋一起去的。(教师板书)

6. 利用生词

把生词扩展成词组再扩展成句子,可以展示各种句型。基本句型展示出来以后,教师要把它写在黑板上,以便进入下一个环节——机械练习。

(二) 机械练习

1. 一般模仿练习

一般模仿是综合模仿,语音、语调、语气、语速、重音、停顿等各个方面全面要求,模仿应尽量做到正确、标准、自然,让学生从整体上理解、掌握句子的结构和意义。

模仿的基本方法跟语音练习一样,可使用"四段练习法"。如果让学生模仿的句子太长、太难,应该化难为易,把一个长句分成若干部分,以免模仿时出现错误,还可提高流利程度。分段的方法一般有三种。

1.1 前分法。例如:"我们这次去山东,先到曲阜,后来又登泰山,最后经济南回到北京。"可以分成四段进行练习:

  "我们这次去山东",
  "我们这次去山东,先到曲阜",
  "我们这次去山东,先到曲阜,后来又登泰山",
  "我们这次去山东,先到曲阜,后来又登泰山,最后经济南回到北京。"

1.2 后分法。例如:"孔子是中国的也是世界的伟大思想家和教育家。"可以分成五段:

  "思想家和教育家",

"伟大的思想家和教育家",

"是世界的伟大的思想家和教育家",

"是中国的也是世界的伟大思想家和教育家",

"孔子是中国的也是世界的伟大思想家和教育家。"

1.3 混合分段法。先把句子的主要部分抽出来,然后分别增加次要部分。例如"孔子创立的儒家学派是中国春秋时期的一个重要的学派,对后世有很大的影响。"可分为七段:

"儒家学派",

"儒家学派是一个重要的学派",

"儒家学派对后世有很大的影响",

"儒家学派是中国春秋时期的一个重要的学派",

"孔子创立的儒家学派是中国春秋时期的一个重要的学派",

"孔子创立的儒家学派对后世有很大的影响",

"孔子创立的儒家学派是中国春秋时期的一个重要的学派,对后世有很大的影响。"

一般说来,前分法适合顺序性很强的句子。后分法适合各种句子,从后边开始,后边的词和词组的重复率高,有利于帮助学生解决"说前边忘后边,说得不流利"的问题。混合分段法有利于帮助学生理解和掌握结构复杂的难句。要让学生掌握好基本句型,就要做大量的模仿练习。

2. 专项模仿练习

专项模仿是通过模仿成组的语句,举一反三,使学生知道什么时候应该重、什么时候应该轻;什么时候应当高、什么时候应当低;什么时候快、什么时候慢;什么时候可停顿、什么时候不能停顿,从而掌握重音、语调、语速、停顿的规律。

2.1 重音

重音一般分为语法重音和逻辑重音。

2.1.1 语法重音:是在不表示特殊意义的情况下,根据语法结构决定的重音。语法重音的所在的位置一般规律是:

(1)普通短句的谓语,如:

① 我尝尝。
② 比赛开始了。
③ 今天星期日。
④ 现在九点。
⑤ 北京的冬天很冷。
⑥ 小王很热情。

第十一讲 说话训练的方法(三)句子练习

(2) 有宾语的句子宾语是重音,双宾语句后一个宾语是重音。如:

① 我买地图。
② 他学习汉语。
③ 我们喜欢京剧。
④ 王老师教我们听力。
⑤ 他给我一幅画儿。
⑥ 我告诉你一件事儿。

(3) 定语、状语、补语重读,趋向补语不重读。如:

① 我买世界地图。
② 他学习古代汉语。
③ 我们非常喜欢京剧。
④ 王老师认真地教我们
⑤ 我听懂了。
⑥ 他说得很流利。

(4) 疑问词、否定词、数字重读。如:

① 今天谁没来?
② 你为什么打他?
③ 你买什么地图?
④ 他们去哪儿旅行?
⑤ 我不会日语。
⑥ 他以前没来过中国。
⑦ 我没有词典。
⑧ 这件毛衣八十五块。
⑨ 他有三本词典。

(5) 表示强调的句式,如"是……的"句、"连……也(都)……"句、选择问句中的被强调的词语重读。如:

① 他是前年毕业的。
② 王是从上海来的。
③ 我们是坐火车去的。
④ 他们连星期日也不休息。
⑤ 教室里连一个人也没有。
⑥ 连八十多岁的老人都参加了。
⑦ 你喝白酒还是啤酒?
⑧ 你们去上海还是去广州?
⑨ 你们看杂技还是京剧?

2.1.2 逻辑重音:为了强调句中某种特殊含义而把某个词或词组说得很重是逻辑重音。逻辑重音没有固定的位置,随着思维逻辑而改变。如:

A:谁明天跟他去上海?
B:我明天跟他去上海。
A:你什么时候跟他去上海?
B:我明天跟他去上海。

A:你明天跟谁去上海?
B:我明天跟小王去上海。
A:你明天跟他去哪儿?
B:我明天跟他去上海。

2.2 语调高低

人们说话,每个句子中的各个词或词组不是一样的高低。有时高,有时低。句子末尾有时上升,有时下降。句子的高低、升降不同,可以表达不同的意思。如:

① 他是学生?(疑问)

② 他是学生。(肯定)

语调的基本规律是:

(1) 陈述句的语调平稳,全句声音较低,句末用降调。

(2) 疑问句全句声音较高,一般疑问句用升调,问题的核心部分音调较高;特指问句、正反问句、选择问句都用降调;特指问句的疑问词音调高;正反问句肯定的部分音调高,否定的部分音调低;选择问句供选择的部分音调高。

(3) 祈使句使用降调,语气强硬时全句声音较高,句末急促下降;语气委婉时全句声音较低,句末缓慢下降。

(4) 感叹句多用曲调,表示喜悦、激昂、惊奇、气愤时声音较高;表示悲伤、感慨、意外时声音较低。

2.3 语速快慢

语速的快慢跟说话的目的、内容、环境气氛、心理情绪有关,跟人们的年龄、身份、性格也有一定的关系。语速没有一定之规。是快是慢,要因人而异、因事而异,该快则快,该慢则慢。快也不能太快,慢也不能太慢,快的时候要字正调准,慢的时候要语气连贯。

2.4 语句停顿

句子太长,中间没有标点,如果一口气说下去,就会感到气不够用,别人听起来也会感到紧张憋气,这时候需要停顿一下,调节气息。停顿有区别意思的作用,所以停顿必须恰到好处。停顿可分为语法停顿和强调停顿。

语法停顿是显示句子各种语法关系的停顿,是一般情况下的停顿。

(1) 主语或谓语较长时,主语、谓语之间停顿。如:

① 参加第十届国际汉语教学讨论会的代表|明天下午两点出发。

② 去上海和南京旅行的同学|今天下午三点在201教室开会。

③ 孔子创立的儒家学派|是中国春秋时期的一个重要的学派。

④ 孔子|是中国的也是世界的伟大思想家和教育家。

(2) 宾语太长时,宾语前停顿。如:

① 我希望|你们明天下午都去文化学院听京剧讲座。

② 我听说|日本的经济腾飞跟新儒家思想很有关系。

第十一讲 说话训练的方法(三)句子练习

③ 请注意|明天的听力课改在星期五上午第三四节。

④ 你不觉得|王文这个学期听说能力有了很大进步吗?

(3) 定语长时,距中心语远的定语后停顿。如:

① 我买了一本|北京语言大学新编的|汉语听力教材。

② 我要最近一期的|日文版《人民画报》。

③ 我们参观的|那个中国现代家庭摄影展览真有意思。

④《口语中阶》是供外国人使用的|中级口语教材。

(4) 状语后停顿,如:

① 他每天晚上|在宿舍里|做练习。

② 孩子们高高兴兴地|上学去了。

③ 张老师耐心地|热情地|给我们讲解。

④ 在老师和同学的帮助下|他进步很快。

(5) 补语前停顿,如:

① 小陈高兴得|眼泪都流出来了。

② 张老师讲得|又清楚又生动。

③ 孩子们玩得|可开心了。

④ 那个老人累得|都喘不上气来了。

强调停顿是为了强调句中某个部分而做的停顿,是特殊情况下表达特殊意义的停顿,而且往往有强调重音与之配合。如:

① 我|怕你说不好。(担心你说错、说不清楚,不是不让你说。)

② 我怕|你说不好。(担心对你不利,对你有不好的影响。)

③ 我怕你说|不好。(希望你说好。)

重音、语调、语速、停顿的模仿练习,关键是教师能够准确地把握,示范做得好,学生才能模仿得正确,才能达到专项练习的目的。

3. 替换练习

3.1 单项替换:多用于初级水平的学生。

基本句:我学习汉语。要求:替换"汉语"。

(1) 一种方法是教师提示词语。这种方法节约时间,而且既练听也练说。在练好基本句以后,教师先示范:

教　师:英语。(指自己)

教　师：我学习英语。

教　师：法语。（指学生A）

学生A：我学习法语。

然后教师用手势指挥全班：

全　班：我学习法语。

教　师：日语。（指学生B）

学生B：我学习日语。

（全班重复一遍）

教　师：俄语。（指学生C）

学生C：我学习俄语。

（全班重复，依次进行）

（2）另一种方法是教师不给词语，学生想词替换。这种方法放松对学生的控制，能够更充分地发挥学生的主动性。

3.2　多项替换：多用于中高级水平的学生。

基本句：从这儿到那儿有十多公里，用不了半个小时就到了。要求：替换"这儿"、"那儿"、"十多公里"、"半个小时"。

教师可以给出替换词让学生替换，也可以不给替换词让学生自己想替换的部分。为了使练习顺利进行，防范学生出现错误，教师要做适当的说明：这个句子适用于近的距离，表达说话人觉得距离近，用的时间短。

4. 变换练习

变换练习的方法很多，适用于初级、中级、高级各种水平的学生。

4.1　肯定句变否定句，练习"不"和"没"的用法。例如：

他是学生。——他不是学生。

他有词典。——他没有词典。

他去商店。——他不去商店。

他去商店了。——他没去商店。

4.2　陈述句变疑问句，练习提问。例如：

明天我进城。——明天你进城吗？

　　　　　　　　明天你去哪儿？

　　　　　　　　明天你进不进城？

　　　　　　　　明天你进城还是回家？

第十一讲 说话训练的方法(三)句子练习

4.3 把两个句子变成连动句。例如：

我去商店。我买东西。——我去商店买东西。
我去医院。我看病。——我去医院看病。
我去教室。我上课。——我去教室上课。
我去图书馆。我借书。——我去图书馆借书。

4.4 把两个句子变成比较句。例如：

小李二十岁。小陈十七岁。——小李比小陈大。
　　　　　　　　　　　　　　小陈比小李小。
　　　　　　　　　　　　　　小陈没有小李大。
　　　　　　　　　　　　　　小李比小陈大三岁。
　　　　　　　　　　　　　　小陈比小李小三岁。

4.5 一般句变"把"字句或"把"字句变一般句。例如：

我做完练习了。——我把练习做完了。
我看完这本书了。——我把这本书看完了。
我洗完衣服了。——我把衣服洗完了。
我翻译完课文了。——我把课文翻译完了。

4.6 "把"字句变"被"字句或"被"字句变"把"字句。例如：

他把我的自行车弄坏了——我的自行车被他弄坏了。
他把我的自行车弄丢了。——我的自行车被他弄丢了。
他把我的自行车偷去了。——我的自行车被他偷去了。
他把我的自行车骑走了。——我的自行车被他骑走了。

4.7 单句变复句。例如：

我听录音。我做练习。——我一边听录音，一边做练习。
我吃饭。我看电视。——我一边吃饭，一边看电视。
我喝茶。我看报。——我一边喝茶，一边看报。
我唱歌。我跳舞。——我一边唱歌，一边跳舞。

4.8 用指定词语改句子(见第十讲"三、词语练习的方法"中(十二)改句法里用"认为"和"以为"改句练习，p.197)。

4.9 变换表达方式。

在真实的交际中,人们的态度有肯定也有否定,有赞扬也有批评,有支持也有反对。我们教的学生不能只会说肯定、赞扬、支持的话,不会说否定、批评、反对的话。因此要扩大学生的表达方式。比如上边"多项替换"的例子(p.214),说话人如果觉得距离远,用的时间长,可以先变成以下基本句,然后再做替换练习。

基本句:从这儿到那儿有一百多公里,得用两个小时才能到。

5. 扩展练习

5.1 词——词组——句子扩展练习。教师说一个词,让学生按要求先扩展成词组,再扩展成句子。例如练习结果补语:

  教　师:懂。(指自己)
  教　师:看懂。这篇文章我看懂了。
  教　师:懂。(指学生 A)
  学生 A:听懂。这课录音我听懂了。
  全　班:这课录音我听懂了。
  教　师:完。(指学生 B)
  学生 B:看完。这本小说我看完了。
  全　班:这本小说我看完了。
  教　师:干净。(指学生 C)
  学生 C:洗干净。这些衣服我洗干净了。
  全　班:这些衣服我洗干净了。

5.2 完成句子,训练用汉语思维。教师说前半句,让学生想出 10 个后半句。

  教　师:小王今天病了,所以……
  学　生:小王今天病了,所以没来上课。
     小王今天病了,所以没去旅行。
     小王今天病了,所以没去参观。
     小王今天病了,所以没去食堂吃饭。
     小王今天病了,所以他去医院了。
     小王今天病了,所以没来考试。
     小王今天病了,所以考试考得不好。
     小王今天病了,所以没给你打电话。
     小王今天病了,所以没来开会。
     小王今天病了,所以不能参加比赛了。

第十一讲 说话训练的方法(三)句子练习

6. 问答练习

6.1 一般问答。教师提问,要求学生回答时注意句重音。

基本句:我跟阿里去首都剧场看京剧。

  教　师:谁跟阿里去首都剧场看京剧?
  学　生:我跟阿里去首都剧场看京剧。
  教　师:你跟谁去首都剧场看京剧?
  学　生:我跟阿里去首都剧场看京剧。
  教　师:你跟阿里去哪儿看京剧?
  学　生:我跟阿里去首都剧场看京剧。
  教　师:你跟阿里去首都剧场看什么?
  学　生:我跟阿里去首都剧场看京剧。

6.2 按照要求回答问题。

(1) 先否定,然后用所给的词语做肯定回答。

  教　师:你听得懂上海话吗?(普通话)
  学　生:我听不懂上海话,我听得懂普通话。
  教　师:你听得懂广东话吗?(四川话)
  学　生:我听不懂广东话,我听得懂四川话。
  教　师:你看得懂英文书吗?(法文书)
  学　生:我看不懂英文书,我看得懂法文书。
  教　师:你看得懂日文报纸吗?(中文报纸)
  学　生:我看不懂日文报纸,我看得懂中文报纸。

(2) 让学生用指定的词语回答。

  教　师:(南方),你们去哪儿旅行?
  学　生:我们去南方旅行。
  教　师:(办公楼),你们去哪儿开会?
  学　生:我们去办公楼开会。
  教　师:(礼堂),你们去哪看电影?
  学　生:我们去礼堂看电影。
  教　师:(幼儿园),你们去哪儿参观?
  学　生:我们去幼儿园参观。

6.3 快速回答问题,训练学生的快速反应能力。

7. 做游戏

7.1 字头连字尾造句。适用于中高级水平的学生。具体方法见第五讲"二、句子练习的方法"中(一)听和说 12. 字头连字尾造句,p.96。

7.2 组句子:顺着下图中的路线可以组成若干6个字的句子,你能说出几种?

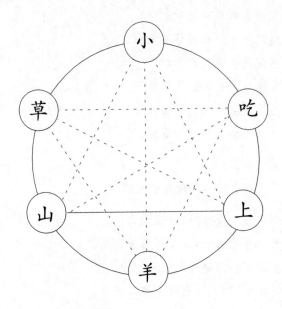

参考答案:

(1) 小羊上山吃草。
(2) 小羊吃草上山。
(3) 小山上羊吃草。
(4) 羊吃山上小草。
(5) 羊吃小山上草。
(6) 羊吃草上小山。
(7) 羊吃小草上山。
(8) 羊上小山吃草。
(9) 羊上山吃小草。

(10) 吃草小羊上山。
(11) 吃小草羊上山。
(12) 山羊吃上小草。
(13) 山上小羊吃草。
(14) 山上羊吃小草。
(15) 上山羊吃小草。
(16) 小山羊吃上草。
……

第十一讲 说话训练的方法(三)句子练习

7.3 仔细看图,辨别异同,要求使用下列比较句回答问题:
　　(1)……一样。　　　　(2)……不一样。
　　(3)……跟……一样。　(4)……跟……不一样。

问题:这两个人有什么相同的地方,有什么不同的地方?

7.4 仔细看图,说出图中的错误。要求使用下面句型:……应该在……,不应该……

参考答案:
(1)大树应该在陆地,不应该在水里。
(2)鱼应该在水里,不应该在大树上。
(3)鸡应该在地上跑,不应该在水里游。
(4)荷花应该长在水里,不应该长在荷叶上。

7.5 传口令(类似行军中的传口令)。教师说一个句子,让学生依次重复。要求准确、小声、快速。哪个学生说错了,要罚唱歌或表演小节目。重点练习音调的准确性和语速。如:

(1) 告诉老胡,老虎来了。
(2) 别在船上睡觉,快去床上睡觉。
(3) 我买盐,不买烟。
(4) 只要汤,不要糖。
(5) 南南要跟兰兰谈谈。

(6) 把盆子里的盘子拿出来。
(7) 那里很静但是不近。
(8) 写作不能写错。
(9) 弟弟栽花,妹妹摘花。
(10) 白队立刻排队。

7.6 结对子。教师把全班学生分为两组,每人一张卡片,第一组只发问题卡,第二组只发回答卡。每人只看自己的卡片,两分钟之内记熟,然后把卡片扣放在桌子上。持问题卡的学生轮流问问题(只能说,不能念),持回答卡的学生立刻回答,一对一对,直至全部问答配对。如果有的学生说错,教师可从旁指导。待全部回答完毕,教师把问题和答案再领读一遍。在此后做另一组卡片的练习时,可以反过来,第二组发问题卡,第一组发回答卡。

设计这种练习要突出本课语法点,并且要注意一个问题只能配上一个正确回答,其他回答似是而非,有点迷惑性。下面两组卡片是"在"、"跟"、"从"、"离"等介词结构做状语的练习:

问题卡

| 你每天晚上看电视吗? (1) |
| 你在哪儿看电视? (2) |
| 你跟谁一起看电视? (3) |
| 你从几点开始看电视? (4) |
| 俱乐部离你宿舍远不远? (5) |
| 你为什么不在宿舍看电视? (6) |

回答卡

| 不,我有的时候看电视。 (1) |
| 我在俱乐部看电视。 (2) |
| 我跟朋友一起看电视。 (3) |
| 我从晚上7点开始看电视。 (4) |
| 俱乐部离我宿舍不远。 (5) |
| 我的宿舍没有电视。 (6) |

第十一讲 说话训练的方法(三)句子练习

问题卡

| 你每天听录音吗？ (1) |

| 你在哪儿听录音？ (2) |

| 你跟谁一起听录音？ (3) |

| 你从几点开始听录音？ (4) |

| 教室离你宿舍远不远？ (5) |

| 你为什么不在宿舍听录音？ (6) |

回答卡

| 我每天听录音。 (1) |

| 我在教室听录音。 (2) |

| 我一个人听录音。 (3) |

| 我从下午两点开始听录音。 (4) |

| 教室离我宿舍比较远。 (5) |

| 我不喜欢在宿舍听录音。 (6) |

(三) 交际练习

1. 间接问答法

教师问学生 A 一组问题，内容是关于学生 B 的。学生 A 不知道答案，他必须问学生 B，然后才能回答。以"是……的"句为例做交际练习：

- 教　师：他(学生 B)是什么时候来北京的？
  学生 A：(问 B)你是什么时候来北京的？
  学生 B：我是去年九月来北京的。
  学生 A：(对教师)他是去年九月来北京的。

- 教　师：他是从哪儿来的？
  学生 A：你是从哪儿来的？
  学生 B：我是从美国来的。
  学生 A：他是从美国来的。

- 教　师：他是怎么来的？
  学生 A：你是怎么来的？
  学生 B：我是坐飞机来的。
  学生 A：他是坐飞机来的。

- 教　师：他是一个人来的吗？
  学生 A：你是一个人来的吗？
  学生 B：不是，我是跟朋友一起来的。
  学生 A：他是跟朋友一起来的。

再以动态助词"过"为例做交际练习：

- 教　师：(问学生 B)他(学生 C)看过《红楼梦》吗？
  学生 B：(问学生 C)你看过《红楼梦》吗？
  学生 C：我没看过《红楼梦》。
  学生 B：他没看过《红楼梦》。
- 教　师：他看过中国小说吗？
  学生 B：你看过中国小说吗？
  学生 C：看过。
  学生 B：他看过。
- 教　师：他看过什么中国小说？
  学生 B：你看过什么中国小说？
  学生 C：我看过《三国演义》。
  学生 B：他看过《三国演义》。

　　这种问答练习教师说得很少，学生说得多。初级的学生可以做，中高级的学生也可以做。问题的内容可以针对一个语法点，也可以针对课文的内容。学生谈的都是真实的情况、真实的想法。这就是交际练习。

　　2. 互相问答法

　　"间接问答法"可以作为一种示范，进行完以后再让学生互相问答，给学生更多的练习机会。以上边的"是……的"句的练习为例，用教师的四个问题，两人一组互相问答，教师从旁指导，纠正学生的错误。各组都练习完以后，教师选两组在全班表演，最后教师做出评论。

　　人们表达思想的语言单位是句子，但是在真实的交际中，人们说话不是说一个个孤零零的句子，往往是说一连串的句子：有问有答，有解释有说明，有叙述有评论。因此交际练习的重点是会话练习和成段表达，提高学生综合运用语言的能力。下面两讲将介绍会话的练习方法和成段表达的练习方法。

第十二讲　说话训练的方法（四）
会话练习

本讲要点

- 会话练习的着眼点
  - 训练和提高学生综合运用语言的能力，包括口头表达微技能，同时还包括掌握开始谈话、轮流谈话、结束谈话以及提出、控制和转换话题等会话技巧
- 会话练习的方法
  - 单项练习
  - 完全控制练习
    - 分角色朗读会话体课文
    - 把叙述体课文改成会话体练习谈话
    - 间接问答法
    - 简单的通知或转告
  - 基本控制练习（一）
    - 根据卡片谈话
    - 完成会话
    - 参照例句谈话
  - 基本控制练习（二）
    - 话题：问路
    - 话题：请客
    - 话题：看望病人
  - 自由会话练习
    - 一般会话　　　　◆ 辩论
    - 专题讨论　　　　语言实践活动

一、会话练习的着眼点

会话是人们进行社会交际的最基本的言语形式,是一种双向传输语言信息的言语活动,也是第二语言教学的一个重要内容。课堂上的会话练习是培养学生会话能力的手段,直接为提高交际能力的根本目的服务。在会话练习中,学生们在一定情景中交流信息,双方互为听者,又互为发言者;既练习听,又练习说;既训练聆听理解能力,又训练口头表达能力;一边学一边用,学用结合,可以大大地提高学习的积极性,收到立竿见影之效。

会话练习不像词语和句子练习那样目的单一。会话练习的着眼点应该是训练和提高学生综合运用语言的能力,包括:高速组织语言内容的能力,正确选词造句组句成段的能力,恰当选取表达方式的能力和善于运用声音技巧的能力等口头表达微技能。同时还应该包括掌握开始谈话、轮流谈话、结束谈话以及提出、控制和转换话题等会话技巧。

黎天睦先生在北京语言大学讲学时谈到:"我们外国人在北京常常想到这个问题:在一个新的社会生活,在街上,在朋友家里,我该怎样开始说话?有时候不知道怎么开口只好不做声。"(见黎天睦《现代外语教学法理论与实践》)黎天睦是汉语家,能说流利的汉语。他提出的问题不是词汇和语法问题,而是某种语境中的会话规则问题。我们的不少学生也反映了同样的问题。由此可见,在会话教学中让学生通过会话练习来掌握会话规则,学会开始谈话、轮流谈话、结束谈话,以及提出、控制和转换话题等等会话技巧,也是训练恰当选取表达方式的能力,即综合运用语言能力的一个方面。因此,下面对会话规则、会话技巧做一些介绍,以便同行们在编写教材和组织学生练习会话时作为参考。

(一) 开始谈话

如何开始谈话要根据说话的目的、对象、场合而定,一般来说,开始谈话常常使用下

第十二讲 说话训练的方法(四)会话练习

列一些方法。

1. 称呼式

    妈妈,我回来了。　　　　　　小王,你去哪儿?
    张老师,您好!　　　　　　　李芳,快过来!

2. 问候式

    好久不见了,最近身体怎么样?
    好长时间不见了,最近忙吗?
    你什么时候回来的? 全家都好吧?
    怎么样? 学习紧张吗?

3. 套语式

    请问,附近有邮局吗?　　　　劳您驾,请往里边挪一挪。
    劳驾,去和平路怎么走?　　　请问,这个座位有人吗?

4. 道歉式

    对不起,我来晚了。
    实在对不起,让您久等了。
    真对不起,我又迟到了。

5. 寒暄式

    今天比昨天凉快了。　　　　　这里环境真不错。
    这几天天气真好。　　　　　　您家里真干净啊。

6. 提问式

    你干什么呢?　　　　　　　　你知道小王为什么不高兴吗?
    你去哪儿?　　　　　　　　　你看,这个句子是什么意思?
    你还没写完作业呢?

7. 直陈式

    你的书我带来了。
    我把照相机修好了。
    小王让我告诉你,他明天不来了。
    刚才马林给你来电话,说他晚上来宿舍找你。

8. 祈使式

    快,快,借给我五块钱。
    我的自行车坏了,把你的车借我用一下儿。
    快走吧,别让人家等你。
    快回去吧!

9. 提醒式

    都八点了,你怎么还不走?   你还认识我吗?
    你看,谁来了?   你猜,我给你带来什么好消息?

10. 称赞式

    你的房间真大!   你还是那么年轻。
    你今天打扮得真漂亮!   你越来越精神了。

11. 引发式

    你是……   那个人是你的……
    你昨天去……   你们昨天看的那个电影是……

12. 话题式

    明天美术馆有人体摄影展览。(想谈人体摄影展览)
    今天的足球比赛真精彩。(谈足球比赛)
    春节快到了。(想谈节日)
    北京好玩儿的地方真多。(谈名胜古迹)

13. 迂回式

    (屋子里空气不好,想打开窗户)你是不是感冒了?
    (鼓励别人克服困难)你听过《愚公移山》的故事吗?
    (劝对方以大局为重,跟别人搞好团结)我给你讲个《将相和》的故事吧。

14. 介绍式

    来,介绍一下,这是我母亲,这是我爱人。
    我叫王安,是北大中文系的老师。
    我姓金,叫金美淑,是韩国人。
    我叫艾米,美国人,是哈佛大学的学生。

第十二讲 说话训练的方法(四)会话练习

(二) 轮流谈话

会话的一个特点就是轮流谈话,说话人和听话人不断地变换角色,即说话人变成听话人,听话人又变成说话人。说话人的话语从开始到结束是一个话轮。话轮是会话的基本单位。构成话轮的可以是短语、单句、复句、句群等。会话的过程就是一个话轮终止,另一个话轮开始,不断进行的过程。话轮与话轮的转换是有规律可循的。不了解这个规律的人常常不知道如何轮流谈话,不知道什么时候该自己说话。一般来说,话轮与话轮之间的转换应该出现在转换关联位置上。这个转换关联位置指的是一个话轮可以识别的终结位置。那么如何识别这个终结位置呢?有以下几种方法。

1. 毗邻应对

毗邻应对是一方始发话,另一方作出合适的反应,始发话和应答话关系密切,紧紧相连,而且有对应的关系。如果对方(A)以前文《开始谈话》中的例句为始发话,自己(B)应该用下列方法应答。

A:张老师,您好!(称呼式)
B:你好,王林!

A:好久不见了,最近身体怎么样?(问候式)
B:很好,谢谢,你呢?

A:请问,附近有邮局吗?(套语式)
B:有。往前走,马路北边。

A:对不起,我来晚了。(道歉式)
B:不晚,我也刚到。

A:今天天气不错。(寒暄式)
B:是啊,不冷也不热。

A:你干什么呢?(提问式)
B:我听录音呢。

A:你的书我带来了。(直陈式)
B:快给我,我正等着看呢。

A:快,快借给我五块钱。(祈使式)
B:给你。五块够吗?

A:都八点了,你怎么还不走?(提醒式)
B:我这就走。

A:你的房间真大。(称赞式)
B:还可以。

A:你是……(引发式)
B:我是王安,北大中文系的老师。

A:明天美术馆有人体摄影展览。(话题式)
B:看的人一定很多。

A:你是不是感冒了?(迂回式)
B:没有啊。

A:来,介绍一下,这是我母亲,这是我爱人。(介绍式)
B:你们好!

毗邻应对也用于会话的结束。如:

| A:再见! | A:明天见! |
| B:再见! | B:明天见! |

2. 对方给自己提出问题

A:小于,你知道丁兰家的地址吗?
B:知道。……

第十二讲 说话训练的方法(四)会话练习

  A:(介绍去山东旅行以后)你这次去西安旅行怎么样?
  B:我们去西安旅行收获也很大。

  A:……,关于这个问题你有什么意见?
  B:我的看法是……

3. 对方虽然没有直接给自己提出问题,但是提出的问题跟自己有关

  A:谁知道丁兰家的电话号码?
  B:我知道。82027755。

  A:谁谈谈去西安旅行的情况?
  B:我来谈一下,……

  A:关于这个问题,谁还有不同意见?
  B:我不同意你们的看法,……

4. 对方总结自己的话以后

  A:……,以上是我的看法。
  B:下面我来谈谈。……

  A:……,这只是我个人的想法,不一定对。
  B:我同意您的看法,不过有一点……

  A:……,我们了解的情况就是这些。
  B:我来补充一点,……

5. 对方说完一个完整的意思,转入第二个意思之前

  A:……,这是第一点。
  B:对不起,请等一下。关于这个问题我有些想法,……

  A:……,以上是事情的经过。
  B:对不起,我打断一下,关于事情的经过我补充一点,……

A:……，这就是我对第一个问题的分析。

B:对不起，我不太同意这种分析。

6. 对方说完一句话，说下一句话之前

A:……，我哥哥在北大学习。

B:你哥哥学什么专业？

A:学中文的。

B:我哥哥也是学中文的。

A:白华住医院了。

B:是吗？她得的什么病？

A:心肌炎。听说挺厉害的。

B:明天咱们去看看她吧。

A:孔子是中国的也是世界的伟大思想家和教育家。

B:是啊，他创立的儒家学派对后世有很大影响。

A:他倡导的"仁者爱人"的思想很有现实意义。

B:没错儿，特别是在年轻人当中要倡导这种思想。

A:他提出的"学而不厌"、"诲人不倦"的精神也应该继承下来。

B:孔子的很多思想都是值得继承的。

（三）结束谈话

关于结束谈话，黎天睦先生也曾提到这样的经历："怎样结束，这一点更重要。为什么？你是一个外国人，你说完了，可我以为你还有话说，不好走开。只好站在那儿等着。"黎天睦先生的经历具有普遍性。

如何结束谈话，说话人一方通常要使用结束前序列和结束序列暗示对方，听话人一方则要善于发现说话人的结束前序列和结束序列，做出结束谈话的反应。常用的结束前序列有：

1. 表态式

A:好，我同意。

B:谢谢，再见！（目的达到）

第十二讲 说话训练的方法(四)会话练习

　　A:行,没有问题。
　　B:那太感谢您了。再见!

　　A:好吧,就这么定了。
　　B:谢谢,再见!

2. 小结式

　　A:就这样吧,明天去美术馆。
　　B:好,明天见!

　　A:你说得对,现在正是看红叶的时候,星期日去香山。
　　B:那咱们星期日见。

3. 拜托式

　　A:这件事可全靠你了。
　　B:没问题,你放心吧!再见!

　　A:这件事请您多费心!
　　B:放心吧,我一定尽力。再见!

　　A:我把小明交给您了。
　　B:你放心地走吧,他在我这儿跟在家一样。

4. 道谢式

　　A:谢谢你们的美味佳肴。
　　B:别客气,欢迎以后再来。

　　A:谢谢你们的盛情款待。
　　B:不必客气,欢迎你有空儿常来。

　　A:谢谢你热情周到的服务。
　　B:请多提意见,欢迎再次光临。

5. 道歉式

　　A:真对不起,耽误您这么长时间。
　　B:没什么,有问题你随时来。

　　A:对不起,给您添麻烦了。
　　B:别客气,再见!

　　A:对不起,打扰您了。
　　B:不必客气,欢迎你常来。

6. 询问式

　　A:你还有别的事吗?
　　B:没有了,下星期见!

　　A:你还有别的问题吗?
　　B:没有了,谢谢您,再见!

　　A:你的问题谈完了吗?
　　B:谈完了。
　　A:我们研究研究,两天以后给你答复。
　　B:好,再见!

　　A:你说完了吗?
　　B:说完了。
　　A:那么你可以走了,我们还有别的事情。
　　B:对不起,打扰了,再见!

7. 提醒式

　　A:别忘了,后天八点。
　　B:忘不了,后天见!

　　A:老地方,别迟到!
　　B:放心吧,再见!

第十二讲 说话训练的方法(四)会话练习

   A:路上当心,慢点儿骑!
   B:放心吧,再见!

   A:坐车的时候小心你的钱包!
   B:您放心吧,再见!

8. 制止式

   A:别说了,都六点了。
   B:可不是,该吃饭了。

   A:别说了,该下班了。
   B:可不,都十二点了。

   A:别说那么多,简单点儿,要不来不及了。
   B:我说完了,走吧。

9. 直陈式

   A:时间太晚了,我该走了。
   B:好,有空常来。

   A:我的问题都解决了,我该回去了。
   B:好吧,有问题再来。

   A:我的意见谈完了,我得走了。
   B:那好吧,再见!

10. 祈使式

    A:今天就谈到这儿吧。
    B:好,明天继续讨论。

    A:这件事你回去再想想,我们以后再谈。
    B:行,我回去再想想。再见!

A:这件事我知道了,你先回去吧。

B:好吧,再见!

11. 建议式

A:您该休息了,我走了。

B:好吧,你也早点儿回去休息吧。

A:您挺忙的,这个问题以后再说吧。

B:行,以后我给你打电话。

A:这个问题很复杂,我们是不是找一个比较长的时间好好谈谈?

B:行,你什么时候有时间告诉我。

12. 告别式

A:祝你一路顺风!

B:谢谢,再见!

A:替我向你的家人问好。

B:谢谢,再见!

A:回到家以后给我打电话。

B:一定打,再见!

(四)提出话题

话题反映交谈者的动机,规定和制约谈话的内容、范围和重点,它是使交谈顺利进行,并取得良好效果的重要保证。由于交谈的目的、对象、内容和环境不同,提出话题的方法也不一样。常用的方法有以下几种:

1. 提问式

A:你觉得今天的足球比赛怎么样?

B:非常精彩,……

第十二讲 说话训练的方法(四)会话练习

A:你喜欢看京剧吗?
B:不太喜欢。
A:为什么?
B:……

A:上海给你的印象怎么样?
B:很好,……

2. 直陈式

A:明天美术馆有人体摄影展览。
B:看的人一定很多。
A:是啊。你知道吗?还有小张的两幅作品呢。
B:小张? 哪个小张?
A:资料室的小张,张强啊。
B:噢,他呀,他的作品上展览了?
A:你明天去不去?
B:票可能不好买。
A:不用买,小张给了我两张。

3. 迂回式

如果对方不愿意就某个话题交谈,而你又觉得非谈不可,不妨先避开这个话题,谈一些对方感兴趣的事情,适时巧妙地引出正题。最典型的例子是战国时期《触龙说服赵太后》的故事。

赵太后刚刚执政,秦国就派军队加紧攻打赵国。赵国向齐国求救。齐国表示,必须用赵太后的儿子长安君做人质才能出兵。赵太后不同意。大臣们纷纷劝说,太后发了怒,说:"谁要再谈让长安君去做人质,我就啐他的脸。"触龙知道这件事以后来见赵太后,下面是他们的谈话。

触　龙:很久没见您了,身体怎么样?
太　后:我老了,得靠坐车代步。
触　龙:吃饭怎么样?
太　后:每天只喝点儿粥。
触　龙:我近来吃饭也不好,可是我每天散步,坚持走三四里路,饭量增加了,对身体很有好处。

太　后：每天走三四里路，我做不到。

触　龙：我有个孩子叫舒祺，想让他当王宫的卫士，行吗？

太　后：好吧，多少岁了？

触　龙：十五岁了。我老了，很疼爱他。趁我没死的时候把他托付给您吧。

太　后：男人也疼爱小儿子吗？

触　龙：比女人更疼爱。

太　后：女人比男人更疼爱儿子！

触　龙：我认为您疼爱女儿胜过疼爱儿子。

太　后：你说错了。不如疼爱儿子长安君。

触　龙：父母爱孩子应该为他们的长远打算。您送女儿燕后出嫁的时候为她祈祷："一定别让她回来！"您不是不想念她，而是替她作长远打算，希望她有子孙在燕国即位为王。

太　后：你说得不错。

触　龙：从现在说起，三代人以前，赵王子孙封侯的，他们的后代还有封侯的吗？

太　后：没有了。

触　龙：不光是赵国，其他诸侯国，他们的后代还有封侯的吗？

太　后：也没有了。

触　龙：是国王的子孙一定都不好吗？不是。因为他们地位高而没有功勋，俸禄厚却没有劳绩，他们不能自立。如今你给长安君很高的地位、很多的封地和财产，而不让他为国家建功立业，一旦太后归天，长安君靠什么在赵国立足？我以为您对长安君打算得不长远，您爱长安君不如爱燕后。

赵太后听了触龙这一番话，终于明白了，同意派长安君去齐国做人质。

（五）控制话题

交谈是双方的事，双方的兴趣点不一定总是一致，会造成话题转移；在交谈中出现新的情况，也可能造成话题转移。从自己的谈话目的出发，要能控制住话题，在达到自己的谈话目的以后再转移话题。

1. 引异法

当发现对方说的话已经离了题，不要作出中止对方谈话的表示而是等对方谈完以后，自己重申话题，把谈话引回到原来的题目。例如：

关于刚才的……问题，我还有一点想法。

关于刚才的……问题，我还有一点不同意见。

第十二讲 说话训练的方法（四）会话练习

关于刚才的……问题，我还不太明白。

关于刚才的……问题，我还不清楚。

对身份高的人、长辈、不熟悉的人或关系一般的人都可以使用这种方法，既不伤害对方的感情，又达到了自己的谈话的目的。

2. 拦阻法

发现对方的谈话刚刚离题，直接提醒对方，阻止对方说下去，使对方的谈话重新回到原来的话题。提醒的方式要因人而异，因情而异。有的要稍微客气一点儿，可以用"对不起，请你停一下儿"或"对不起，我打断一下儿"来阻止对方；有的则无须客气，用开玩笑或非常随便的话直接打断对方，更显出关系密切。一般说来，对关系很熟的人、平辈或晚辈可以使用这种方法。

（六）转换话题

明确地提出话题，牢固地控制话题，是交谈成功的重要条件。但是交谈不可能总是谈一个话题，还需要灵活自然地转换话题。转换话题，要掌握好时机和方式。先看下面的例子。

情景：星期日下午看完足球比赛，赵开老师邀请同学们去他家吃晚饭。赵开的妈妈和钱英（赵老师的爱人）做饭的时候，赵开和同学们谈话谈得很热闹。

赵　开：你们觉得今天的比赛怎么样？

孙　力：很精彩。老师，您说哪个队踢得好？

赵　开：两个队踢得都不错。红队的五号踢得最好，跑得也很快，不愧是有名的球星。

李　林：白队的三号跑得也不慢。

张　千：我觉得从总体上看红队的实力强，它有几个国脚。

刘　万：白队的实力也不差，虽然没有红队的球星多，可他们配合得好。特别是这场球，每个人都发挥得不错。

孙　力：我最欣赏白队的守门员，他反应真快，救了好几个险球。

赵　开：听说你以前当过守门员？

孙　力：那是中学的时候，我是校队守门员。

赵　开：现在还踢球吗？

张　千：他现在又迷上网球了。

赵　开：你一定打得很好了。

孙　力：不行，不行。我只是喜欢打，打得不太好。

赵　开：你们都喜欢体育运动吧？
李　林：我喜欢打乒乓球。
张　千：我喜欢打台球。
赵　开：刘万，你喜欢什么运动？
刘　万：我喜欢游泳和长跑。我跑得比较快，可是游得不快。
张　千：老师，您喜欢什么？
赵　开：打太极拳。
张　千：我想学太极拳，您教教我好不好？
孙　力：您要是教，我们都学。
李　林：哎，对了，你们知道今天白队的教练是谁吗？
刘　万：他们请了一个外国教练，叫——，叫什么来着？
李　林：叫安东尼。
刘　万：对，是安东尼。听说这个洋教练可严厉了。
张　千：人家也确实训练有方。
孙　力：是啊，白队今天踢得这么好，跟教练有直接关系。赵老师，您教我们太极拳吧。
赵　开：你们真想学？
学　生：想学。
赵　开：那咱们从明天开始，每天下午四点半在小操场北边，怎么样？
学　生：好，我们听您的。
张　千：这个星期日咱们看足球比赛，下个星期去哪儿玩儿？
李　林：我提议下星期日去香山怎么样？
刘　万：我同意，咱们骑自行车去吧。
孙　力：别骑车，坐车吧。骑那么远，再爬山，太累了。
刘　万：咱们都是小伙子，还怕累？
李　林：坐车人太多，还是骑车好，咱们慢点儿骑。
孙　力：骑车也行，我听你们的。
刘　万：那咱们说定了，骑车去，七点钟出发。老师，您也跟我们去吧？
赵　开：行，可是我坐车去，在香山公园门口等你们。
钱　英：（走进来）饭做好了，吃饭吧！

以上这段会话谈了三个话题：(1) 谈今天的足球比赛；(2) 谈每个人的爱好；(3) 谈下星期日的打算。其中有四次话题转换。第一次是赵开接孙力"欣赏白队守门员"的话

第十二讲 说话训练的方法(四)会话练习

题,问:"听说你以前当过守门员?"又问:"现在还踢球吗?"很自然地把话题从谈论足球比赛转到谈爱好。这样转换话题叫"顺转"。第二次是李林用"哎,对了,你们知道今天白队的教练是谁吗?"把话题又转回谈足球比赛。李林谈话的兴趣点还是足球比赛,他在使用引导法控制话题,把话题拉回去。第三次是孙力把话题转回去,说跟赵老师学太极拳。孙力的兴趣点是谈爱好,他也是使用引导法控制话题。这第二次、第三次转换话题叫"回转"。第四次是张千用一个问题"这个星期日咱们看足球比赛,下个星期去哪儿玩儿?"把话题转到谈下星期日的打算。这次不是"顺转",也不是"回转",而是"隔转",即隔着第二个话题,用第一个话题来转。

从以上分析可以看出,转换话题常用的方法是:顺转、回转和隔转。在真实的谈话中,顺转是最常见的。回转和隔转常常用来控制话题。

开始谈话、轮流谈话、结束谈话和提出、控制、转换话题的规则,都是作为暗线潜伏在课文中。教师不必专门讲解这些规则,而是在适当的时候点一下即可。应该通过会话练习使学生学会如何开始谈话、如何轮流谈话、如何结束谈话,以及如何提出、控制和转换话题等会话技巧。

二、会话练习的方法

在进行课堂练习的时候,学生是活动的主体。教师应把他们带到一个个情景中去,让他们主动地去思考,充分地自我表现。造成一种人人开口,不怕说错,竞相发言的气氛。但是,既然是训练,就不能随心所欲,乱说一气,而应该有训练的章法。为此,我们设计的会话练习的程序是:单项练习;完全控制练习;基本控制练习(一、二);自由会话练习。

教师设计练习的时候,要考虑五个基本要素:话题、情景、功能、语法结构和词语。单项练习是某个功能项目和相应的语法结构的练习。五个要素都控制的是完全控制。放松其中的一项或者两项是基本控制。教师只确定一个题目或者设置一个情景的练是自由会话。自由会话并不是绝对的自由,也要在教师的指导进行练习。

(一) 单项练习

功能和结构是对立统一的关系。一个功能项目可以用不同的语法结构表达,同样,一个语法结构也可以表达不同的功能项目。但是我们在教学中往往是一对一地进行练习,即一个功能项目用一个语法结构表达。

进行单项练习的时候,教师首先通过一两个例句使学生理解某个功能项目和相应的语法结构的意义及其相互关系,然后让学生根据实际情况按照例句的结构会话。

    例1 功能:询问姓名和职业/自我介绍

        结构:A:请问,你是——?

            B:我叫……,是……的……

学生练习:

        A:请问,你是——?

        B:我叫方龙,是北京大学的老师。

        A:请问,你是——?

        B:我叫艾米,是语言大学的留学生。

        A:请问,你是——?

        B:我叫罗杰,是汉语速成学院的学生。

        A:请问,你是——?

        B:我叫大内上子,是A班的学生。

    例2 功能:欢迎/感谢

        结构:A:欢迎+代(名)词+动词+宾语

            B:谢谢!

学生练习:

        A:欢迎你们来语言大学学习汉语。

        B:谢谢!

        A:欢迎你们来北京参观访问。

        B:谢谢!

        A:欢迎您参加今天的晚会。

        B:谢谢!

        A:欢迎你有时间去我家玩儿。

        B:谢谢!

第十二讲 说话训练的方法(四)会话练习

例3 功能:奇怪/解释
　　结构:A:代(名)词+怎么……?
　　　　B:陈述句
学生练习:

　　A:你怎么没去旅行?
　　B:我最近身体不太好。

　　A:今天你怎么迟到了?
　　B:我的自行车在路上坏了。

　　A:他今天怎么这么高兴?
　　B:他被提升为业务经理了。

　　A:这里的冬天怎么这么冷?
　　B:这里地势高,是高原气候。

例4 功能:奇怪/不奇怪
　　结构:A:真奇怪,……
　　　　B:这没有什么可奇怪的,……
学生练习:

　　A:真奇怪,王林又感冒了。
　　B:这没有什么可奇怪的,天气这么冷,他只穿一件衬衣能不感冒吗?

　　A:真奇怪,北京最大的商店里没有丝棉袄。
　　B:这没有什么可奇怪的,丝棉袄冬天才上市,现在是夏天。

　　A:真奇怪,冬天这里没有暖气。
　　B:这没有什么可奇怪的,南方的城市都没有暖气。

　　A:真奇怪,我昨天一夜没睡也不困。
　　B:这没有什么可奇怪的,你昨天收到女朋友的邮件,太激动了。

例5 功能：商量/不同意
　　结构：A：咱们……怎么样？
　　　　　B：我看还是……好，……

学生练习：

　　A：今天晚上咱们去丽都饭店跳舞怎么样？
　　B：我看还是去看演出好，我喜欢京剧，咱们去看京剧吧。

　　A：星期日咱们去长城怎么样？
　　B：我看还是去香山好，现在是秋天，正是看红叶的时候。

　　A：寒假咱们去南方旅行怎么样？
　　B：我看还是去哈尔滨好，哈尔滨的冰灯很值得看。

　　A：中午咱们吃烤鸭怎么样？
　　B：我看还是吃涮羊肉好，这儿的涮羊肉非常好吃。

例6 功能：询问某人/可能
　　结构：A：你还记得……吗？
　　　　　B：好像是……的。

学生练习：

　　A：你还记得成方圆是哪个歌舞团的吗？
　　B：好像是东方歌舞团的。
　　A：你还记得张文是哪个学校的吗？
　　B：好像是北京师范大学的。
　　A：你还记得于力是哪个医院的大夫吗？
　　B：好像是第三医院的。

（二）完全控制练习

　　这种练习话题、情景、功能、语法结构和词语等五个要素都有规定，不能随意改变。
　1. 分角色朗读会话体课文
　　目前，大部分说话课教材都是会话体。这种会话体课文实际上是给学生一种模式：中国人在什么情况下，为了什么事，对什么人说什么话。学生只有熟练地掌握了课文才

第十二讲 说话训练的方法(四)会话练习

能做到举一反三。分角色朗读课文或按照课文谈话是熟练掌握课文内容的最基本的方法。

2. 把叙述体课文改成会话体练习谈话

例1 有一篇课文《问路》,原文如下:

问 路

　　从前有一个人叫张三,张三很不懂礼貌。有一天他骑着马去百花山玩儿。他走到一个路口不知道往哪个方向走,就停住马,等有人来好问一问。

　　等了一会儿走过来一个农民。张三看见他急忙问:"喂,到百花山怎么走?有多远?"那位农民连理也没理他。这时候张三生气了,质问那位农民:"我跟你说话,你为什么不理我?"那个农民回答:"对不起,我不姓'喂',也不叫'喂'!"说着就走远了。

　　过了一会儿,有一个教师走过来。张三骑在马上问:"老哥,去百花山怎么走?有多远?"教师连头也没回,还是走自己的路。张三又生气了,大声地喊:"我跟你问路,你怎么不理我?"那个教师说:"对不起,我要去看一件新鲜事,你别耽误我的功夫。"张三问他:"你去看什么新鲜事?"教师说:"前边的村子有一匹马下了一头牛,你说新鲜不新鲜?"张三说:"是挺新鲜。马下了牛,为什么不下马呢?""是啊,谁知道他为什么不下马呢?"张三听了,脸一下子就红了。

在熟练掌握这篇课文内容的基础上,教师引导学生把它改成会话体。先设计四个人物:一个解说员,一个张三,一个农民,一个教师。然后让四个学生分别扮演以上四个人物,根据课文内容准备自己该说的话。最后进行谈话或表演。

　　解说员:从前有一个人叫张三,张三很不懂礼貌。有一天他骑着马去百花山玩儿。他走到一个路口,不知道往哪个方向走,就停住马,等有人来好问一问。等了一会儿,走过来一个农民,张三看见他,就急忙问。

　　张　三:喂,到百花山怎么走?有多远?

　　解说员:那位农民连理也没有理他。这时候张三生气了,质问那位农民。

　　张　三:我跟你说话,你为什么不理我?

　　农　民:对不起,我不姓"喂",也不叫"喂"!

　　解说员:农民说完就走了。过了一会儿,有一个教师走过来,张三骑在马上问。

　　张　三:老哥,去百花山怎么走?有多远?

　　解说员:教师连头也没回,还是走自己的路。张三又生气了,大声地喊。

　　张　三:我跟你问路,你怎么不理我?

　　教　师:对不起,我要去看一件新鲜事,你别耽误我的功夫。

　　张　三:你去看什么新鲜事?

教　　师：前边的村子有一匹马下了一头牛，你说新鲜不新鲜？
张　　三：是挺新鲜。马下了牛，为什么不下马呢？
教　　师：是啊，谁知道他为什么不下马呢？
解说员：张三听了，脸一下子就红了。

例2　另有一篇课文《公园巧遇》，原文如下：

公园巧遇

艾米是个美国姑娘，她是五年前从北大毕业的。前天她跟一个艺术代表团一起又来到北京。今天她在北海公园遇见了以前的中国老师方龙。她说："方老师，您好，您还认识我吗？"方龙看了看她，说："你是艾米，美国人。"他们都高兴地笑了。艾米告诉方老师，她现在是翻译，她和代表团已经访问了上海、南京、洛阳、西安和敦煌，后天就要离开北京回国了。方龙请艾米第二天去他家玩儿。可是艾米和代表团明天要去音乐学院和美术学院参观，她没有时间。艾米请她的朋友给她和方老师照了一张相就很快地走了，因为代表团的人在那边等着她。

把这篇课文改成会话体，个别句子要做适当调整。

艾　　米：方老师，您好，您还认识我吗？
方　　龙：你是艾米，美国人，五年前毕业的。对吧？哈哈……
艾　　米：哈哈，您的记性真好。您现在还在北大教书吗？
方　　龙：对。你是什么时候来北京的？
艾　　米：前天。
方　　龙：是一个人来的吗？
艾　　米：不是。我是跟芝加哥艺术代表团一起来的，我是他们的翻译。
方　　龙：你们访问了哪些地方？
艾　　米：我们先访问了上海、南京、洛阳、西安和敦煌。前天来到北京，昨天去了长城和十三陵。今天游览北海、景山和故宫。
方　　龙：你们什么时候回国？
艾　　米：后天离开北京回国。我们只在北京呆四天。
方　　龙：明天去我家玩儿吧。我还住在老地方。
艾　　米：恐怕没有时间了。明天我们要去音乐学院和美术学院参观，晚上还要去看京剧。下次吧，下次来北京，我一定去拜访您。
方　　龙：好，我一定好好招待你。
艾　　米：方老师，咱们在五龙亭前边照张相吧，让我的朋友给咱们照，他的技术很好。

方　龙：来，在这儿照吧。

艾　米：对不起，方老师，我得马上走了，代表团在那边等着我呢。再见！

方　龙：再见！

3. 间接问答法

这也是一种完全控制练习。参见本书第十一讲"二、句子练习的方法"中(三)交际练习1. 间接问答法，p. 221。

4. 简单的通知或转告

这也是完全控制练习，只不过增加了自然的开头和结束。例如，老师去玛丽的宿舍通知一件事，玛丽不在，老师请她的同屋安娜转告。

老　师：安娜，请你告诉玛丽，去西安旅行的同学明天下午两点在101教室开会，请她准时参加。

安　娜：好，我一定转告她。

玛　丽：回来以后。

安　娜：玛丽，刚才老师来宿舍找你，你不在。

玛　丽：有什么事吗？

安　娜：老师让我告诉你，去西安旅行的同学明天下午两点在101教室开会，请你准时参加。

玛　丽：好，谢谢你。

(三) 基本控制练习(一)

这种练习一般是教师确定话题，设置一定的情景，规定练习的功能项目和使用的句式、结构，词语可以自由选择。这是一种模仿课文的会话练习，使用率相当高。教师让学生以课文为模式，根据自己的经验和实际情况进行会话练习，更接近真实自然的社会交际。每学完一篇课文，教师都可以设计一些这样的练习，既巩固当课学过的内容，又可以提高学生运用语言进行交际的积极性。

1. 根据卡片谈话

课前教师设计两组卡片(A 和 B)，确定话题、情景、功能和使用的语法结构。课上把学生分成若干组，两人一组，每人发一张卡片(A 或 B)，让学生按照卡片谈话，然后两人交换卡片再谈话，最后在全班表演。例如：

话题：买东西

情景：A 是顾客，去买东西。B 是营业员。

功能：(1) 表达想法、需要；

(2) 询问数量、价格、看法；

(3) 表示满意。

语法结构：(1) 能愿动词 + 动词；

(2) 钱币、单价、数字、量词；

(3) 几种疑问句。

指示卡 A1
（你去买水果，B 是营业员）

A：师傅，我想买点儿_____。
B：
A：多少钱一_____？
B：
A：我要两_____。
B：
A：给你_____块。
B：

指示卡 B1
（你是营业员，A 来买水果）

A：
B：要几_____？
A：
B：
A：
B：两_____，_____（钱）。
A：
B：找您_____。

指示卡 A2
（买鞋）

A：师傅，我想买_____。
B：
A：这鞋有没有黑色的？
B：
A：_____号的有吗？
B：
A：_____，多少钱？
B：

指示卡 B2
（营业员）

A：
B：要哪_____？
A：
B：有。你要多大_____的？
A：
B：有。你看这双_____？
A：
B：

第十二讲 说话训练的方法(四)会话练习

指示卡 A3（买毛衣）

A：师傅，我买_____。
B：
A：
B：
A：
B：
A：不____不____，正_____。
　　就要_____了。
B：

指示卡 B3（营业员）

A：
B：要哪种颜色的？
A：
B：是你穿吗？
A：
B：试试这件吧。
A：
B：这件_____，去那边交钱。

指示卡 A4（买牙膏、香皂）

A：师傅，我买_____。
B：
A：_____的。再要_____。
B：
A：
B：
A：给你钱。
B：

指示卡 B4（营业员）

A：
B：要什么牌的？
A：
B：大的还是_____的？
A：
B：一共_____。
A：
B：这是_____，找你_____。

指示卡 A5（买圆珠笔和笔芯）

A：师傅，我买_____。
B：
A：要_____？
B：
A：再要_____。
B：
A：不，一支____的，一支____的。
B：

指示卡 B5（营业员）

A：
B：你自己挑吧。
A：
B：还要_____吗？
A：
B：都要蓝的吗？
A：
B：一共_____。

2. 完成会话

课前教师设计一段未完成的会话,其话题、情景、功能和语法结构最好跟课文一致。课上发给学生,让他们根据自己的经验,选择适当的词语完成会话,然后两人一组谈话或在全班表演。

例1 外国学生A和中国老师B初次会面。

A:您好!

B:你好!

A:_____?

B:是。你_____什么名字?

A:我_____。老师贵姓?

B:我_____。

A:有幸_____。

B:_____我也很高兴。你是_____人?

A:_____人。听口音您是_____吧?

B:_____。你_____?

A:学过三年汉语。不过_____机会不多,所以_____。

B:_____相当_____。

A:哪里,哪里,还差得远呢。我打算_____。

B:你以前_____吗?

A:这是第_____次。我这次来北京学习汉语,顺便_____。

B:谢谢。_____我一定_____。

A:再见。

例2 外国学生A和中国学生B初次会面。

A:你好!

B:你好!

A:你贵姓?

B:_____。

A:_____字怎么写?

B:_____。

第十二讲 说话训练的方法(四)会话练习

A:你叫_____？

B:_____。你怎么称呼？

A:我叫_____。有幸_____。

B:_____也_____。你是速成学院的学生吗？

A:是。我是_____班的。

B:几个_____？

A:三个老师教我们。一个姓_____，一个姓_____，一个姓_____。

B:你_____相当_____了。

A:请问_____？

B:我学习英语,我是外语学院的学生。

A:我住_____。欢迎_____。

B:好,我一定_____。我住_____,也欢迎_____。

A:谢谢,再见。

B:再见。

例3 某大学教师A和校长C在机场迎接英国访问学者B。

A:史密斯先生,您好！

B:啊,你好,张先生！

A:坐了_____个小时飞机,_____？

B:不辛苦,一路上很顺利。

A:我来介绍一下,这位是_____大学校长_____先生。这位就是伦敦大学的_____。

C:欢迎您到_____,有幸_____非常_____。

B:_____我也_____。

A:_____校长听说您今天到_____,他要亲自来机场接您。

B:感谢_____。都_____,还麻烦你们到机场来,真是_____。

C:这没什么,您太_____了。

A:汽车在那边等着呢,我来帮您_____。

B:不客气,我自己来。我的行李_____。

例4 两个学生去银行换钱。

A:你上哪儿？

B:去银行_____。

A:我手里的人民币也不多了,也想_____。
B:走,咱们_____。
A:你用美元换还是_____?
B:_____。
A:换多少?
B:_____。
A:干吗换那么多?
B:_____。你换多少?
A:我只换_____。

例5　外国学生 A 给饭店前台 B 打电话预定房间。

A:喂,是_____总服务台吗?
B:是。您是哪儿?
A:我是_____。我想_____两个房间。
B:您要_____?
A:两个单人房间。有吗?
B:您什么时候来住?
A:我们_____,可以吗?
B:可以。
A:每个房间多少钱?
B:_____人民币。

3. 参照例句谈话

教师先带领学生练习两组例句,一组问话和一组答话。在熟练掌握例句的基础上,学生两人一组根据实际情况谈话,然后在全班表演。例如:

话题:谈个人情况。

情景:两人初次见面,互相了解对方。

功能:询问和回答个人情况。例如:

第十二讲 说话训练的方法(四)会话练习

问话：	答话：
你姓什么？	我姓 Green。
你叫什么名字？	我叫 Roger。
你的英文名字怎么拼写？	ROGER,GREEN
你有中文名字吗？	有。
你的中文名字叫什么？	我的中文名字叫罗杰。
你是哪国人？	我是美国人。
你今年二十几了？	22岁。
你家有几口人？	5口。
都有谁？	爸爸、妈妈、姐姐、妹妹和我。
来中国以前你是学生吗？	是。
是哪个学校的学生？	美国俄亥俄州立大学。
你什么时候毕业？	我明年毕业。
你来中国多长时间了？	我来中国一年半了。
你现在是几年级的学生？	我是二年级的学生。
你的专业是什么？	我的专业是中国现代文学。

(四) 基本控制练习(二)

这种练习一般是由教师确定话题、设置一定的情景、规定练习的功能项目。语法结构和词语由学生选择。这种练习适合单元复习课使用。语法结构和词语不局限于本课，可以从本单元或以前的单元里选择。学生做练习以后，教师根据练习的情况出示示范课文，让学生模仿，以加深印象。还可以让练习做得好的学生示范表演。例如：

1. 话题：问路

1.1 情景：A向B打听去王府井怎么走，B告诉A，A没听清楚，要求说慢一点儿。
功能：请求帮助/指示方位/感谢

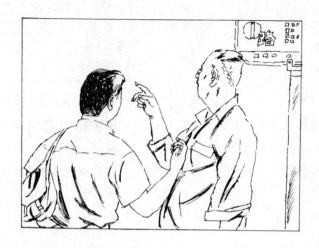

示范课文(A是外国人,B是本地人):

A:麻烦您,我打听一下,去王府井大街怎么走?

B:顺马路一直往东,走到红绿灯向左拐就是王府井大街。

A:对不起,我没听清,请您说慢一点儿。

B:你顺着马路一直往东走,到红绿灯向左拐就是王府井大街。

A:谢谢!

B:不客气!

1.2 情景:A向一位老大爷打听去首都剧场怎么走,老大爷把首都剧场听成首都机场,A解释,老大爷再指示方向。功能:请求帮助/解释/指示方位/感谢。

示范课文(A是外国人,B是老大爷):

A:老大爷,跟您打听一下儿,到首都剧场怎么走?

B:什么?首都机场?

A:不是首都机场,是首都剧场,看戏的地方。

B:啊,是首都剧场啊,一直往前,骑到第二个十字路口,向左拐,再走不远,马路东就是首都剧场。

A:谢谢您!

B:不用谢!

1.3 情景:A 问 B 去英国大使馆怎么走,B 不知道,让他去问警察 C,警察告诉他。
功能:请求帮助/道歉/建议/指示方向/感谢。

示范课文(A 是外国人,B 是外地人,C 是警察):

A:劳驾,去英国大使馆这么走对吗?

B:对不起,我也不清楚。那边有个警察,你去问问他吧。

A:麻烦您了。

B:不客气。

A:警察先生,请问去英国大使馆这么走对吗?

C:对。顺着45路车的路线向南骑,到第四个站牌向右拐,走不远,见了十字路口向左拐就是。

A:谢谢您!

B:不用客气。

1.4 情景：A向两个小孩B、C打听去动物园怎么坐车，B和C意见不一致，各自申述理由，A决定一去一回分别按B和C指出的办法坐车。功能：请求帮助/争论/感谢。

示范课文（A是外国人，B是男孩儿，C是女孩儿）：

A：小朋友，问你们一下儿，到动物园坐几路车？

B：坐32路汽车到中平路下车，再倒17路就到了。

C：不好！到中平路倒车绕远，您应该坐32路到中太路下车倒11路。

B：坐11路车的人多，太挤了。17路车人少，常常有座位。

C：11路虽然挤，可是省时间。我每次去动物园都坐11路。

B：我每次去动物园都坐17路。

A：别争了，谢谢你们！我去的时候坐11路，回来的时候坐17路，好不好？

B：好！

C：好！

第十二讲 说话训练的方法(四)会话练习

2. 话题:请客

2.1 情景:A打电话邀请老师B吃饭,B同意去。功能:邀请/接受邀请。

示范课文:

  A:喂,是张老师吗?

  B:是。你是哪位?

  A:我是王安。明天晚上您有没有时间?

  B:有事吗?

  A:我想请您和您的夫人吃晚饭。

  B:不要破费了吧!

  A:您别客气。说定了,明天晚上六点我在香味餐厅门口等您,行吗?

  B:好吧,我们一定去。

2.2 情景:A邀请朋友B吃饭,B不能去,改天另约。功能:邀请/婉言谢绝。

示范课文:

  A:小张,明天晚上有空儿吗?

  B:什么事儿?

  A:我想请几个朋友到我家聚一聚,吃顿便饭。

  B:实在抱歉,明天我得去医院看我叔叔,他病得很重。明天晚上轮到我守护。你们聚会吧,我就不参加了。

  A:你不参加多没意思啊!我还没通知别人,改天另外再约吧。

  B:这样也好,以后再约。再见!

  A:再见!

2.3 情景:A邀请女朋友B星期六晚上去看电影,B很高兴。功能:邀请/接受邀请。

示范课文:

  A:小王,这几天太累了,星期六晚上咱们轻松轻松好吗?

  B:好啊,你说咱们去哪儿玩儿?

  A:我请你看电影怎么样?张艺谋导演的新片子《金陵十三钗》。

  B:太好了,我最爱看张艺谋的电影了。哪个电影院有?

  A:大华电影院有。看六点一刻的吧。五点钟我来找你,咱们先去吃饭,吃完饭看电影。

  B:好吧,五点钟我在宿舍等你。

3. 话题:看望病人

3.1 情景:A看望长辈B。B是气喘病人,已经住院一个多星期。A带着水果初次看望。功能:看望/担心/劝慰。

示范课文:

  A:三叔,今天才听说您病了,我请了半天假来看看您。
  B:你们挺忙的,请什么假?这儿有凳子,坐吧。
  A:您什么时候住院的?
  B:一个多星期了。我谁也没告诉,怕你们耽误工作。
  A:您哪儿不舒服?
  B:还是老毛病,一到冬天就气喘。
  A:别着急。这医院的条件不错,他们治疗气喘病很有经验。
  B:不错。这儿的大夫、护士都挺好的。
  A:我给您买了点儿苹果和香蕉,都是您爱吃的。
  B:看看我就行了,花那么多钱干什么?

3.2 情景:A和B是老朋友,关系很熟。B住院做手术有些害怕,A来看望并劝导他。功能:看望/害怕/劝导。

示范课文:

  A:大山,你不听我的,又住院了吧?
  B:来了?坐这儿。
  A:这次怎么样?做手术吗?
  B:大夫说非做手术不可,我心里真害怕。
  A:我上次就跟你说了,我们单位的老刘,都六十多了,也做的是这个手术,不到一个月就出院了。
  B:我怕万一……
  A:就别说万一了。这不是大手术,没有危险,做了就去根儿了。听我的没错儿。
  B:我怕疼,肚子上开一个大口子,多疼啊!
  A:疼是疼点儿,可不是不能忍受。再说,你不做手术就不疼了?长痛不如短痛,别犹豫了。
  B:好,这回听你的。

第十二讲 说话训练的方法(四)会话练习

3.3　情景:A看望女朋友B,A给B做了汤面,B不想吃,A劝她多吃点儿。功能:看望/劝慰。

示范课文:

　　A:小白,今天好点儿了吗?

　　B:不发烧了,还是浑身没劲儿,不想吃东西。

　　A:嗓子还疼吗?

　　B:好多了。你怎么才来?

　　A:我给你做了碗汤面,放了两个鸡蛋,还有西红柿,你尝尝。

　　B:我不饿,不想吃。

　　A:不想吃怎么行?多吃才好得快。

　　B:那我尝一点儿。

　　A:味儿挺香的,趁热都吃了吧。

　　B:是挺好吃的。

　　A:你要是爱吃,我明天还给你做。

(五) 自由会话练习

前文说过,自由会话要在教师指导下进行。教师的指导作用有三个:(1)确定话题、设置情景或者规定使用的词语;(2)学生说不出来的时候及时启发引导;(3)纠正学生的错误。

自由会话练习可以在教室里进行,也可以在社会大课堂里进行;可以是一般会话,也可以是专题讨论或辩论。不管采用哪种形式,都必须要求学生做好充分准备,写出发言提纲或发言稿,但是说的时候不能照稿子念,要自然地说出自己的想法和意见。

1. 一般会话

会话的题目,如:谈旅行的见闻;谈看过的一个电影;谈听到的一个新闻;谈各人的爱好;谈周末活动安排,等等。

这种会话练习一般由一个人主述,其他人随时提问或补充,有问有答。练习前,教师可以给学生一些参考词语,要求他们在谈话时尽量用上。

2. 专题讨论

讨论的题目,如:学习方法;老师的教学方法;对学校的看法;学校的规章制度;所在城市的交通、物价、名胜古迹、风俗习惯、服务水平、人们的精神面貌,等等。

做这种练习要鼓励学生说真话,谈出切身感受,不要怕学生说批评的意见。从学习语言的角度看,说真实的想法和感受,更能调动学生的学习积极性,有利于语言能力和语言交际能力的提高。在讨论之前,教师要先公布讨论题,让学生做好准备。

3. 辩论

这是一种比较高级的练习活动,既训练口头表达能力,又训练聆听理解能力。这种练习要求教师精心设计、精心安排、精心组织。

教师确定辩题时要从学生熟悉的话题内容和他们的实际语言水平出发,同时要注意辩论双方论据的充分性要平衡,如果不平衡,某一方的理由明显站不住脚,很快就被驳倒,那通过辩论训练听说能力的目的就不能达到。另外,把全班学生分成两个组,也要根据汉语水平,平衡搭配。小组辩论可以随便一点儿。正式辩论要规定发言顺序和发言时间,要求学生掌握好语速。

辩题举例:

(1) A方认为在小商品批发市场买东西好;B方认为在知名大商场买东西好。

(2) A方认为联合家庭(三代以上)好;B方认为核心家庭(父母和子女两代)好。

(3) A方认为妇女婚后应该在家从事家务;B方认为妇女婚后应该走出家庭从事工作。

(4) A方认为学生业余可以经商赚钱;B方认为学生不应该经商赚钱。

(5) A方认为城市居民可以养狗;B方认为城市居民不应该养狗。

4. 语言实践活动

带领学生走出教室,走进社会大课堂,进行真实的交际,是学习语言必不可少的教学环节。适时适量组织语言实践活动可以大大地提高学生的积极性和主动性,进而提高语言水平和交际能力。为了达到预期的目的和效果,每次活动之前,教师要带领学生练习重要的句式、结构,并且列出常用词语供学生选择使用。同时还要提醒在语用方面应该注意的问题。

语言实践活动的内容,如:

(1) 去商店买东西,跟售货员谈话。

(2) 带学生参观敬老院,跟老人们谈话。

(3) 带学生参观幼儿园,跟孩子们谈话。

(4) 带学生参观中、小学,跟学生们座谈。

(5) 带学生拜访退休的老教师。

(6) 带学生采访在某个方面有专长的人。

第十三讲　说话训练的方法（五）
成段表达练习和视听说教学

本讲要点

- 成段表达训练的着眼点
    - 语言能力和逻辑思维能力
- 成段表达训练的方法
    - 给词连句
    - 组句成段、组段成篇
    - 转告转述
    - 复述
        - 详细复述
        - 简要复述
        - 变换角度复述
        - 模仿复述
        - 扩充复述
    - 评述
    - 把会话改成短文后叙述
    - 讲述
    - 看图说话
- 视听说教学
    - 视听说教材的选编
        - 选择录像材料
        - 重新编辑录像片
        - 系列化录像教材
    - 视听说课的教学方法
        - "看、听、想、说、读、写"的一条龙训练法
        - 看前练习、看时练习、看后练习三阶段训练法

一、成段表达训练的着眼点

人们在进行社会交际的时候,特别是表达比较完整、比较复杂的思想时,不能只说一句话,往往要说很多话。这些话不是一个一个孤零零的句子,而是有中心、有层次、有关联的整体。因此,语言教学绝不能停留在单句教学上,教师不能满足于学生会说单个句子,而必须进行成段表达的训练。

刘勰在《文心雕龙·章句》中说:"夫人之立言,因字而生句,积句而成章,积章而成篇。"成段表达能力包括把句子组织成语段和把语段组织成语篇的能力。把句子组织成语段有句与句怎样连接的问题,把语段组织成语篇有段与段怎样连接的问题。怎样连接既有语法方面的问题,也有逻辑思维方面的问题。因此成段表达训练的着眼点是语言能力和逻辑思维能力。在语言方面训练的重点是在选词造句的基础上组句成段,组段成篇的能力。在逻辑思维方面训练的重点是高速组织语言内容的能力,即训练学生说话主题明确、内容集中;条理清楚、层次分明。主题明确、内容集中要求说出的话紧紧围绕一个中心,每个语段有一个中心句,每个语篇有个中心段,其他话语围绕中心句、中心段展开。条理清楚、层次分明要求先说什么后说什么有一个合理的顺序,并且先说的话和后说的话有内在联系,前后呼应,过渡自然。

成段表达的训练要从简单到复杂,循序渐进。最好是进行单元教学。以叙述为例,第一单元练习按时间顺序叙述;第二单元练习按地点转移叙述;第三单元练习按事物的发展情节叙述。开始是线性的,以后再练习立体交叉的。课文要为叙述提供各种各样的模式。比如中心句在语段的开头,中心句在语段的中间,中心句在语段的末尾等等。学生按照课文的模式进行创造性的叙述,就可以开发语言智能,提高逻辑思维能力和言语交际能力。

第十三讲 说话训练的方法(五)成段表达练习和视听说教学

二、成段表达训练的方法

(一)给词连句

以课文为模式,教师给词语,学生连成句子。

1. "先……然后……接着……最后……"例如:

星期天我们先参观故宫,然后游览了景山,接着去了北海,最后游览了天坛。

我们这次去山东旅行,先到曲阜参观孔庙,然后去登泰山,接着去了青岛海滨,最后经济南回到北京。

昨天下午我先去邮局寄信,然后去书店买书,接着去商店买水果,最后去食堂吃晚饭。

我和小王先复习课文,然后听录音,接着做练习,最后预习新课的生词。

明天我打算先去医院看一个朋友,然后去参观美术展览,接着参观历史博物馆,最后去丽都饭店打保龄球。

2. "据说……跟……有关系,……吗?"例如:

据说班机晚点跟东京的天气有关系,是真的吗?
据说这次事故跟领导的安排有关系,你知道吗?
据说小孙出国留学跟他爸爸有关系,你听说了吗?
据说吃月饼的风俗跟一个传说有关系,你知道吗?
据说日本的经济腾飞跟新儒家思想有关系,你同意这种观点吗?

3. "由于……,今天就……,……再……吧。"例如:

由于时间关系,今天就谈到这儿,下次再谈吧。
由于时间关系,今天就学到这里,明天再接着学吧。
由于天气关系,今天就比赛到这儿,改天再继续比赛吧。
由于天气关系,今天就参观到这里,以后再参观别的地方吧。
由于有的证人没有到庭,今天就只好休庭了,等下次证人到齐了,我们再开庭吧。

4. "肯定不是……好像也不是……我想可能是……"例如：

  这肯定不是小王的,好像也不是小李的,我想可能是小张的。
  这肯定不是司机的问题,好像也不是汽车的问题,我想可能是道路的问题。
  这肯定不是我说的,好像也不是老周说的,我想可能是老吴说的。
  这肯定不是国产的,好像也不是合资生产的,我想可能是日本进口的。
  这肯定不是我的主意,好像也不是郑老师的主意,我想可能是王老师的主意。

5. "要是……再……那可就更好了。"例如：

  要是你能参加,再带上你的京胡,那可就更好了。
  要是质量好,价钱再便宜点儿,那可就更好了。
  要是找到一个好工作,再买一辆汽车,那可就更好了。
  要是北京的城墙不拆除,再修建一个环城公园,那可就更好了。
  要是这套房子离学校近,房间再大一点儿,那可就更好了。

6. "都……了,还……真不好意思。"例如：

  都这么晚了,还麻烦您来接我们,真不好意思。
  都下班了,还把你找来,真不好意思。
  都夜里12点了,还打电话叫你来,真不好意思。
  都三天了,还没写完,真不好意思。
  都半个月了,还没还给您,真不好意思。

7. "……都有,有……的,有……的,有……的,还有……的。"例如：

  各种颜色的都有,有红的,有黄的,有粉的,还有紫的。
  各个国家的都有,有亚洲的,有欧洲的,有非洲的,还有美洲的。
  各种动物都有,有天上飞的,有树上爬的,有地上跑的,还有水里游的。
  送什么礼物的都有,有送真丝制品的,有送瓷器的,有送茶叶的,还有送工艺品的。
  操场上打什么球的都有,有打篮球的,有打排球的,有打网球的,还有打羽毛球的。

8. "不只……还……,一……就是……"例如：

  不只去欧洲旅行,还去美洲旅行,一去就是十几个国家。
  不只买女用的围巾,还买男用的,一买就是几十条。

第十三讲 说话训练的方法(五)成段表达练习和视听说教学

不只看报纸,还看杂志,一看就是两三个钟头。

不只逛书店,还逛商店,一逛就是大半天。

不只坐火车,还要坐汽车,一坐就是三天三夜。

(二) 组句成段、组段成篇

教师出示一些孤零零的句子,让学生按照要求组成语段。

1. 把下面三个句子组成语段,读后说。

① 这本小说很有意思。
② 这本小说我看了一天。
③ 这本小说我已经看完了。

语段:

这本小说很有意思,我只看了一天就看完了。

2. 把下面三个句子组成语段,读后说。

① 这本小说真长。
② 这本小说我看了三天。
③ 这本小说我没看完。

语段:

这本小说真长,我看了三天了,还没看完。

3. 把下面八个句子组成语段,读后说。

① 马玲是我的朋友。
② 马玲的个子很高。
③ 马玲的头发不长。
④ 马玲的头发很黑。
⑤ 马玲的眼睛很大。
⑥ 马玲的眼睛很圆。
⑦ 马玲的嘴不大也不小。
⑧ 马玲是个非常漂亮的姑娘。

语段:

马玲是我的朋友。她个子很高,头发不长可是很黑,眼睛很大、很圆。她的嘴不大也不小。马玲是个非常漂亮的姑娘。

4. 按照合理的顺序把下列句子组成语段。

① 我的表慢了一刻钟。
② 为什么呢?
③ 差五分七点我到了礼堂。
④ 今天晚上七点礼堂有电影。
⑤ 可是电影已经开演了。

语段:

今天晚上七点礼堂有电影。差五分七点我到了礼堂。可是电影已经开演了。为什么呢? 我的表慢了一刻钟。

5. 按照时间顺序把下列句子组成语段。

① 十二点我们吃午饭。
② 下午两点我去图书馆看书。
③ 我早上六点十分起床。
④ 八点钟上课。
⑤ 上午七点半去教室。
⑥ 六点三刻吃早饭。
⑦ 晚上我六点吃晚饭。
⑧ 十一点睡觉。
⑨ 七点看电视。
⑩ 八点复习功课。

语段:

我早上六点十分起床,六点三刻吃早饭,上午七点半去教室,八点钟上课。中午十二点我们吃午饭。下午两点我去图书馆看书。晚上我六点吃晚饭,七点看电视,八点复习功课,十一点睡觉。

6. 按照空间顺序把下列句子组成语段。

① 两个小沙发中间是一张茶几,茶几上有一套漂亮的茶具。
② 一大两小的新式沙发分别摆在屋子的两边。
③ 这间屋子不大,可布置得相当不错。
④ 屋子的地上铺着地毯,墙上挂着一些画儿。
⑤ 屋角儿立着一个酒柜,一台20吋的彩电放在酒柜上边。

第十三讲 说话训练的方法(五)成段表达练习和视听说教学

语段:

　　这间屋子不大,可布置得相当不错。一大两小的新式沙发分别摆在屋子的两边。两个小沙发中间是一张茶几,茶几上有一套漂亮的茶具。屋角儿立着一个酒柜,一台20吋的彩电放在酒柜上边。屋子的地上铺着地毯,墙上挂着一些画儿。

7. 按照地点的转移把下列句子组成语段。

　　① 我们在教三楼上课。
　　② 我是汉语速成学院的学生。
　　③ 我的教室是310。
　　④ 我常去那儿借书。
　　⑤ 教三楼的对面是办公楼,东边是教四楼,西边是礼堂。
　　⑥ 办公楼西边是图书馆。

语段:

　　我是汉语速成学院的学生。我们在教三楼上课。我的教是310。教三楼的对面是办公楼,东边是教四楼,西边是礼堂。办公楼西边是图书馆。我常去那儿借书。

8. 按照事物的发展顺序把下列句子组成语段。

　　① 随着工业的发展,用塑料等化学材料制成的筷子种类越来越多。
　　② 慢慢地发展成为经过刮削的木筷和竹筷。
　　③ 最早的筷子是用树枝、竹棍儿简单制成的。
　　④ 到后来又出现了铜筷、玉筷、漆筷和象牙筷等等。

语段:

　　最早的筷子是用树枝、竹棍儿简单制成的。慢慢地发展成为经过刮削的木筷和竹筷。到后来又出现了铜筷、玉筷、漆筷和象牙筷等等。随着工业的发展,用塑料等化学材料制成的筷子种类越来越多。

9. 按照合理顺序把下面语段组成语篇。

　　① 大雨来临之前,气压变低,空气变湿,蛇在洞穴中觉得不舒服,就爬出来活动。"蛇过道"正是说的这种情况。
　　② 下雨前,高空风大,扰动激烈,又因为空气潮湿,水汽容易在昆虫翅膀上凝结,所以昆虫不能高飞,只好靠近地面飞来飞去。
　　③ "燕子低飞蛇过道,大雨不久就来到。"这是常常应验的天气谚语。
　　④ 因此,观察这些动物的一些征象,可以帮助我们预先了解天气的变化。

⑤ 燕子是吃虫子的鸟，昆虫飞得低了，它当然也只好低飞觅食。

语篇：

"燕子低飞蛇过道，大雨不久就来到。"这是常常应验的天气谚语。下雨前，高空风大，扰动激烈，又因为空气潮湿，水汽容易在昆虫翅膀上凝结，所以昆虫不能高飞，只好靠近地面飞来飞去。燕子是吃虫子的鸟，昆虫飞得低了，它当然也只好低飞觅食。

大雨来临之前，气压变低，空气变湿，蛇在洞穴中觉得不舒服，就爬出来活动。"蛇过道"正是说的这种情况。

因此，观察这些动物的一些征象，可以帮助我们预先了解天气的变化。

（三）转告转述

在初级阶段，用转告转述的方法训练成段表达是重要的，也是很有效的方法，A告诉B，B再告诉C。实际上就是B以A的话为模式，稍加变化的口头表达。学会转述别人的话，在需要的时候，当然自己也会说了。

下面是一组转告转述的练习。

例1 第一组

1.1 原述

　　方龙：昨天我去商店买水果，可是忘了带钱，正好遇见丁兰，我跟她借了20块钱。于文，请你把这20块钱还给丁兰，并且替我谢谢她。

　　于文：好，您放心吧。

1.2 转述

　　于文：丁兰，刚才方老师来找你，你不在。

　　丁兰：有事吗？

　　于文：昨天方老师在商店是不是跟你借了20块钱？

　　丁兰：是啊。

　　于文：方老师来还你钱。他让我把这20块钱交给你，还说谢谢你。请你数一下。

第十三讲　说话训练的方法(五)成段表达练习和视听说教学

例2　第二组

2.1　原述

方龙:上星期白华的手机坏了。她让我进城的时候顺便帮她修理一下。昨天手机修好了。一共花了七十八块四,她给我一百块,找回二十一块六。请你把手机和找回来的钱交给白华,还有这张发票也交给她。

张芳:好,您放心吧。

2.2　转述

张芳:白华,你的手机方老师帮你修好了。

白华:是吗,那太好了。

张芳:你给他多少钱?

白华:一百块。

张芳:这是手机和找回来的钱,给你。他说一共花了七十八块四,找回二十一块六,这是发票。

例3　第三组

3.1　原述

方龙:我通知一件事。明天我们复习,不学新课了。先复习一下学过的生词、课文和语法,再把你们练习中的错误讲一讲。后天我们要测验一次。这是第二次测验。第一次我们班有的同学成绩不太好,这次一定赶上来。这次测验跟上次测验一样,有填空、改写句子、完成句子,还有阅读,先看一篇文章,然后回答问题。今天回去以后大家要好好复习,有问题记下来,明天上课的时候可以问我。马才,今天王义有事请假了。请你告诉他一下吧。

马才:我一定告诉他。

3.2　转述

马才:王义,今天你没去上课。老师通知我们,明天复习,不学新课了。他说明天先复习以前的生词、课文和语法,然后讲我们练习中的错误。他还说后天要测验。第一次测验我们班有的人成绩不好,这次应该赶上来。这次测验跟上次测验一样,有填空、改写句子、完成句子,还有阅读,先看一篇文章,然后回答问题。他让我们今天好好复习,有问题记下来,明天上课的时候问他。

王义:好,谢谢你。

（四）复述

要提高口头表达能力，复述是一种基本的练习形式。复述可以是听后复述，也可以是读后复述。由于有现成的语言材可供模仿，所以复述对于培养语感，熟悉语脉，积累词汇，正音正调都有重要的作用。

一般来说，复述要做到准确完整，语脉清晰，生动流畅。准确完整要求忠实于原始材料，准确把握中心，不能歪曲原意，不能丢掉或改换主要内容、主要观点和主要情节。语脉清晰要求条理清楚，层次分明，前后连贯。生动流畅要求发音正确，声音响亮，语调自然，语气流畅，并且配合上适当的表情动作。

复述的类型可以分为详细复述、简要复述、变换角度复述、模仿复述和创造性复述。

对语言材料的理解和记忆是复述的基础和条件。所以在复述之前应该先做问答练习，帮助学生理解和记忆听过或读过的语言材料。教师问，学生答。教师的问题既要有检查学生理解的，又要有检查记忆的。问题越细越好。

1. 详细复述

详细复述是接近原始材料的复述，用自己的话按照原始材料的内容和顺序，原原本本地，清楚、准确、完整地述说。复述不是背诵，允许调整句式，改换个别词语。长句可以化短，书面语词汇可以换成口语词汇。例如：

晏子使楚（原文）

春秋末期，齐国和楚国都是大国。有一回，齐王派大夫晏子出使到楚国去。楚王仗着自己国势强盛，想乘机侮辱晏子，显显楚国的威风。

楚王知道晏子身材很矮小，就叫人在城门旁开了一个五尺来高的洞。晏子来到楚国，楚王叫人把城门关了，让晏子从这个洞钻进去。晏子看了看，对接待的人说："这是个狗洞，不是城门。只有访问'狗国'，才从狗洞进去。我在这等一会儿。你们先去问个明白，楚国到底是个什么样的国家？"接待的人立刻把晏子的话传给了楚王。楚王只好吩咐大开城门，把晏子迎接进去。

晏子见了楚王。楚王对他瞅了一眼，冷笑一声说："难道齐国没有人了吗？"晏子严肃地回答："这是什么话？我国首都临淄住满了人。大伙都把袖子举起来，就能够连成一片云；大伙都甩一把汗，就能够下一阵雨；街上的行人肩膀擦着肩膀，脚尖碰着脚跟。大王怎么说齐国没有人呢？"楚王说："既然有这么多人，为什么打发你来呢？"晏子装着很为难的样子说："您这一问，我实在不好回答。撒个谎吧，怕犯了欺君之罪；说实话吧，又怕大王生气。"楚王说："实话实说，我不生气。"晏子拱了拱手说："敝国有个规矩：访问上等的国家，就派上等人去；访问下等的国家，就派下等人

第十三讲 说话训练的方法（五）成段表达练习和视听说教学

去。我最不中用，就派到这儿来了。"说着他故意笑了笑，楚王也只好陪着笑。

一天，楚王安排酒席招待晏子。正当他们吃得很高兴的时候，有两个武士押着一个囚犯，从堂下走过去。楚王看见了，问他们："那个囚犯犯的什么罪？他是哪里人？"武士回答说："犯了盗窃罪，是齐国人。"楚王笑嘻嘻地对晏子说："齐国人怎么这样没出息，干这种事情？"楚国的大臣们听了，都得意洋洋地笑起来。他们以为这一下晏子可要丢脸了。哪知晏子面不改色，他站起来说："大王怎么不知道哇？淮南的柑橘，又大又甜。可这种橘树一种到淮北，就只能结又小又苦的枳，还不是因为水土不同吗？同样的道理，齐国人在齐国能安居乐业，好好地劳动，一到楚国，就做起盗贼来了，也许是两国的水土不同吧。"楚王听了，只好赔不是说："我原来想取笑大夫，没想到反倒让大夫取笑了。"

从这以后，楚王不敢不尊重晏子了。

晏子使楚（复述实录）

春秋末期，齐国和楚国是大国。有一回，齐王派大夫晏使楚国。楚王依仗着自己国家的强大，想趁机把晏子侮辱一番，显一显楚国的威风。

楚王知道晏子个子很矮，就在城门旁边凿了一个五尺来高的洞。晏子到了楚国，楚王叫人把城门关了，让晏子从这个洞钻进去。晏子看了看这个洞，对接待他的人说："这是个狗洞，不是城门，只有到'狗国'来，才从狗洞钻进去。我在这儿等你一会儿。你先去问个明白，楚国到底是什么国家？"接待的人立即把晏子的话告诉了楚王。楚王只好大开城门，把他迎进城来。

晏子见了楚王。楚王瞅了他一眼，冷笑一声说："难道你们齐国没有人了吗？"晏子说："这是什么话？我国首都临淄住满了人。大伙把袖子一齐举起来，就能连成一片云；大伙儿都甩一把汗，就像下了一阵雨；街上走路的人肩膀擦着肩膀，脚尖碰着脚跟。大王怎么说齐国没有人呐？"楚王说："既然有那么多人，那为什么打发你来呢？"晏子装出很为难的样子说："大王您这个问题，我可实在不好回答。撒个谎吧，怕犯欺君之罪；说实话吧，又怕您生气。"楚王说："我不生气，你就实话实说吧。"晏子拱了拱手说："敝国有个规矩，访问上等国，就派上等人去；访问下等国呀，就派下等人去；我最不中用，所以就派我到你这儿来了。"说完，他故意笑了笑，楚王也只好陪着笑。

有一天，楚王安排酒席招待晏子。在人们吃得高兴的时候，有两个武士押着一个囚犯，从堂下走过去。楚王问他们："那个囚犯犯了什么罪？哪儿的人？"武士回答说："是个强盗，齐国人。"楚王笑嘻嘻地跟晏子说："你们齐国人怎么这样没出息，干这种事?"楚国的大臣们听了这话,都得意洋洋地笑了起来,以为晏子这下子可丢脸了。哪儿知道晏子面不改色,他站起来说:"大王怎么不知道哇?淮南的柑橘又甜又大,可是这种树一种到淮北,就只能结又苦又小的枳。这还不是因为水土不同吗?同样的道理,齐国人在齐国能安居乐业,好好劳动,一到了楚国做起强盗来了。这也许是因为两国水土不同吧。"楚王听了只好赔不是说:"我原来是想取笑大夫,没想到,反倒被大夫取笑了。"

从此以后,楚王就再也不敢不尊重晏子了。

对比原文和详述实录,我们会发现,这个详细复述是忠于原文的。内容无增减,结构无变化,连细节也不缺少。复述得清楚完整。所不同的是个别语句有所变动,变动后非但没有改变原意,却更适于口语表达了。(以上材料选自董兆杰编著《口语训练》)

2. 简要复述

简要复述要求根据复述的目的对原始材料加以浓缩、选择和概括,然后用简明扼要的语言陈述出来。

简要复述,可以分为浓缩复述、摘要复述、选择复述和综合复述四种类型。

浓缩复述,就是把原始材料的全部内容压缩,用比详细复述更短的时间、更精炼的语言,把主要内容复述出来。它是简要复述最基本的形式,与详细复述比较起来,主要是内容繁简不同。因此详细复述的要求和方法对于它基本上是适用的,只是为了内容的简要,要准确地删去次要的、解释性的、修饰性的内容。进行浓缩复述,要舍得剪去枝节,突出最主要的内容;还要防止因简害意,删掉重点,偏离中心,使人发生误解。

摘要复述,是根据复述的要求摘取主要观点、主要情节或主要内容,依照原材料的次序一一复述出来。它可以使听者把握原始材料中最精华的部分。进行摘要复述,最重要的是真正理解原始材料,能区分主次,找出要点。同时还要注意语言的准确精炼。进行摘要复述,如果复述材料是有情节的,可以写情节提纲;如果是没情节的,可以写段落大意或论点论据提纲。写出提纲之后,再用自己的话把提纲的各部分串联起来,就是摘要复述。

选择复述,是根据复述的目的要求,抽取有关的内容,加以连贯的复述。它与摘要复述不同的地方,就在于它不是择取主要的内容进行复述,而是选择所需要的内容进行连贯的复述。选择复述的基本方法,首先是熟悉原始材料的全部内容。其次是在熟悉、记忆的基础上,根据复述的要求对材料进行分析、辨别、比较,确定复述的内容。最后把相近、相关的内容归类,再按一定的顺序有详有略地进行复述。

综合复述,是归纳某些共同点,集中复述。综合复述,可以是对单个材料进行综合,也可以对若干个材料进行综合。综合复述是以对材料的具体分析为基础的,首先是具体

第十三讲 说话训练的方法(五)成段表达练习和视听说教学

地分析原始材料,找出有内在联系的内容,然后进行归纳综合,概括出若干点,舍去无关内容。按主次轻重的逻辑顺序加以排列,组织语言,说出去,就是综合复述。

晏子使楚
(简要复述实录)

晏子出使楚国,楚王知道他个子小,想侮辱他,让他从城门旁挖的洞钻进去。晏子对接待他的人说:"你去问问楚王,你们楚国是什么国家? 若是'狗国',我就从门旁的狗洞钻进去。"接待的人对楚王讲了,楚王只好让晏子从城门进来。

晏子见到楚王,楚王对他说:"难道你们齐国没有人了吗?"晏子回答说:"齐国人多得很,怎么说没人了?"楚王问:"那为什么让你来了?"晏子说:"我们齐国的规矩是上等人访问上等国家,下等人访问下等国家。我不中用,才到这儿来了。"楚王只好认输。

有一天,楚王请晏子吃饭时,武士押一囚犯走过。楚王问明是齐国人,犯了盗窃罪,就对晏子说:"齐国人怎么干这种事?"晏子回答楚王说:"我们齐国人在齐国能安居乐业,一到楚国就当强盗,这是楚齐的'水土'不同啊!"楚王只好认输,赔不是。

从此楚王再也不敢不尊重晏子了。

这是《晏子使楚》的浓缩复述。它保留了故事的主要情节、重要细节。主题、题材没有变化。虽然篇幅减少了三分之二,但中心更明确、重点更突出了。这个浓缩复述删减恰当,完整连贯,语言简练,使人一听就知道故事的主要内容。(以上材料选自董兆杰编著《口语训练》)

3. 变换角度复述

变换角度复述实际上是另外一种创造性复述。复述者可以按照要求改变原始材料的人称、时间和结构。例如,把第一人称改成第三人称或把第三人称改成第一人称;把昨天发生的事改成明天或把明天发生的事改成昨天,以练习表达不同的时态;把倒叙改成正叙或把正叙改成倒叙。变换角度复述跟其他复述一样,主题、情节等主要内容不能改变。这种练习可以更好地发挥学生的主动性,训练思维能力。

这种练习的具体做法是,在详细复述的基础上,在熟练掌握原始材料的内容以后,请学生按要求复述。例如,下面 A 和 B 两段文字,要求学生改变时间和人称,分别以 A—1、A—2 和 B—1、B—2 的形式复述。

A

昨天是星期天,我起得很晚。我是十点钟睡醒的。醒了以后我又在床上躺了一个多钟头才起床。吃了午饭,我给王芳打了个电话,约她晚上七点钟去首都电影院看电影。

A—1

明天是星期天。我不打算早起。我要一直睡到上午十点钟。醒了以后我也不马上起床,还要躺一个钟头再起床。吃完午饭我要给王芳打一个电话,约她明晚七点钟去首都电影院看电影。

A—2

昨天是星期天。布朗起得很晚。他是十点钟睡醒的。醒了以他又在床上躺了一个多钟头才起床。吃了午饭他给王芳打了个话,约王芳晚上七点钟去首都电影院看电影。

B

上个周末学校组织我们去大同短途旅行。我们班除了约翰生病没有参加以外,别的同学都参加了。我们是星期五坐晚车去的,第二天凌晨到大同。当地旅行社安排我们住在大同宾馆。我们参观了九龙壁、华严寺和云冈石窟。由于时间关系,我们参观的地方不多。不过,没有关系,以后有机会我想再去大同看看。

B—1

明天学校将组织我们去大同短途旅行。我们班除了约翰生病不能参加以外,别的同学都参加。我们计划坐明天晚上九点的火车去,第二天凌晨到大同。我们要求当地旅行社安排我们住在大同宾馆。我们要参观九龙壁、华严寺和云冈石窟。由于时间关系,我们不能参观很多地方。不过,没有关系,以后我们还有很多机会去大同看看。

B—2

上个周末学校组织留学生去大同短途旅行。除了约翰生病没有参加以外,别的同学都参加了。他们是星期五坐晚车去的,第二天凌晨到大同。当地旅行社安排他们住在大同宾馆。同学们参观了九龙壁、华严寺和云冈石窟。由于时间关系,他们没有参观很多地方。不过,这没关系,以后他们还会有机会去大同参观旅行。

4. 模仿复述

模仿复述是模仿原始材料的主题、结构、情节进行再创造的叙述。也就是按照原始材料的样子谈真实的情况,因此更具有交际性。模仿复述的题目很多,例如:我的爸爸;我的妈妈;我的中国朋友;我的第一个老师;我的家;我们的城市;我们的学校;我们城市的交通;我们国家的天气;一个传统节日;一个风俗习惯;一个神话传说;等等。

做模仿复述的练习要尽量用原始材料中的词句。例如下面 A—1 是模仿 A 的复述。

第十三讲 说话训练的方法(五)成段表达练习和视听说教学

A

我家人口很简单。只有爸爸、妈妈和我三口人。爸爸在一家航空公司工作。他工作很忙,一年里差不多有半年住在外国。妈妈是中学的英语老师。除了上课以外,她每天都给学生辅导,很晚才从学校回来。我是独生子。爸爸、妈妈都很爱我。小时候他们对我管教很严。现在我长大了,他们不太管我了,我非常自由。我很喜欢运动,每天去操场打球。

A—1

我家的人口不太多。有爸爸、妈妈、哥哥和我四口人。爸爸是大夫,他在医院工作。他工作很忙,很少回家,一年里差不多有半年住在医院。妈妈是护士。除了上班以外,她每天辅导我们学习,做很多家务。我在我们家最小,爸爸、妈妈都很疼爱我。我有很多爱好,我最喜欢打网球和唱歌。我每天去操场打球,也常去卡拉OK歌厅唱歌。

5. 扩充复述

扩充复述是一种创造性复述。创造性复述的原始材料往往文字少,不具体;只有梗概,没有细节。进行创造性复述必须深刻理解原始材料的内容,在不偏离中心、不改变主题的情况下,展开广泛的联想和想像,利用自己以往的经验和知识补充、丰富原始材料没有提供的细节。例如《世说新语》中有这样一则故事:

王戎七岁,尝与诸小儿游。看道边李树多子折枝,诸儿竟走取之。唯我不动。人问之。答曰:"树在道边而多子,此果苦李。"取之,信然。

将这则故事扩充复述:

王戎个子不高,可是长得很招人喜欢。小朋友们都喜欢跟他一起玩儿,而且不论大小,都听他的,他好像是个小指挥官。

孩子们为什么都听他的呢?因为他非常聪明,说话、做事常常与众不同,想出来的办法总是比别人高明,所以大家都佩服他。

王戎七岁的时候,有一次跟别的小朋友一起游玩儿。这一天烈日当头,骄阳似火。他们来到一个地方,觉得又热又渴。这时候有人忽然发现远处有一棵树,树上好像有水果。孩子们都向那棵树跑去,跑到跟前,果然是一棵李子树。这棵树又粗又大,就在道的旁边。树上结了很多李子,把树枝都压折了。小朋友们一看非常高兴,争先恐后地跑过去摘李子,只有王戎站在那儿没动。有人问他:"你怎么不去摘李子吃?"王戎说:"这棵树上的李子准是苦的。"王戎的话还没说完,一个小孩儿咧着嘴说:"哎呀,苦死我了!"这时候大家都围过来问王戎:"你怎么知道这李子是苦的?"

王戎显出很得意的样子,说:"这棵树长在道路旁边,结了那么多果子。要是好吃,早被别人摘光了。"孩子们听了他的话,都佩服地点点头。

　　原文只有50个字,如果翻译成白话也不过120多字,扩充复述后近400个字。复述者通过创造性的联想和想象,增加了对王戎外貌、神态的描述和对天气、景物的描述;还增加了小朋友佩服王戎,喜欢跟他一起玩儿的细节。主题和中心没改变,听起来生动形象多了。

(五) 评述

　　评述是在叙述和描述的基础上发表自己的意见和看法。评述的核心在于"评",训练的重点是观点明确、论据有说服力、论点和论据的统一。评述不同于复述,不是把听到和看到的原始材料的内容作为表述的对象,而是以对原始材料的看法、见解和感受为表达对象。

　　做评述的练习要先听后评或先读后评,在听懂读懂和正确理解的基础上,对人物、事件、文章、见闻等发表意见。评述时观点要鲜明,论据要充分,不能自相矛盾。语言要力求准确、简练、通俗、明白。

　　下面这段文字是星期一早晨七八点钟在育新幼儿园大门口摄取的三个镜头可以让学生读完或看完(录像)后进行综合评述。

　　　　时间:星期一早晨七八点钟。
　　　　地点:育新幼儿园大门口。

第一幕

　　　　一位三十来岁的妈妈,从小孩车上抱下来一个三岁左右的孩子。
　　　　妈妈:(哄劝地)娇娇,听老师的话,啊! 星期六,妈妈给你买巧克力,还有大苹果。
　　　　小娇:哎,你可准买啊。
　　　　妈妈:好乖乖,我准买。(转而装出不高兴的声调)你要是不听话呀,巧克力、大苹果,可都归哥哥啦!
　　　　小娇:妈妈,我听话,大苹果不给哥哥……

第二幕

　　　　一位四十来岁的爸爸,从自行车上抱下来一个五岁多的男孩。男孩向幼儿园门里跑去。
　　　　爸爸:(高声地)小刚,站住!
　　　　小刚:(停下步,转过头来)干吗?

第十三讲 说话训练的方法(五)成段表达练习和视听说教学

爸爸:再不准打小朋友啦!要是再打人,回家我揍你!

小刚:知道了。(跑进幼儿园)

第三幕

一位三十多岁的妈妈,用手领着一个大约四岁的女孩,边走边说地来到幼儿园门前。

妈妈:小梅,怎样做好孩子呀?

小梅:要尊敬老师,跟小朋友一块儿玩。

妈妈:对!还有呢?

小梅:(眨眨眼睛)小手绢,自己洗。

妈妈:好,要爱劳动,讲卫生。

(小梅迈进幼儿园大门)

小梅:(回身,招手。)妈妈,再见!

妈妈:好孩子,再见……

(六)把会话改成短文后叙述

现在一般的口语教材都是会话体,可以让学生把会话体改成叙述体,然后叙述。有的会话体课文容易改成叙述体,有的不容易。教师要选择容易改的让学生练习。例如:

王老师:现在请大家做自我介绍,讲得详细点儿。

布　朗:那我就先自我介绍吧。

王老师:好,你说吧。

布　朗:我叫布朗,美国人,在哈佛大学读经济系的时候,学过两年中文。

王老师:两年?时间不短啊!每周上几个小时的课?

布　朗:每周学四个小时,一共学了二百个小时左右。

王老师:学的时间并不多,可你汉语说得很流利,只是有点儿广东腔。教你的老师原籍是广东吧?

布　朗:我哈佛的中文老师不是广东人,是北方人。他早已入了美国籍了,好像你们管这样的人叫"美籍华人"。

王老师:有时候这样说。可你说话怎么有广东腔呢?

布　朗:我家在旧金山,假期回家,常到唐人街去玩儿,和那儿的华侨、华裔接触比较多。

王老师:那你还会说广东话了?

布　朗:不会说。他们不跟我说广东话,跟我说的是广东官话,就是广东腔的普

　　　　通话。
　　王老师：原来是这样。你什么时候从哈佛毕业的？
　　布　朗：我是八年前毕业的，现在在一家公司工作，同中国有商业往来。
　　王老师：你这次来北京……
　　布　朗：啊，我这次来北京，打算在北京语言大学学20周汉语，进一步提高听说能力。

（以上材料选自吴叔平主编《口语中阶》）

　　布朗是美国人，在哈佛大学读经济系的时候曾经学过两年中文。每周只学四个小时，一共才二百个小时左右。
　　他学的时间不长，可是汉语说得很流利。只是有点儿广东腔。他哈佛的中文老师不是广东人，是北方人。可他说话怎么有广东腔呢？
　　原来，他的家在旧金山，假期回家他常到唐人街去玩儿，跟那儿的华侨、华裔接触很多。他们跟布朗说的是广东腔的普通话，所以他说话带有广东腔。
　　布朗是八年前大学毕业的，现在在一家公司工作，同中国有商业往来。他这次来北京，打算在北京语言大学学20周汉语，进一步提高听说能力。

（七）讲述

　　讲述的范围很广，可以报告自己的思想、学习、生活情况，也可以讲自己听到的故事，还可以讲亲身的见闻。全班学生轮流，每天利用三五分钟，一个学生讲述，大家听。听完以后可以提问、讨论。教师从学生的讲述中发现语音、语法、词汇、语用等方面的问题，进行有针对性的解释说明，往往可以收到事半功倍的效果。
　　使用这种方法，要求讲述的学生做好充分准备，尽量做到内容完整，曲折生动，有吸引力。为了节约课堂时间，教师在课前要了解学生准备的情况，并且给予具体指导，以保证练习顺利进行。
　　下面是一个美国学生的讲述。教师对个别语句进行了修改。

　　　　星期日我坐公共汽车进城。车上特别拥挤，连胳膊也不能动。刚一下车，我发现钱包没有了。我把所有衣服的口袋和背包都翻遍了也没找到。我的头上急出汗来了。
　　　　一个戴红领巾的小姑娘看我着急的样子，走过来问："阿姨，你丢东西了吗？"我告诉她："我的钱包被人偷了。"她说："我陪你去派出所报案吧！"派出所不远，我们报

第十三讲 说话训练的方法(五)成段表达练习和视听说教学

案以后出来,我很感谢这位小姑娘。她忽然问我:"阿姨,你一分钱也没有了,怎么办呢?"我说:"我走回学校去。"她从口袋里掏出5块钱,递到我手里,说:"这5块钱,你拿去坐车吧。"

5块钱,我从来没有看重的5块钱,可是今天不一样了。我连忙说:"谢谢!谢谢你!"我的心情太激动了。直到上了回学校的公共汽车,我才想起来:忘了问她叫什么名字,住在哪儿了。

(八)看图说话

看图说话是学生很喜欢的练习方法。使用这种方法要注意以下几点:(一)选择的图画要有故事性和趣味性,学生喜欢说,并且有话可说。(二)通过展示画面和提出有启发性的问题,让学生准确理解图画的意思。(三)给学生提供一些参考的词语和句式,以帮助学生进行表达。

例1《嫁谁好?》

1.1 展示画面,让学生仔细看图,包括图中的文字。一边看一边想画面的意思。

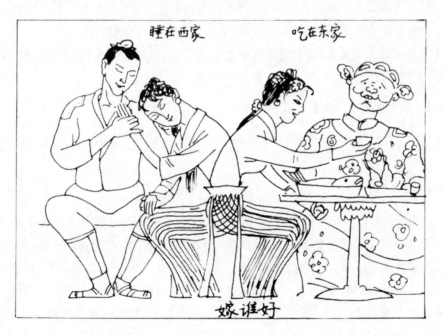

1.2 提出启发性问题让学生回答。

图中有几个人?(三个人。)

给每人起个名字。(女的叫李冬梅,左边的叫张千里,右边的叫王小平。)

李冬梅长得怎么样？（又年轻又漂亮。）
你想她有多大？结婚了没有？（28岁，还没结婚。）
左边表示哪个方向？（西。）
张千里在左边表示什么？（住在李冬梅家西边。）
王小平呢？（住在李冬梅家的东边。）
张千里长得怎么样？（很精神、很帅。）
小张家的情况怎么样？（很穷，没有钱。）
怎么知道？（他穿着破旧的衣服。）
小张爱不爱李冬梅？（很爱。）
李冬梅呢？（也爱小张。）
王小平长得怎么样？（很胖，很丑。）
他家情况怎么样？（很富，很有钱。）
怎么知道？（他穿着华丽的衣服，每天吃鸡鸭鱼肉。）
王小平爱不爱李冬梅？（也很爱。）
李冬梅二十八岁还没结婚，她的爸爸妈妈希望什么？（希望她早点儿结婚。）
他们怎么跟李冬梅说？（小张和小王都很爱你，你想嫁给谁？）
李冬梅怎么回答？（我想白天跟小王在一起，在他家吃饭；晚上我想跟小张在一起，去他家睡觉。我也不知道嫁谁好。）

1.3 给学生提示一些供选用的词语。

又年轻又漂亮、结婚、娶、精神、破旧、华丽、鸡鸭鱼肉、又胖又丑、着急、嫁、白天、晚上、不知道

1.4 学生说故事。

从前，有一个姑娘姓李叫冬梅。李冬梅又年轻又漂亮。很多小伙子都想娶她。张千里住在李冬梅家的西边。这个小伙子长得很精神，可是他家很穷，没有钱。小张非常喜欢李冬梅，李冬梅也很爱他。王小平是李冬梅家东边的邻居，他家很有钱，经常穿着华丽的衣服，每天吃鸡鸭鱼肉。可是他长得又胖又丑。王小平也很爱李冬梅。李冬梅都28岁了，还没结婚。她的爸爸和妈妈很着急，希望她早点儿结婚。有一天，李冬梅的爸爸问她："小张和小王都很爱你，他们都想娶你，你想嫁给谁？"李冬梅想了想，说："我想白天跟小王在一起，在他家吃饭。晚上我想跟小张在一起，去他家睡觉。我也不知道嫁谁好。"

第十三讲 说话训练的方法(五)成段表达练习和视听说教学

例2《出气》

2.1 展示画面。

2.2 提启发性问题。

图1中几个人?(三个。)

他们是什么关系?(祖孙三代。)

给他们每人起个名字。(老人叫丁山,儿子叫丁大力,孙子叫丁武。)

丁山的年纪多大?(六七十岁。)

他的表情怎么样?(不高兴、难过、生气、无可奈何。)

为什么?(儿子常常打他。)

(如果学生回答不上来或回答不对,可以进一步问下面的问题。)

丁大力手里拿着什么?(棍子。)

丁大力想打谁?(丁山。)

(这里可能出现两种答案。如果有人回答"丁大力想打丁武",要进一步启发。)

丁山穿的衣服怎么样?(很破。)

丁武穿的衣服怎么样了(很好。)

这说明什么?(丁大力不孝顺老人,丁山没有好衣服穿。丁大力对儿子丁武不错。)

那么丁大力想打谁?(丁山。)

丁山为什么抱着丁武?(很疼爱孙子。)

儿子常常打他,为什么疼爱孙子?(希望孙子长大以后为他出气。)

(如果学生回答不上来,要进一步启发。)

图2中倒在地上的是谁?(丁大力。)

拿棍子的是谁?(丁武。)

丁武为什么打丁大力?(为爷爷出气。)

2.3 给学生一些供选用的词语。

年纪、靠……养活、孝顺、没有办法、抱、疼爱、为什么、希望、出气

2.4 学生讲故事。

从前有一个老人叫丁山。他年纪大了,不能干活了,只能靠儿子养活。他的儿子丁大力不孝顺,常常一不高兴就打他。丁山很生气,可是没有办法。

后来丁大力有了儿子,叫丁武。老人非常疼爱孙子,天天抱着丁武。有人问丁山:"你的儿子常常打你,你为什么还一天到晚抱着你儿子的儿子呢?"

丁山说:"你不知道,现在我的儿子打我。我希望他的儿子长大以后也打他,为我出气。"

在课堂教学中进行成段表达训练有一个值得注意的问题,就是要处理好个别学生与全班学生的关系。一个学生叙述的时候,其他学生必须注意听。讲述的学生讲完以后教师要提一些问题,检查其他学生听的情况,也可以让其他学生讨论或评论。总之,要充分利用课堂时间,提高效率,使每个学生都有收获。

三、视听说教学

视听说教学充分利用现代化技术手段,以电视录像为教学内容,集语言、图像、音响效果于一身,生动活泼,深受学生的喜爱和欢迎。

视听说教学包括输入信息和输出信息。看和听同步,是接收、理解、输入信息;想和说同步,是思维、表达、输出信息。在教学过程中,学生的眼、耳、口、脑、手等器官全都被调动起来,深刻全面地感知录像材料提供的各种信息,并作为经验成分储存在大脑中。同时,电视画面和人物对白为学生的口头表达提供了一个个生动有趣的话题,学生置身于真实的情景中,自然轻松地谈话,摆脱学习的劳累,变苦差为乐事,从而大大促进语言能力和语言交际能力的提高。

第十三讲 说话训练的方法(五)成段表达练习和视听说教学

(一) 视听说教材的选编

如果条件允许,比如人力、物力、财力充足,按照教学总体设计编写录像教材,或选择一套合适的教材为脚本,拍摄教学录像片,当然是比较理想的。但是一般的教学单位难以具备那些条件,可采用另外一种切实可行、简易方便的办法,从现有的影视录像中选择适合教学的片子,进行加工、处理、剪辑,制作成录像教材。

1. 选择录像材料

1.1 从现有的影视录像中选材,首先要考虑的是教学对象的语言水平。不同水平的学生选择不同的录像材料。一般说来,选择的录像材料应该比学生的语言水平略高,含有少量生词和新语法点。不要使学生感到压力太重产生畏难情绪,也不要使学生因为"吃不饱"、收获少而产生厌倦情绪。

1.2 录像材料内容要实用,有趣。所选的材料应该情节具体生动,引人入胜,易于叙述;人物的表情动作和场景等视觉形象应该变化丰富,易于描述;内容应该包含各个民族普遍关心的问题和独特的文化因素,易于引起议论。总之,要有利于叙过、描述和议论。

1.3 录像材料语言要口语化,让学生学到真实、自然具有日常生活气息的现代化口语。通过录像材料学生可接触男、女、老、少各类人物的口头语言,能体会和感受高兴、悲伤、生气、害怕、请求、命令等各种感情状态下使用的语句、语气语调,能熟悉并掌握陈述、疑问、感叹、祈使等各种句类,能理解省略、倒装、易位、反复等口语现象,利于学生适应言语交际的实际需要。

1.4 录像材料的题材、体裁要多样化,除了电视小品、微型电视剧等对话体录像片以外,还可选择一些介绍民俗、历史、风景、人物的叙述体录像片,让学生接触社会生活的各个方面,获得和积累更加丰富的感性知识。

1.5 选择的录像材料在篇幅上也要有所控制。整场的电影、电视剧不适合选作教材。因为教学中除了看录像片以外,还要讲练生词,学生要反复看,还要边看边做练习,所有的教学活动应该在两课时内完成。这就要求录像片不能太长。

2. 重新编辑录像片

选好录像片以后,第二步是根据教学需要重新编辑,进行加工、处理、剪辑。要除去不适合教学的画面和声音,浓缩冗长的情节使之紧凑,将整个录像片控制在一定时间之内。经过技术处理的录像片,片长以 15 分钟左右为宜,最长不要超过 20 分钟。有条件的还可以列小标题分镜头,把重点词语和句型显示在屏幕上,最终制成教学录像片。

3. 系列化录像教材

第三步,使录像教材系列化,为录像材料编写书面教材,包括课文、生词及其翻译和注释，文化背景知识介绍和练习等。

　　课文由剧中人物的对话和情景叙述组成，实际上就是根据画面和声音整理而成的文字脚本。由于录像教材内容丰富，涉及面广，因此会有大量生词。教师根据学生的语言水平把所有的生词挑出来，分成两类。一类是重点生词，要求学生会认、会写、会说、会用并有考查测试要求的；另一类是一般生词，学生根据画面和声音能够理解的。第一类要列在生词表中，翻译成外文；第二类则留在教学中讲一讲，练一练即可。要避免生词太多加重学生负担。对课文中出现的成语、俗语、谚语、惯用语、歇后语等口语词汇和新的语法现象要加以注释。有关的文化背景知识，特别是体现民族特色的中国文化要做适当介绍。因为这些关系到学生对教学内容的理解和掌握。最后一部分是设计练习，让学生通过练习掌握本课的重点词语和语法，掌握语言功能，了解文化知识，进而提高听说读写的能力。因此，练习必须突出重点，难易适当，题多量足，注重交际。

（二）视听说课的教学方法

　　视听说课既然是教学，就要遵循一般课程的教学规律。比如，贯彻实践第一的宗旨，运用启发式，精讲多练，充分调动学生的积极性，使他们成为课堂活动的主体等等。同时，视听说课也有自身的特点和规律。我们设计教学方法应该利用视听说的特点，顺应它规律，发挥它的长处。下面介绍一下"看、听、想、说、读、写"的一条龙训练法和"看前练习、看时练习、看后练习"的三阶段训练法。

　　1. "看、听、想、说、读、写"的一条龙训练法

　　1.1　看，就是充分利用录像教材直观的特点，通过视觉直接接受图像显示的视觉形象信息。录像教材提供了各种各样的生活场景，还有剧中人物的神态、表情、手势、动作、服装、道具等等。这些信息不是用话语而是用形象传达给学生的。看的目的有两个：一是为了听，二是为了说。边听边看比只听不看容易得多，看作为听的辅助手段可以帮助学生听懂更多的内容和细节。师生共同观看同一个情景画面，有利于教师引导学生把视觉形象信息转变成言语信息。

　　1.2　听，主要是听懂剧中人物的对话和解说词。听也有两个目的：一是提高听力，二是为了说。从训练听力的角度，防止视觉形象的干扰，可以不看画面，只听录音。单独听录音可以在看画面之前，也可以在看画面之后。看之前听录音难度大，适用于生词少、内容简单的课文；看之后听录音难度小，适用于生词多、内容复杂的课文；不管看之前听还是看之后听，都要边听边做练习，重点训练听力微技能。听和看都是输入信息，输入是为了输出，听和看最终要落实在"说"上。同时，听懂和看懂又是说的前提。为了说，听和看可以同步，让学生边听边看，重点是理解课文的内容和情节。

第十三讲 说话训练的方法(五)成段表达练习和视听说教学

1.3 想,是训练学生的思维能力。想什么呢？第一,想一想:剧中人物说什么？他为什么这样说？换个说法行不行？以后自己遇到同样的情况怎么说？第二,想一想:通过听和看了解了哪些信息？怎么样把自己知道的信息告诉别人？第三,想一想:自己还有哪些不懂的地方和疑问？怎么样询问别人以求彻底了解？比如,这个动作怎么说？这个表情怎么说？这个表情动作表示人物什么样的心情？剧中人说的这句话是什么意思？第四,想一想:怎么样回答老师的问题？怎么样做练习？看录像之前,教师都要提出一些问题,让学生带着问题看和听。学生应该养成边看边听边想的习惯。总之,想是说的前期阶段,是形成内部言语的阶段。

1.4 说,是整个教学过程的重点,是在看、听、想的基础上进行的。说什么呢？第一是回答老师的问题；第二是模仿剧中人物进行会话练习；第三是使用重点词语和句型谈话；第四是提出问题询问别人；第五是叙述看到、听到的内容和情节；第六是描述画面；第七是讨论、评论；第八是给剧中人配音。这些活动并不是在每一课都逐项进行。初级的教学以第一至第四项活动为主,中高级教学以第六至第八项为主。特别是给剧中人物配音到高级阶段进行才会有好的效果。学生在说的过程中,不但语音声调要正确清楚,而且重音、停顿、语速、语气、语调都要掌握得恰到好处；不但要会说,而且要说得好,说得自然流利。当然这些要求是逐渐达到的。

1.5 读,是朗读课文。读课文与看录像是两种截然不同的活动,目的与效果也不一样。看录像是看人和人进行的真实的交际活动以及提供交际活动的情境。读课文是学生面对文字材料,做认读汉字的练习和语音语调语速方面的练习。分角色朗读对话也是为给剧中人配音做好准备。

1.6 写,是"说"的补充和提高。由于课上的时间有限,不可能让每个学生都完整地叙述课文的内容和情节,也不可能描述看到的所有画面。往往是每个人只说一小段,教师难以了解学生对整课课文的理解与表达情况。学生在课后把应该叙述和描述的用文字表达出来,可以弥补这方面的不足。同时,学生在写的过程中字斟句酌,可以提高思维能力,进而提高口头表达能力和书面表达能力。

看、听、想、说、读、写六个方面的活动不是截然分开、互不相关的,它们的顺序也不是固定不变的。一般来说,看、听、想、说四项活动在课上进行。读可以在课上进行也可以在课后进行。写在课后进行。这几项活动中,说,即在教师的控制和指导下,学生自由表达思想,进行交际性练习,是中心环节。

2. 看前练习、看时练习、看后练习三阶段训练法

2.1 看前练习,包括讲练重点词语和句型、解释难句长句、介绍文化背景知识等等。目的是为看时练习扫除语言障碍,降低理解课文和做练习的难度。这个阶段的时间不一

定很长,但是很重要。学生的主要活动是"听"和做提高听力的练习。生词少、内容简单的课文看前听录音也在这个阶段进行。学生通过听录音对课文的主题、内容和情节有了一个大概的了解。准备工作充分了,才能顺利地进入下一个环节。

  2.2 看时练习,是一边看录像一边做练习。目的是帮助生正确理解课文的内容、深刻领会课文的含义;帮助学生输入大量的言语信息和非言语信息,为看后练习、功能会话和成段表达打下基础。这一阶段学生的活动是看、听、想、说。教师要引导学生学会看什么、听什么和怎么看、怎么听。每看一遍录像,都是对言语信息和非言语信息的一次输入,而每一次输入都应该有一个不同的侧重方面。一般的做法是,先让学生从头到尾完整地看一遍录像,理解课文的主题,了解大概的内容和情节。接下来分段看,反复看,理解课文的全部内容和细节,包括听懂剧中人的谈话,看懂人物的动作、表情和场面、环境。每次看之前,教师都要提出要求,让学生带着问题看。这样,虽然一个片断学生看了多遍,但由于每遍要求不同,观察的重点不同,所以他们并不感到疲劳,反而始终保持着新鲜感。看时练习的方法主要是就课文的内容和情节做问答练习。学生如果有疑问,也在这个环节提出。问答练习可以老师问、学生答,也可以学生问、老师答或其他学生答。

  2.3 看后练习,是全面提高学生语言能力和交际能力的阶段,是课堂教学的中心环节。在这个环节中学生的主要活动是说,重点练习输出言语信息。在语言能力方面有语音、词语、语法句型的练习,在交际能力方面有功能会话和成段表达练习。这两种练习中的后一种是主要的。适当的机械模仿和语法操练是必须的,但教师应该给学生更多的机会表达思想。看录像后,学生的思想十分活跃,他们要充分表现自我,说他们要说的话。教师引导学生一边学语言,一边用语言,把教学过程变成交际过程,可以使教学效果更好。看后练习的方法很多,主要是功能会话、叙述和描述。功能会话突出语言功能,让学生模仿剧中人物在一定语境中使用本课的重点词语和句型谈话,做完成会话的练习。叙述是让学生把录像教材中人物的言行、神态、表情、动作、场面、环境清楚有序地讲述出来。除了功能会话、叙述和描述以外,还可以让学生就课文的主题、内容、情节、等展开讨论、评论和辩论。他们用所学语言从多个侧面表达自己的看法、想法、感受和联想,是一种即兴的真实的语言表达。另外,分角色朗读课文和完成笔头作业也是看后练习的组成部分。

第十四讲　说话课教学环节和考试

本讲要点

- 说话课的教学环节（100 分钟）
    - 复习（20 分钟以内）
    - 生词（20 分钟左右）
    - 课文（30 分钟左右）
    - 活用（25 分钟左右）
    - 总结布置作业（5 分钟左右）
- 说话考试
    - 关于课程考试中的说话考试
    - 说话考试的设计
        - ◆ 说话考试的目的
        - ◆ 说话考试的题类
        - ◆ 说话考试的题型
        - ◆ 说话考试的试题和试卷设计
        - ◆ 口试实施中的几个问题
    - 试卷分析
        - ◆ 统计数据
        - ◆ 分析研究

一、说话课的教学环节设计（100分钟）

（一）复习（20分钟以内）

（二）生词（20分钟左右）

    1. 领读；
    2. 学生认读；
    3. 讲练重点词语（意义、用法）；
    4. 词语搭配（组词组句）练习；
    5. 词语活用练习。

（三）课文（30分钟左右）

    1. 从听入手展示课文：听老师说或者听录音；
    2. 从读入手展示课文：用投影仪；
    3. 利用投影跟学生一起完成课文；
    4. 通过提问掌握并熟悉课文的词语和句子；
    5. 通过讲练掌握并熟悉课文的话题、结构；
    6. 学生分组活动，练习对话或者叙述，能够比较流利地复述课文；
    7. 学生汇报表演，教师和其他学生评判、纠错。

（四）活用（25分钟左右）

引导学生用课文提供的话题、结构、词语说自己想说的话，表达自己想表达的意思。

第十四讲 说话课教学环节和考试

这是一种接近真实的准交际性的练习,是说话教学的落脚点,也是掀起教学高潮的环节。
例如:

1. 在《高级汉语口语——话题交际》中有一课《环境污染与保护》。其中有一段课文内容是这样的:

　　南京玄武湖目前水质严重污染。近三个月来,湖里出现大量死鱼。长期以来湖边30几家工厂的工业污水排到湖里,造成湖水严重污染。到目前为止,湖里的死鱼已经有两万公斤,玄武湖已经变成南京最大的污水池。如果再不治理,3年以后玄武湖将会变成一个死湖,"古都明珠"就会黯然失色。

一位老师在讲解这一段的时候,启发学生概括这一段的结构(板书):

南京玄武湖目前……　　是话题。
近……来,……　　　　是近况。
长期以来,……　　　　是原因。
到……为止……　　　　是现状。
如果不……将……　　　是后果。

然后她按照这样的结构再给出两个例子。

例一:

　　目前全世界出现了严重的水资源危机。近年来,世界上有100多个国家缺水现象严重。长期以来,人们不注意保护环境,把大量污染物排到江河湖海里。到去年为止,全世界有18亿人因为喝了污染的水,受到疾病的威胁。人类如果再不注意保护环境,地球上将没有干净的水可喝。

例二:

　　目前全球的森林资源受到严重破坏。近年来,地球上有50亿公顷的森林从地球上消失。长期以来,人们任意砍伐树林,造成森林面积以每年1500万公顷的速度减少。到目前为止,地球的温度逐年增高,水土大量流失,很多动物、植物已经灭绝。如果再不采取措施保护森林,几十亿人的生活将会受到影响。

学生读,每个例子读完以后都做问答练习:

教师提问:这一段的话题是什么?
　　　　　近况是什么?
　　　　　原因是什么?
　　　　　现状是什么?

后果是什么?

学生经过讨论加深对课文结构的理解和印象。在练习三段课文的基础上,老师留作业:按照课文的结构每个人准备一段话,第二天学生每人按照课文的结构说一段话,练习成段表达。

2.《汉语口语速成——提高篇》第15课有一段课文《我喜欢流行音乐》:

和古典音乐比起来,我更喜欢流行音乐,为什么呢?

第一,流行音乐通俗易懂,旋律简单流畅,很容易记住。

第二,流行音乐和我们的生活最接近,它表达的是当代人的思想和感情,容易理解。

第三,大多数流行音乐都是歌颂爱情的,年轻人很容易从其中找到和自己相似的感情经历,比如得到爱情的幸福,得不到爱情的痛苦等等。

总之,我比较喜欢流行音乐,我收集了很多唱片,其中大多数都是百听不厌的。

教师和学生一起概括这一段的结构(板书):

和……比起来,我更喜欢……。	是话题。
为什么呢?	问原因。
第一,……。	第一个原因。
第二,……。	第二个原因。
第三,……。	第三个原因。(要说三个原因)
总之,……。	总结。

按照课文的结构再给学生两个例子。

例一:

和上海比起来,我更喜欢北京。为什么呢?

第一,汉语普通话的发音是以北京语音为标准音的,在北京可以学到地道的汉语语音。

第二,北京是中国六大古都之一,有悠久的历史,还有很多名胜古迹,可玩儿可看的很多。

第三,北京是中国的首都,教育非常发达,有名的大学很多,教学质量比较高。

总之,来北京学习是我多年的梦想,我要珍惜这次机会,努力提高汉语水平。

例二:

和韩国电影比起来我更喜欢中国电影。为什么呢?

第一,我正在学习汉语,看中国电影可以练习和提高我的听力和口语。

第二,看中国电影可以了解中国文化,了解中国人民的思想和生活的情况。

第三,看中国电影可以学习很多书上学不到的词语和表达方式,学到活的语言。

总之,看中国电影有很多好处,既帮助我学习汉语,又帮助我了解中国。

同1,学生读,每个例子读完以后都做问答练习。

在练习三段课文的基础上,老师留作业:按照课文的结构每个人准备一段话,第二天学生每人说自己最喜欢的是什么,练习成段表达。

(五) 总结(4分钟左右)。

(六) 布置作业(1分钟)。

二、说话考试

(一) 关于课程考试中的说话考试

说话考试跟听力考试一样,在课程考试中十分重要,对教学起指挥棒的作用。说话考试也要按照教学大纲的要求进行,对教材和课堂教学有很大的依赖性,考试内容跟教学内容相一致,即学什么考什么。

说话考试跟听力考试的不同之处在于它采用口试。口试比笔试复杂得多,麻烦得多,在进行口试设计的时候要考虑得更周到更细致。

(二) 说话考试的设计

1. 说话考试的目的

说话考试也是单项技能考试,它全面考查学生的口头表达能力,主要是高速组织语言内容的能力,正确选词造句、组句成段的能力,恰当选取表达方式的能力和善于运用声音技巧的能力等口头表达微技能。

2. 说话考试的题类

2.1 说话考试应该采用口试。

2.2 说话考试也应该采用标准化试题。因为标准化试题具有较高的可靠性、稳定性和统一性,所以更具有权威性。越具有权威性的考试学生越重视,越能达到考试的目的。

2.3 说话考试一般采用主观性试题。即使有固定的、统一的、客观的评分标准,这些标准也需要人来掌握,需要主考教师做出主观判断。不同的人看问题的角度不一样,认识往往不一致,有时对成绩的评判会发生偏误。为了减少偏误,在制定评分标准时应该尽量细致一些;在评分过程中对不同的认识应展开积极的讨论,力求统一在客观的评分标准上,尽量避免使用简单的投票表决方式判定学生的成绩。

3. 说话考试的题型

跟听力考试一样,凡是在课堂教学中使用过的训练学生口头表达能力的方法,都可以作为说话考试的题型。

常用的题型有:朗读一篇文章;口头解释词语或句子;口头完成句子;口头造句;看图造句;完成会话;自由会话;就熟悉的话题叙述;看图说话(成段表达);听一篇文章,口头回答问题、复述、评论;看一篇文章,口头回答问题、复述、评论。

以上题型不是在同一份试卷上都采用,而是在不同层次的不同试卷上分别采用。每份试卷采用四五种即可。同一份试卷采用的题型越多,评分的难度越大。

4. 说话考试的试题和试卷设计

在设计说话试题的时候,除了要考虑可靠性、有效性、区别性、保密性、可行性和反馈作用六个因素以外,还要充分考虑口试这一特点。

口试是一个学生一个学生地进行,试题很难保密。为了防止已考学生和未考学生交流,同一次考试应该使用几组不同内容的平行试卷和试题,由学生抽签决定。

口试试题和试卷可以统一,不必分开。因为试题不能带出考场,试卷不需大量印刷。说话考试在考前临时拼合考题相对容易,而建立题库更为重要。

为了提高信度,口试必须制定更加明确具体、细致的评分标准,而且考试过程应该录音,为主考人提供有关数据,供主考人反复权衡、比较。

口试试题的容量跟考试时间要成比例。如果每个学生的考试时间是 15 分钟,试题必须在 15 分钟内能够完成。否则将影响整个考试的进行。为此,每份试卷应该有一道弹性试题,用来调整考试的时间。

口试离不开听和读,说总是在听、读之后。科学的试题应该容易听懂、读懂,而口头表达较难。设计说话试题要尽量避免出现因为听不懂、读不懂而说不出来的现象。

5. 口试实施中的几个问题

口试之前教师要安排好学生口试的顺序和时间,并公开宣布,使每个学生都知道自己几点到几点准备、几点到几点考试。通常的做法是考试时间和准备时间一样,这样,一个学生开始考试,另一个学生开始准备,便于安排。

口试教师至少三人一组,其中一人主考,一人负责记录和录音,另一人负责准备。

口试开始时,要通过简单的对话、寒暄创造一种轻松愉快的气氛,解除学生的紧张情绪。

第十四讲　说话课教学环节和考试

在口试过程中，主考人态度要友好、客观、情绪要镇定、含而不露，表情要自然，要跟学生保持眼神的接触，但不要死死盯住学生，也不要东张西望、漫不经心。

在学生出现错误时，不得给任何暗示或提醒，也不得纠错，不得打断，应让学生独立完成各个考试项目。如果学生卡壳，说不下去，主考人可以提些具体问题，引导学生说下去，以保证考试顺利进行，但要酌情扣分。

主考人要控制考试时间，如果考生滔滔不绝，说起来没完，主考人要提醒他注意时间，以免超过规定时间影响他人。

（三）试卷分析

考试的最后一项工作是分析试卷。试卷评阅完毕，要进行认真的分析研究，统计各种数据，作为判断学生学习情况、总结教学经验、改进教学的依据。

试卷分析主要有两项工作：

1. 统计数据

1.1 把学生考试成绩从高分向低分排队，排出名次。

1.2 用总分数除以学生人数，算出全班学生的平均分数。

1.3 找出全班的最高分和最低分。

1.4 统计各分数段（100～90,89～80,79～70,69～60,59 分以下）的人数和百分比。

1.5 统计每一题得分、丢分的人数和百分比。

2. 分析研究

2.1 对考试本身的分析

教师根据平时对学生的了解，看看实际语言能力高的是否排名在前，实际语言能力低的是否排名在后。如果出现反常，要分析是考试本身的问题还是学生因为紧张或其他原因临场发挥不好造成的。如果是考试本身的问题，要从试题的可靠性、有效性、区别性、可行性等几个方面寻找原因，并且要提出弥补的措施，改进和完善试题，使其更趋标准化。

2.2 对教学大纲、教材和课堂教学的分析研究

首先检查对教学大纲的落实情况。一方面检查教学是否达到了大纲规定的要求；另一方面检查大纲规定的要求是否合理。如果考试严格按照大纲进行，可能有以下四种情况：

（1）全班学生达到了大纲的要求。有两种情况一种情况是教学水平高超，学生实际语言能力差别不大，这种可能性很小。第二种情况是教学大纲规定的要求过低（可用平行班比较），应该修正大纲，提高要求。

（2）大多数学生达到了大纲的要求。这种情况比较正常,说明教学大纲的要求合理,教学效果是好的。

（3）少数学生达到了教学大纲规定的要求。这种情况也比较正常,说明教学人纲基本合理,教学效果不太理想。

（4）全班学生没有达到教学大纲的要求。这又有两种情况:一种情况是教学大纲规定的要求过高,不合理,不科学,应该修正教学大纲。另一种情况,教学大纲没有问题(可用平行班比较),学生的实际语言能力都很低,说明教学失败了。

其次检查课堂教学的效果。根据教学大纲的落实情况可以初步看出教学效果,要进一步地判断,还要做具体地分析。

（1）和上次或以前的考试做比较,算出全班成绩提高或下降的幅度,再算出每个学生成绩提高或下降的幅度。以此判断教学效果是进步了还是退步了,进而从教和学两个方面分析原因,提出改进措施。

（2）和平行班进行比较,了解本班考试的成绩在全年级中的位置,以便总结成功的经验和失败的教训。

（3）分析每道试题得分丢分的情况,了解教学的薄弱环节和学生哪方面掌握得不扎实,以便在下一个教学阶段中弥补。

对全班学生没有达到教学大纲要求这一情况要特别重视。教学失败了,如果教学大纲规定的要求是合理的,课堂教学是按照教材中规定的教学方法进行的,就要研究教材本身是否有问题。比如:教材的词汇量是否达标,教材的内容是否实用,教材的解释是否正确,教材的练习是否既照顾全面又突出重点。总之,要检查教材是否符合总体设计的要求。

以上几个方面的工作做好了,就可以充分发挥考试的检验作用。正如吕必松先生所说:"测试不光是考学生,而且也检验各项教学活动。学生学习的结果可以综合反映各方面的问题,通过对学生试卷的分析,可以看出是总体设计的问题,还是教材或课堂教学的问题,甚至是考试本身的问题。所以说测试是检验的手段,它不仅检验学生的学习成绩和达到的水平,而且也检验包括测试本身在内的全部教学活动是否科学、合理。"(吕必松:《华语教学讲习》)

第十四讲 说话课教学环节和考试

附录（一）：汉语速成学院 C 班结业考试口语考试试题

说明：

1. 本试题为汉语速成学院 C 班学生学完《口语中阶》以后的考试试题。
2. 本试题有三份平行试卷。
3. 口试时间为 15 分钟，即每个学生准备 15 分钟，考试 15 分钟。

口语考试试题（一）

一、朗读课文：

黑猫和白猫

一位老人家里有两只猫，一只黑的、一只白的。白猫比黑猫大，也比黑猫漂亮。老人喜欢那两只猫，常常给它们买小鱼吃。白猫觉得自己比黑猫好看，也知道老人更喜欢自己，就很骄傲。黑猫向它问好的时候，它总是眼睛看着天，不回答。还常常很没有礼貌地对黑猫说："我比你漂亮，鱼是为我买的，你不能吃。"黑猫不回答它，就自己捉老鼠吃。

每天夜里，老人都听见黑猫在屋子里捉老鼠。白猫不去捉老鼠，吃饱了就睡觉。老人开始不喜欢白猫了，也不再给它买鱼吃了。白猫没有吃的，也不愿意自己去捉老鼠，身体比以前瘦了。黑猫吃了许多老鼠，身体长大了，比白猫还漂亮。

一天，几个朋友来到老人家里，看见他有两只猫，就问老人："你喜欢黑猫还是喜欢白猫？"老人说："以前我喜欢白猫，现在喜欢黑猫了。不管黑猫白猫，会捉老鼠就是好猫。"

二、解释词语（画线的部分）并造句：

1. 那件事是她<u>亲口</u>告诉我的。
2. 老人们的生活<u>称心如意</u>，没有烦恼。
3. 长城在世界上是<u>绝无仅有</u>的。
4. <u>怪不得</u>他们去敦煌参观，原来他们是艺术代表团。

三、选择恰当的成语或俗语完成句子：

1. 这几天老是下雨，虽然现在看起来天气很好，可你还是带上雨伞吧，……
2. 这瓶酒不太贵，是他从重庆带来送你的，真是……
3. 这次去外国留学，遇到很多困难，吃了不少苦，真是……
4. 别的人想坐火车回国，我决定坐飞机，几个小时就到了，我现在是……

四、叙述：（每个题目 3～5 分钟）

1. 一个星期天
2. 看过的一个电视（讲故事）

五、自由谈话：（弹性题目，至少两个话题）

1. 你习惯北京的生活了吗？北京给你的印象怎么样？
2. 你觉得汉语难不难？你喜欢哪门课？为什么？
3. 你有中国朋友吗？请你谈谈你的中国朋友。

4. 你参加过学校组织的短途旅行吗？去过哪儿？请你介绍一次旅行的情况。

口语考试试题（二）

一、朗读课文《黑猫和白猫》：（同试题一）

二、解释词语（画线的部分）并造句：

    1. 你在中国学了这么长时间，汉语一定<u>过关</u>了吧？

    2. 这几天我一直<u>抽不出身</u>去看他。

    3. 送给他这样的礼物，我<u>拿不出手</u>。

    4. 这个电影很<u>值得</u>一看。

三、选择恰当的成语或俗语完成句子：

    1. 本来想快点写完，却写错了，真是……

    2. 这种练习既可以提高听说能力，又可以提高读写能力，真是……

    3. 我们学习汉语，不能……

    4. 我在西安只呆了两天，很多地方都看得不仔细，只是……

四、叙述：（每个题目3～5分钟）

    1. 在北京的生活

    2. 学习汉语的情况

五、自由谈话：（弹性题目，至少两个话题）

    1. 你有中国朋友吗？请你谈谈你的中国朋友。

    2. 你参加过学校组织的短途旅行吗？去过哪儿？请你介绍一次旅行的情况。

    3. 星期天你常常做什么？说说你一天的活动。

    4. 你看过中国电影吗？看过什么？请你谈谈看完以后的感想。

口语考试试题（三）

一、朗读课文《黑猫和白猫》：（同试题一）

二、解释词语（画线的部分）并造句：

    1. 有问题的话，你<u>尽管</u>问。

    2. 为了给你买词典把<u>我的腿都跑细了</u>。

    3. 这是小张的<u>喜糖</u>。

    4. 我<u>始终</u>认为北京的城墙不应该拆除。

三、选择恰当的成语或俗语完成句子：

    1. 我特别喜欢鲁迅的小说，对他的书我，……

    2. 李老师是东北人，他爱人是广州人，一南一北，真是……

    3. 我很想利用寒假去南方旅行，火车票都买好了，可是出发前天我生病住了半个月医院，结果是……

第十四讲 说话课教学环节和考试

4. 这是小王送给我的礼物,你要是喜欢我就……

四、叙述:(每个题目 3~5 分钟)

1. 一个中国朋友
2. 短途旅行

五、自由谈话:(弹性题目,至少两个话题)

1. 星期天你常常做什么?说说你一天的活动。
2. 你看过中国电影吗?看过什么?请谈谈看完以后的感受。
3. 你习惯北京的生活了吗?北京给你的印象怎么样?
4. 你觉得汉语难不难?你喜欢哪门课?为什么?

附录(二):汉语速成学院C班结业考试口语考试评分标准

一、朗读课文(10分)

    1. 语音语调占5分。

等级	分数	语音语调
上	5	语音正确,语调自然
中上	4	个别语音不正确,语调自然
中	3	有语音错误,语调基本自然
中下	2	语音错误较多,语调不太自然
下	1	语音错误很多,语调不自然

    2. 重音、停顿、语速、感情占5分。

等级	分数	重音、停顿、语速、感情
上	5	重音、停顿恰到好处,语速正常流利畅通,感情充沛
中上	4	四者有一欠缺
中	3	四者有二欠缺
中下	2	四者有三欠缺
下	1	四者都不太好

二、解释词语或句子(8分)

    1. 每个句子2分。

    2. 完全正确得2分。

    3. 基本正确得1分。

    4. 不正确得0分。

三、选择恰当的成语或俗语完成句子(8分)

    1. 每个句子2分:解释1分,造句1分。

    2. 完全正确得2分。

    3. 基本正确得1分。

    4. 不正确得0分。

四、叙述(40分)

    1. 每个题目20分。

    2. 内容、条理占10分。

第十四讲 说话课教学环节和考试

等级	分数	内容、条理
上	9~10	内容完整,条理清楚
中上	7~8	内容完整,条理不太清楚
中	5~6	内容和条理都有欠缺
中下	3~4	内容不太完整,条理不太清楚,但能够使人听懂
下	1~2	内容不完整,条理不清楚,不能完全使人听懂

3. 用词、造句占5分。

等级	分数	用词、造句
上	5	用词准确,语句通顺
中上	4	二者有一欠缺
中	3	用词基本准确,语句基本通顺
中下	2	用词造句有错误
下	1	用词造句错误很多

4. 语音、语调、重音、停顿、语速占5分。

等级	分数	语音、语调、重音、停顿、语速
上	5	语音语调正确,重音停顿恰到好处,语速正常
中上	4	五者有一欠缺
中	3	五者有二欠缺
中下	2	五者有三欠缺
下	1	五者有四欠缺

五、自由会话(24分)

1. 谈两个话题,每个话题12分。
2. 谈完三个话题,增加5分。
3. 谈完四个话题,再增加5分。
4. 本题满分为24分,如果第一、第四话题各加5分,本题可得34分。
5. 语音语调占2分,完全正确得2分,基本正确得1分。
6. 内容、反应、用词、造句共占10分。

等级	分数	内容、反应、用词、造句
上	9～10	内容正确完整,反应快,用词造句恰当无误
中上	7～8	四者有一欠缺
中	5～6	四者有二欠缺
中下	3～4	四者有三欠缺
下	1～2	四者都不太好

说明:本试卷满分为 90 分,如果有加分,最多可得 100 分。

参考文献

1. 陈龙安(2000)《创造性思维与教学》,北京:中国轻工业出版社。
2. 陈贤纯(1991)谈语法教学,《第三届国际汉语教学讨论会论文选》,北京:北京语言学院出版社。
3. 崔永华(2005)《对外汉语教学的教学研究》,北京:外语教学与研究出版社。
4. 董兆杰(1986)《口语训练》,北京:语文出版社。
6. 高彦德、李国强、郭旭(1993)《外国人学习和使用汉语情况调查研究报告》北京:北京语言文化大学出版社。
6. 郭志良、杨惠元、高彦德(1995)《速成汉语初级教程综合课本》的总体构想及编写原则,《世界汉语教学》第4期。
7. 〔美〕黎天睦(1987)《现代外语教学法理论和实践》,北京:北京语言学院出版社。
8. 李泉(2008)《对外汉语教学理论思考》,北京:教育科学出版社。
9. 李杨(1993)《中高级对外汉语教学论》,北京:北京大学出版社。
10. 李培元(1988)五六十年代对外汉语教学的主要特点,《第二届国际汉语教学讨论会论文选》,北京:北京语言学院出版社。
11. 李庭芗主编(1983)《英语教学法》,北京:高等教育出版社。
12. 刘珣(1994)新一代对外汉语教材的展望,《世界汉语教学》第1期。
13. 刘珣(2005)《对外汉语教育学科初探》,北京:外语教学与研究出版社。
14. 刘颂浩(2008)《汉语听力教学理论与方法》,北京:北京大学出版社。
15. 鲁宝元、张伯华(1988)《初中语文课本听说训练辅导》,北京:农村读物出版社。
16. 〔英〕路易·G.亚历山大(1982)《语言教学法十讲》,张道一等译,北京:北京语言学院出版社。
17. 〔美〕罗勃特·W.布莱尔(1987)《外语教学新方法》,许毅译,北京:北京语言学院出版社。
18. 吕必松(1990)《对外汉语教学发展概要》,北京:北京语言大学出版社。
19. 吕必松(1992)《华语教学讲习》,北京:北京语言学院出版社。

20. 吕必松(1993)《对外汉语教学研究》,北京:北京语言学院出版社。
21. 孟国(2005)趣味性原则在对外汉语教学中的作用和地位,《语言教学与研究》,第 6 期。
22. 任远(1985)基础汉语教材纵横谈,《语言教学与研究》第 2 期。
23. 盛炎(1990)《语言教学原理》重庆:重庆出版社。
24. 孙晖主编(1987)《开明中级汉语》北京:语文出版社。
25. 孙晖主编(1989)《开明初级汉语》天津:天津教育出版社。
26. 佟秉正(1991)初级汉语教材的编写问题,《世界汉语教学》第 1 期。
27. 吴勇毅、徐子亮(1987)建国以来我国对外汉语教学法研究述评,《对外汉语教学研究会第二次学术讨论会论文选》北京:北京语言学院出版社。
28. 杨惠元(2007)《课堂教学理论与实践》,北京:北京语言大学出版社。
29. 张本楠(2008)《中文听力教学导论》,北京:北京语言大学出版社。
30. 张锐、朱家钮(1987)《说话训练》,内蒙古:内蒙古人民出版社。
31. 张亚军(1990)《对外汉语教法学》北京:现代出版社。
32. 钟梫(1979)十五年汉语教学总结,《语言教学与研究》试刊第 4 集。
33. 周小兵(1989)口语教学中的听话训练,《世界汉语教学》第 3 期。